韶关市地方性法规导读与释义系列丛书

陈　曦◎主　编

《韶关市珠玑古巷保护条例》导读与释义

陈　军◎著

中国政法大学出版社

2025・北京

图书在版编目（CIP）数据

《韶关市珠玑古巷保护条例》导读与释义 / 陈军著. -- 北京 : 中国政法大学出版社, 2025. 5. -- ISBN 978-7-5764-2104-0

Ⅰ. D927.653.229.74

中国国家版本馆 CIP 数据核字第 2025JL8872 号

出 版 者　中国政法大学出版社

地　　址　北京市海淀区西土城路 25 号

邮寄地址　北京 100088 信箱 8034 分箱　邮编 100088

网　　址　http://www.cuplpress.com (网络实名：中国政法大学出版社)

电　　话　010-58908586(编辑部) 58908334(邮购部)

编辑邮箱　zhengfadch@126.com

承　　印　保定市中画美凯印刷有限公司

开　　本　720mm×960mm　1/16

印　　张　21.75

字　　数　370 千字

版　　次　2025 年 5 月第 1 版

印　　次　2025 年 5 月第 1 次印刷

定　　价　99.00 元

“韶关市地方性法规导读与释义系列丛书”编委会

序

PREFACE

2015年5月27日，广东省十二届人大常委会第十七次会议通过了《关于佛山、韶关、梅州、惠州、东莞、中山、江门、湛江、潮州市人民代表大会及其常务委员会开始制定地方性法规的时间的决定》，这是《立法法》修改后，我省首批授予设区的市地方立法权。也意味着自2015年5月28日起，韶关市人民代表大会及其常务委员会可以在“城乡建设与管理环境保护、历史文化保护”等三大领域开始制定地方性法规。拥有地方立法权，为从法制层面解决我市城乡建设与管理、环境保护、历史文化保护等热点难点问题提供了保障，将更有利于促进经济社会在法治的轨道上快速发展。

韶关市人大常委会为了顺利开展地方立法工作，加强地方立法理论研究，与韶关学院研究协商，成立“韶关市地方立法研究中心”，并于2015年5月29日，在韶关学院正式揭牌。建立地方立法研究中心，为推动我市地方立法工作，加强地方立法理论研究和实践，提供了强有力的智力支持，对科学立法、民主立法，提高立法水平和质量具有重要的现实意义。

同时，2015年8月，韶关市十二届人大常委会成立了立法咨询专家库，从本市3965名具有法律背景的人才中聘请了27名立法咨询专家，

2017年4月，新一届人大常委会在原来的基础上对立法咨询专家进行了调整，保留了部分上一届立法咨询专家，新增了城乡建设与管理、环境保护、历史文化保护等领域方面的专家和韶关市拔尖人才库中的部分专家以及语言类专家等，使新一届的立法咨询专家增至48名；同时聘请了我省高校中长期从事地方立法研究的5名专家学者为立法顾问。强有力的立法咨询专家队伍以及立法顾问团队，成为我市民主立法、科学立法的重要智力支撑。

在市委、市人大常委会的领导下，特别是在省人大法工委领导和专家的全力指导和帮助下，通过市政府、市人大法委、市人大常委会法工委、立法顾问、立法咨询专家的共同努力，我市首部地方性法规《韶关市制定地方性法规条例》于2016年4月5日正式实施，该条例的实施必将成为韶关市制定地方性法规的基石。首部地方实体性法规《韶关市烟花爆竹燃放安全管理条例》，经广东省十二届人大二十九次常委会会议批准，于2017年1月1日起正式实施，这是韶关市制定地方实体性法规的良好开端。

在今后的立法工作中，市人大常委会将按照“党委领导、人大主导、政府依托、各方参与”的总要求科学立法、民主立法，进一步完善立法工作制度，提高立法队伍的整体素质，制定更多“有特色”“可执行”“管用”“接地气”的地方性法规，不断地推动我市地方立法工作向前发展，为韶关振兴发展作出贡献。

在社会实践中，“徒法不足以自行”，良好的地方性法规并不意味着能够自动地得到有效实施，法律法规的实施，需要执法部门公正执法，需要司法部门正确用法，更需要广大市民自觉守法。要想广大市民自觉守法，首先必须让市民读懂法律法规条文，地方性法规毕竟是专业立法活动的产物，所涉及的法律用语、专业词汇、文本结构、立法意图等方面，具有较强的专业性。可能会给一些市民准确理解法规的具体内容、立法主旨及法规精神等带来一定的难度，不利于广大市民在理解、领会法规的基础上，做到知法、懂法、守法。另外，在立法过程中，立法者对社会各方意见的吸纳，以及历史背景、政策背景等不能在法规中充分表述出来，也增加了执法者的理解难度。

鉴此，市人大常委会认为，有必要吸纳市人大常委会立法工作者、法律实务工作者和韶关学院法学院的专家学者，编纂《韶关市地方性法规导读与释义》丛书，对我市出台的地方性法规进行导读性释义工作，方便社会各界人士理解把握，达到自觉知法守法用法之目的，也为今后我市法规的修改、释义备存资料。

“普法”“懂法”“守法”是本系列丛书的宗旨，是为序。

“韶关市地方性法规导读与释义”编委会　陈曦

2017 年 9 月 30 日

目录
CONTENTS

第一部分

导读与释义

第一条　【立法的目的和依据】

为了加强珠玑古巷历史文化资源保护，保持传统历史风貌，正确处理经济社会发展和历史文化资源保护的关系，根据《中华人民共和国文物保护法》《历史文化名城名镇名村保护条例》等法律法规的规定，结合本市实际，制定本条例。

【导读与释义】

本条是关于《韶关市珠玑古巷保护条例》（以下简称《条例》）立法目的和依据的规定。

《条例》为了加强对南雄市珠玑古巷历史文化资源的保护，保持传统历史风貌，根据《文物保护法》[1]《历史文化名城名镇名村保护条例》等法律法规的规定，结合本市实际，制定本条例。作为《条例》的第1条，在《条例》的开篇即确定了该法的立法目的，是加强对珠玑古巷历史文化资源的保护，正确处理经济社会发展和历史文化资源保护的关系。

一、本条属于《条例》的“立法目的”条款

（一）《韶关市珠玑古巷保护条例》的立法目的是加强珠玑古巷历史文化资源保护，保持传统历史风貌，正确处理经济社会发展和历史文化资源保护的关系

立法是“由特定主体，依据一定的职权和程序，运用一定技术，制

[1] 《文物保护法》，即《中华人民共和国文物保护法》。为表述方便，本书中涉及我国法律文件，均使用简称，省去“中华人民共和国”字样，全书统一，后不赘述。

定、认可和变动法这种特定的社会规范的活动”。[1]经济社会高速发展，网络化、信息化、全球化背景下传统社会结构逐渐解体，新型社会关系更加复杂，生态环境日趋严峻、经济发展速度加快和城乡差异逐渐拉大，特别是城镇化的快速发展，城市面临的问题越来越复杂多变，地方自主管理事务的范围越来越广泛，而且地区性差异巨大，这些都迫切需要用法律来规范，需要通过立法予以保障。

2015 年，全国人大修正《立法法》，赋予设区的市地方立法权限。《立法法》第 81 条第 1 款规定：“设区的市的人民代表大会及其常务委员会根据本市的具体情况和实际需要，在不同宪法、法律、行政法规和本省、自治区的地方性法规相抵触的前提下，可以对城乡建设与管理、生态文明建设、历史文化保护、基层治理等方面的事项制定地方性法规，法律对设区的市制定地方性法规的事项另有规定的，从其规定。设区的市的地方性法规须报省、自治区的人民代表大会常务委员会批准后施行。省、自治区的人民代表大会常务委员会对报请批准的地方性法规，应当对其合法性进行审查，认为同宪法、法律、行政法规和本省、自治区的地方性法规不抵触的，应当在四个月内予以批准。”

赋予设区的市部分立法权限，能充分发挥地方的主动性和积极性，让各地依据自身情况因地制宜地制定地方性法规和规章，积极解决本地区事务、调整社会关系，主动适应改革和经济社会发展的需要，有效解决相应的问题，可以推进改革创新、推动地方社会经济精细化管理，提高基层社会治理的法治化水平；还可以将本行政区域内实践证明行之有效的改革举措和大量规范性文件升华为约束力更强的地方性法规，保证地方政策的连续性，规范地方政府的政策制定权，提升地方政府管理水平，适应设区的市经济社会发展需要，提升地方法治水平，提高国家治理体系和治理能力现代化水平。

[1] 周旺生：《立法学教程》，北京大学出版社 2006 年版，第 60 页。

2015 年，韶关市取得地方立法权限后，始终坚持党的领导、人民当家作主、依法治国有机统一，坚持党委领导、人大主导、政府依托、社会参与的立法工作格局，坚持科学立法、民主立法、依法立法的原则，积极作为，在地方立法领域取得了显著成果，制定了《韶关市制定地方性法规条例》《韶关市烟花爆竹燃放安全管理条例》《韶关市野外用火管理条例》《韶关市皇岗山芙蓉山莲花山保护条例》《韶关市文明行为促进条例》和《韶关市农村住房建设管理条例》等多部地方性法规，这些地方性法规立法质量高、执法效果好，对引领、推动韶关市改革和经济社会发展发挥了重要作用，为推动法治韶关建设提供了重要法治保障，为全市经济社会发展作出了积极贡献。

韶关是一座有着 2100 多年历史的城市，拥有积淀深厚的历史文化以及丰富精彩的民族文化，在历史上被称为“岭南名郡”。韶关作为中原南迁进入广东的门户，是古代中原通往岭南的咽喉之地，是连接长江、珠江两水系最短的陆上交通要道，有当今全国保存最完好的古驿道之一。其中，位于南雄市珠玑镇的珠玑巷是广府人的发祥地，是古代中原和江南通往岭南古驿道上的一个中转站，梅关古道是中原通往岭南的重要关隘，是中华民族拓展南疆的中转站，是海上丝绸之路、陆上丝绸之路的连接线，从珠玑巷迁徙海内外的“珠玑后裔”超过 8000 万人。

宋元时期，珠玑巷是北方移民迁徙岭南的集散之地，也是当今数千万广府人及海外华侨的发祥地和祖居地。在移民历史中，珠玑古巷被誉为广府人的故乡，一个很重要的因素是它是中华民族移民进入岭南拓展南疆的首站和中转站。从珠玑古巷迁播出去的姓氏至今已达 180 多个，遍布海内外，形成了以梅关古道、乌迳古道、珠玑古巷为代表的客家文化、移民文化、姓氏文化等多种历史文化资源。

珠玑古巷被称为广府人的祖居之地，是我国三大寻根地之一，是广府文化的发祥地。珠玑古巷的住户又再南迁到珠江三角洲地区乃至港澳及海外，从珠玑古巷迁播出去的姓氏至今已达 180 多个，其后裔繁衍

8000多万人，珠玑古巷形成了以粤语为语言体系的广府民系，同时也开创了灿烂的广府文化，是广府人的发祥地、广东仅有的宋代古巷古道，有“广东第一巷”之美誉。

珠玑古巷及其所承载的文化传统从千年前的唐宋时期一直延续至今，珠玑古巷在历史、民族、文化、建筑美学、社会等各方面均有重要价值，对珠玑古巷保护和利用，有重要的历史意义和现实意义。近年来，为了保护珠玑古巷，韶关市和南雄市做出了许多尝试和努力，结合旅游开发等形式来保护和开发珠玑古巷。

由于历史原因和城镇化的快速发展，珠玑古巷的基础设施建设、文物权属、管理体制机制等问题日益突出，尤其近年来，到访珠玑古巷的游客激增，游客“井喷”的同时，也给景区带来了巨大的承载压力，历史文化遗产保护和合理开发利用之间不断产生新的矛盾。同时，珠玑古巷因长期被风雨侵蚀，缺乏日常维护修缮而日渐老化，加强对珠玑古巷的保护已刻不容缓。

如何做好珠玑古巷的管理、开发、保护和利用，让盲目建设、无序发展的情况变得有章可循，通过立法的形式来破解存在的问题，促进韶关市珠玑古巷的法治保障和文化旅游产业发展，激发各界人士保护、利用、开发珠玑古巷的积极性，形成良好氛围，是摆在韶关人大面前的重要的时代课题。通过地方立法的方式保护和规范珠玑古巷历史文化资源，是保障珠玑古巷历史文化资源可持续发展的有效手段。

基于此，韶关市人大的立法者经过充分研讨和立法论证，制定《条例》时，在制度上精心设计了立法目的。立法目的是立法者基于社会需要，有意识制定法律文本调整社会关系的内在动因，通常能够以各种方式和形式反映出来。[1]所谓立法目的，也称立法宗旨，是指制定一部法律所要达到的任务目标，也就是说制定一部法律要解决哪些问题，“为实

〔1〕 刘风景：《立法目的的条款之法理基础及表述技术》，载《法商研究》2013年第3期，第48~57页。

现这种立法目的或任务……然后根据立法目的或法的原则，设计具体的法律规则”。[1]立法目的与法律的其他条文之间是目的与手段的关系。一部法律中的每一条具体条文都规定应当围绕该法律的立法目的，为实现立法目的而服务。

立法目的条款是一部法律的整体立法目的，是一部法律的立法精神、宗旨与指导思想，属于概括性立法目的，具有宏观性与抽象性的特征。由于立法目的条款更多体现为立法者对法律的认知与期待，对于它的实践功能不能给予过度期待，使其“超负荷”运转，亦不能让它代替法律的具体立法目的，成为无往不利的解释原则或标准。[2]对于立法目的条款设置的必要性，当前学界主要有“必设说”“废除说”“区分说”三种观点，其中“区分说”认为需要根据实际需要具体情况具体分析来确定是否需要设置立法目的条款，这是一种较为全面、客观的说法。[3]立法是为了实现立法者所追求的任务和目标，也是制定法律者借立法活动想要实现的目标。在我国，立法者会在法律条文的开篇即确定立法目的，一般是在法律文件的第 1 条。全国人大常委会法工委印送的《立法技术规范（试行）（一）》第 5.3 条规定：“立法目的与立法依据（需要规定立法依据时）一般在第 1 条一并表述，先表述立法目的，再表述立法依据。”

立法目的是加强珠玑古巷历史文化资源保护，保持传统历史风貌，正确处理经济社会发展和历史文化资源保护的关系。可以看出，立法目的条款选取的三个方面是“加强珠玑古巷历史文化资源保护”“保持传统历史风貌”“正确处理经济社会发展和历史文化资源保护的关系”。本条按照逻辑顺序规定了加强珠玑古巷历史文化资源保护，保持传统历史风

---

〔1〕 汪全胜、张鹏：《法律文本中“法的原则”条款的设置论析》，载《山东大学学报（哲学社会科学版）》2012 年第 6 期，第 22~28 页。

〔2〕 杨铜铜：《论立法目的的类型划分与适用》，载《东岳论丛》2023 年第 2 期，第 188 页。

〔3〕 韩佑：《法律文本中立法目的条款设置论析》，山东大学 2014 年硕士学位论文，第 12~13 页。

貌，正确处理经济社会发展和历史文化资源保护的关系，三个立法目的相互联系、层层递进，揭示了《条例》立法设计各项制度的出发点。这也是立法者对社会需求的回应，在充分考虑社会发展的基础上，为法律文本设定的价值目标的总体表现。

（二）立法目的条款对立法、司法、守法活动提供了指引，反映了立法者的价值追求和达成目标

立法目的条款是立法者通过制定法律文本，意图有效地调控社会关系的内在动机，同时也是法律制定和实施的内在动因。立法目的条款始终贯穿于整个立法过程中，而位于首位的立法目的条款为立法活动提供了指引。只有理解和掌握了立法目的条款，才能在立法过程中精准把握调整对象和价值取舍，才能确定如何制定、完善和修改好一部结合实际立法需求的法律，真正发挥立法的作用。

没有一定的目的做引导，立法活动缺少指引可能会产生盲目的、任意的情形；有立法目的指引，则立法中每条法律规则的产生都源自一种目的，一个完整的立法文本就能够逻辑有序，达成立法者所追求的目标。《条例》的立法目的是加强珠玑古巷历史文化资源保护，保持传统历史风貌，正确处理经济社会发展和历史文化资源保护的关系，三个层次上立法者的意图清晰，指引《条例》的立法方向，指导立法者的立法活动。立法活动严格围绕这三个层次展开，设计具体的措施来实践这一立法目的。

《条例》的立法目的分为三个层次，立法者根据这三个层次，制定了加强珠玑古巷历史文化资源保护，保持传统历史风貌，正确处理经济社会发展和历史文化资源保护关系的条款。立法者根据这三个层次的立法目的，在制定《条例》法律文本时，主动协调各方利益。经济社会发展和历史文化资源保护存在不可避免的利益冲突，立法者在平衡这二者利益中运用立法智慧，寻求最大限度的平衡，既要促进南雄市经济社会发展又要保护好珠玑古巷历史文化资源，同时兼顾保持珠玑古巷传统历史

风貌。

珠玑古巷是岭南人寻根问祖的源头，广府文化的重要体现和传承载体，承载着岭南移民的历史文化传统，具有重要的历史文化价值。珠玑古巷历史文化遗产丰富，有体现古街、古巷、古村落、历史建筑、古驿道等和珠玑人南迁有关的诸多历史建（构）筑物和历史文化遗址，传承了许多民间习俗文化，立法者正是基于这个迫切的立法需求，结合珠玑古巷历史文化资源实际，凝练和概括立法目的，通过地方立法，使得珠玑古巷保护有法可依，为保护、传承、利用历史文化遗产、保护珠玑古巷传统风貌提供法治保障。

珠玑古巷不应该在现代化的进程中逐渐退出历史舞台，而是应该加强对传统文化和精神的保护与弘扬。近年来，由于城镇化进程推进和缺乏日常维护修缮等原因，珠玑古巷正日渐老化，对珠玑古巷进行立法保护极具紧迫性、必要性，积极有效运用法治思维和法治方式促进珠玑古巷的保护管理，更好地引领、推动和实现珠玑古巷历史文化的保护、传承、利用与发展，具有十分重要的意义。

本条的立法目的条款，是立法者结合珠玑古巷历史文化的保护、传承、利用与发展的实际，凝练、概括的。为达到该目的，立法者将所要实现的目标进行价值选择，并按照价值顺序以文字的形式表现出来，最后围绕立法目的条款进行其他条文的制定，形成规范的法律文本，满足珠玑古巷历史文化资源保护的立法需求。完全按照立法目的条款展开立法活动，具体法律条文可以准确、完整地表达立法目的时，所制定的法律就符合人们的需求，适应社会的发展，立法质量就可以被期待。反之，随着各方利益的博弈，法律最终扭曲或背离立法目的条款时，就无法保证立法结果的质量。

立法目的是立法的起点，又贯穿于立法过程之中，最后体现在立法的实效上。立法目的及其表述的条款并非单纯的立法问题，还涉及守法、执法、司法等多个环节。立法目的条款不仅对整个立法活动提供了指引，而且当守法者、执法者、司法者在解读具体法律条文遇到困惑时，可以根据立法目的条款，理解相关的条文。实际上，立法目的条款具有独特的法理根据、功能定位、规范结构和表述技术，深入研究立法目的条款之相关问题，对社会主义法治建设具有重要意义。在法律制定方面，找准立法的“目标”，可以提高立法技术水平，改善立法质量；在法律实施方面，有利于执法者准确地理解法律的“原旨”，公正地实施法律；在法律遵守方面，可以使社会成员知悉法律规定的“真义”，正确地行使权利、履行义务；在法学研究方面，可以将游移、散淡的目光向法律文本“聚焦”，增强法学研究服务于法治实践的能力。[1]

立法目的条款是立法活动的方向选择、立法论证的有效途径、法律解释的重要标准、公民守法的规范指南。[2]本条立法目的条款明确了要加强珠玑古巷历史文化资源保护，保持传统历史风貌，正确处理经济社会发展和历史文化资源保护的关系三层次立法目的，不仅为立法者的立法活动指引了方向，协调各方的利益，寻求利益平衡，达到立法目的，而且为司法者解释法律和普通公民守法提供了重要标准。立法目的是法律规范的内在灵魂和精神实质，准确理解与运用立法目的涉及法律的根本性问题。然而立法目的是一个灵活多变的概念，具有隐匿性与不确定性，部分法官在运用立法目的时可能滑向主观判断与能动解释，背离立法目的的真正含义，因而需要认真对待立法目的的司法运用问题，这不仅是维护法律安定性与权威性的内在要求，也是实现同案同判、统一法律适用的应有之义。[3]孔祥俊教授也对立法目的条款如何弥补法律漏洞进行了分析，他认为对于自始漏洞无法借助立法目的条款进行弥补，

〔1〕 刘风景：《立法目的条款之法理基础及表述技术》，载《法商研究》2013年第3期，第48页。

〔2〕 刘风景：《立法目的条款之法理基础及表述技术》，载《法商研究》2013年第3期，第49页。

〔3〕 杨铜铜：《立法目的的司法运用的功能及其效果提升——以指导性案例为分析对象》，载《社会科学》2022年第8期，第181~192页。

而对于嗣后漏洞可通过立法目的条款的解读，探寻立法意图，最终实现补充。[1]

立法目的条款一样对公民守法起着重要的指引和规范作用。法律条文不是只有法官、检察官、执法人员、律师等法律职业群体能够理解就可以的，而是当一般公民都容易理解时才能产生预期的效果。现代法治国家，一方面固在于国家依照法律而行使其统治权力，一方面亦有赖于人民之知悉法律及遵守法律，而人民遵守法律，则以人民知悉法律为其先决条件。在我国，欲让人民群众了解法律，重点就应放在对立法宗旨的解释上，引导人民群众运用法律武器维护自己的合法权益。通过立法目的条款，人们可以知悉什么是国家赞成的，应当做、可以做的；什么是国家反对的，不该做、不得做的；可以知道国家的发展目标、价值取向和政策导向，甚至可以知道从立法的角度看什么是明智之举，什么是愚昧之举。在法律文本中明示立法目的，科学设置立法目的条款，能够使普通社会成员初步了解立法精神、宗旨，以及所依据之法理，使自己的行为不与法律背道而驰。[2]

本条立法目的条款为公民依据《条例》，在保护珠玑古巷历史文化资源过程中，行使自己权利、履行应尽的义务提供了清晰的制度背景和准确的规范信息，增强了立法的实效性。

本条是关于立法目的的规定，贯穿于《条例》全文。立法目的条款以其特有的价值影响立法、执法、司法、守法等各方面，学习、理解和执行《条例》，应立足于立法目的。

（三）立法目的的实现需要科学的立法技术支撑

本条的立法目的条款内容为加强珠玑古巷历史文化资源保护，保持传统历史风貌，正确处理经济社会发展和历史文化资源保护的关系，根

[1] 孔祥俊：《法律适用需要妥善处理的八大关系（一）——关于提高司法审判能力的若干思考》，载《法律适用》2005年第6期，第27~33页。

[2] 刘风景：《立法目的条款之法理基础及表述技术》，载《法商研究》2013年第3期，第53页。

据……结合本市实际，制定本条例。本条立法目的条款贯穿于韶关市珠玑古巷保护立法全过程，蕴含于《条例》的每一个条文之中。这个立法目的条款既承担着说明《条例》调整对象的任务，又暗含《条例》中不同价值的重要性选择，对珠玑古巷保护立法、执法、司法、守法均发挥着重要的作用。而科学的立法技术能够指引立法者制定规范的立法目的条款，从而在整体上避免其他因素的影响。立法目的条款属于一项立法技术，具有以下特征：一是立法目的条款是一种专门规定整部法律立法目的的法条形式；二是立法目的条款以明文规定的形式直接规定一部法律的整体目的或宗旨；三是立法目的条款体现了一部法律的整体价值取向，以及所追求的目标[1]。

立法目的条款是具有特定标识语与语句的法条形式。以立法目的条款为基础，运用立法技术对法律文本进行制定、修改和废止，对于协调法律文本之间的关系、法律文本内部的顺序安排以及具体条款的构建都起着重要的作用，如不同层级的法律名称应该如何表达、具体条文顺序应如何排布等。立法目的的实现需要科学的立法技术支撑，只有在科学的立法技术的指引下，立法者才能完整反映立法意图，提升立法质量。

由于立法目的统领着一部法律全部法律规范的价值取向，因此一般都作为一部法律的第 1 条的规定，以开宗明义，总揽全局。立法目的条款，系在法律文本的第 1 条，开宗明义，以“为了”作标识语，用规范化的语句，专门用来表述整个法律文本之目的的特定法条形式。[2]立法目的条款直接述明制定一部法律所要得到的结果，是总则的重要组成部分。在我国立法实践中，尽管立法技术规范未予以确认，但绝大多数法律文本在第 1 条设置了立法目的条款，以清晰地传递立法意图，起到开门见山、开宗明义的作用，准确地阐明立法精神，提纲挈领统筹了整部

〔1〕 杨铜铜：《论立法目的的类型划分与适用》，载《东岳论丛》2023 年第 2 期，第 187 页。

〔2〕 刘风景：《立法目的条款之法理基础及表述技术》，载《法商研究》2013 年第 3 期，第 50 页。

法律的立法基调。

立法目的条款作为一种法条形式，有其明显的外观标志，具有特定的句式。对于句式，全国人大常委会法工委制定的《立法技术规范（试行）（一）》第5.1条规定："法律一般需要明示立法目的，表述为：'为了……，制定本法'，用'为了'，不用'为'……"以"为了"作为立法目的条款的发语词，"可以使法律规定更加郑重，立法更加规范、统一，而且在法律条文的朗读上也更具韵律感"。[1]其典型的表达形式是："为了A，B，C，根据X，制定本法"，或者"为了A，B，C，制定本法"。[2]"为了"在汉语中是表示"目的"的介词，在表示目的关系时，用"为了"的短句表示目的，其后与之相连接的另一个短句，则表示为了达到目的所采取的行动或措施。在法律文本中，"为了"是立法目的条款的标识语，与其连接的其后部分是立法目的内容，而"制定本法"则是立法目的条款的结束语。

二、本条属于《条例》的"立法依据"条款

立法依据条款，是用规范化语句，表明法律规范文本制定的上位法依据和事实依据的特定法条形式。立法依据条款，以及常与该条款同时出现的立法目的条款，与规定法律规范生效时间、适用范围等条款作用一致，整个法律规范文本都在其辐射范围内，行使特定的立法职能，都是专门性条款[3]。

在我国，法律的制定要以宪法为根据；行政法规的制定要以宪法、法律为根据；部门规章的制定要以法律、行政法规为根据，并且不得同

〔1〕刘风景：《立法目的条款之法理基础及表述技术》，载《法商研究》2013年第3期，第48~57页。

〔2〕杜国胜：《〈韶关市烟花爆竹燃放安全管理条例〉导读与释义》，中国政法大学出版社2018年，第33页。

〔3〕刘风景：《立法目的条款之法理基础及表述技术》，载《法商研究》2013年第3期，第48~57页。

上位法相抵触；地方规章的制定要以法律和行政法规为根据；自治条例和单行条例的制定要以当地民族的政治、经济和文化特点为依据。除宪法外，各项立法一般都要写明自己的根据，以保障自己的合法性。[1]制定法律、法规和规章，在论证自身合法性上，立法根据条款发挥了不可替代的作用，只要能保障法律、法规和规章根据上位法而订立，在上位法规定的权限、范围、程序内活动，不违背上位法的规定，那么制定的法律、法规和规章的合法性就可以得到有力的证明。在一个法律体系健全的国家里，任何新的立法都应在原有的法律体系中找到立法依据。换言之，没有了合法依据的立法，尤其是行政立法，其合法性将受到挑战。[2]

党的十九大指出“推进科学立法、民主立法、依法立法，以良法促进发展、保障善治”，以科学立法与民主立法两大传统的立法原则为基础，新增“依法立法”作为新的立法原则，以保证法的合法性。立法依据条款是法律文本的重要组成部分，不可或缺。作为法律规范合法性最直观表现的立法依据条款的缺失，势必会使得法律规范的合宪性与合法性存疑。法律体系中作为依据的上位法即为高级规范，下位法为低级规范。下位法需要将上位法的有关规定作为其制定的依据，并且在文本中通过立法依据条款予以呈现，以保证法律体系的规范性和完整性。因此，立法依据条款的存在不仅可以明确立法者的价值判断，对于法律规范文本设置的规范性，法律体系的完整性来讲，也是不可缺失的内容。但在特定情形下，即使缺少立法依据条款，也就是说，法律规范文本中没有体现上位法依据，或事实依据，对于法律规范的合法性不会产生实质性影响[3]。

在法律规范的制定过程中，找准立法的“依据”，事关立法技术的提

[1] 周旺生：《立法学》，法律出版社 2004 年版，第 362 页。
[2] 孙潮：《立法技术学》，浙江人民出版社 1993 年版，第 120 页。
[3] 王云奇主编：《地方立法技术手册》，中国民主法制出版社 2004 年版，第 75 页。

高，也与改善立法质量有着密不可分的关系；在法律适用方面，下位法可以看作对上位法的适用和实施过程，立法依据条款又可以发挥维护法制统一的作用；在理论研究中，关注立法依据条款，有助于提升法学研究对法治实践的能力服务性作用。立法实践中的常见做法是在法律规范文本第1条，同时表明立法目的和立法依据。通过立法目的条款，立法者表明其制定法律规范的动机；为了体现法律规范本身的合法性，标示效力级别，而设置立法依据条款。

作为法律依据的上位法应当是与受据法最直接相关的法律。〔1〕所谓最直接相关，是指两者在内容上具有实质性的联系，并且两者之间没有其他任何法律的间隔。各法律几乎都能从宪法上找到直接间接的根据；各法律也几乎都能从所有直系上位法中找到直接间接的根据。在我国，法律、法规、规章繁多复杂，各法律、法规、规章之间有着千丝万缕的联系。在我国，立法体制决定了不论是明示还是默示，法的立法根据是：宪法具有最高法律效力，是我国其他任何法的最终立法根据；上位法是下位法的立法根据，任何下位法不得与上位法相抵触，否则无效。基本法律、普通法律、行政法规、地方性法规、规章都可以成为法律根据。

（一）“立法依据”条款包括法律根据和事实根据

立法根据是指立法者立某个法的法律根据和事实根据，〔2〕是指立法主体制定某一具体部门法的根据或基础问题，包括立法的法律根据与立法的事实根据。立法的法律根据，主要证明该法具有合法性。而该法的可行性与可操作性，就需要法的事实根据来支撑。立法根据的类型分为法律根据与事实根据。由于各类法律的不同，其立法根据也有所不同。不同位阶法律的立法根据有所不同，不同立法权源法律的立法根据有所不同，不同层级法律的立法根据也有所不同。

---

〔1〕 王腊生主编：《地方立法技术的理论与实践》，中国民主法制出版社2007年版，第92页。
〔2〕 胡建淼主编：《中外行政法规：分解与比较》（上），法律出版社2004年版，第10页。

立法的法律根据是指立法主体在制定某具体法规范性文件时所依据的法律、法规等，它说明了立法的合法性问题。根据我国《宪法》《立法法》的规定，上位法效力高于下位法，下位法不得与上位法相抵触，下位法的制定须以上位法作为根据，在法律文本中立法根据条款设置模式有以下几种：[1]①通常在没有明确的上位法规定的情况下，下位法的立法根据是某一上位法的原则或精神。②在多数情况下，下位法的制定是以明确的某一上位法的规定为依据的，有的在"立法根据"条款指明具体的法律条文，这种明确的法律条款，就是下位法立法的直接根据。③下位法的立法根据只明确"根据上位法"，没有明确具体的法律条文，但在实际上涉及某一上位法具体的法律条文数量是很多的，需要进行具体分析。④下位法的立法根据明确了两个或两个以上的上位法，但都没有明确具体的法律条文。⑤下位法立法根据不明确或只明确部分上位法的法律根据，部分或全部采用"模糊设置"方式，如根据国家有关法律、法规或根据"有关国家法律、法规的规定"等。

中央立法与地方立法的法律根据存在差异，地方立法的法律根据，除中央立法外，还包括地方一级的上位法。如地方性法规的法律根据除法律、行政法规外，还包括上一级的地方性法规。2021 年 8 月 24 日韶关市第十四届人民代表大会常务委员会第五十次会议通过，2021 年 12 月 1 日广东省第十三届人民代表大会常务委员会第三十七次会议批准的《韶关市农村饮用水水源保护条例》第 1 条规定："为了加强农村饮用水水源保护，保障农村饮用水安全，维护人民群众身体健康，促进乡村振兴，根据《中华人民共和国环境保护法》《中华人民共和国水污染防治法》等法律法规，结合本市实际，制定本条例。"2020 年 12 月 28 日韶关市第十四届人民代表大会常务委员会第四十一次会议通过，2021 年 3 月 18 日广东省第十三届人民代表大会常务委员会第三十次会议批准，2021 年 5

---

〔1〕 汪全胜、张鹏：《法律文本中"立法根据"条款的设置论析》，载《中南民族大学学报（人文社会科学版）》2012 年第 4 期，第 105 页。

月1日起施行的《韶关市建筑垃圾管理条例》第1条规定："为了规范建筑垃圾管理，促进建筑垃圾综合利用，保护生态环境，根据《中华人民共和国环境保护法》《中华人民共和国固体废物污染环境防治法》等有关法律法规，结合本市实际，制定本条例。"

立法的事实根据是指立法主体在立法时所依据的具体社会状况或独特的客观状态，它主要是说明立法的现实必要性、针对性以及法的可操作性问题。[1]在我国法律文本中一般表述为"结合本省（市）实际"[2]法律不论其内容有多大的不同，但它们共同的目的只有一个，即法的实效，而一部法律能否有效实施，关键取决于法规与社会实际是否相适应，法规的适应性不是在法规本身中产生，它直接来源于政治、经济、文化状况和社会发展的客观进程，是二者有机统一的结果，它来源于社会又反馈到社会，为社会发展提供价值指引和评判标准。

法律在制定时只有根据了社会事实，才能具有较大的可行性和可操作性，才能使法律的实效发挥到最大。如果立法者在立法时不根据社会实情，所立之法超前或滞后，那么法律将变成一纸空文，立法所追求的实效也不能实现。

中央立法与地方立法存在较大差异的是事实根据。在中央立法中，规定事实根据的较少，大多只有法律根据。"根据某法，制定本法"是其立法根据的主要形式。在地方立法中，几乎无一例外地规定了事实根据。如《广州市水务管理条例》第1条规定："为合理开发、利用、节约和保护水资源，发挥水资源的综合效益，实现水资源的可持续利用，防治洪涝灾害，根据《中华人民共和国水法》《中华人民共和国防洪法》《中华人民共和国河道管理条例》等有关法律、法规，结合本市实际，制定本条例。"

---

〔1〕 汪全胜、张鹏：《法律文本中"立法根据"条款的设置论析》，载《中南民族大学学报（人文社会科学版）》2012年第4期，第105页。

〔2〕 王腊生主编：《地方立法技术的理论与实践》，中国民主法制出版社2007年版，第93页。

地方立法基本上都规定了事实根据，这是由我国立法体制的现状决定的。我国是单一制的国家，立法权集中于中央。之所以赋予地方立法主体立法权限，就是因为我国幅员辽阔，社会经济文化差异较大，而且各地的政治、经济、文化状况发展不均衡，整齐划一的法律无法适应地方具体实践的情况。为了调动地方积极性，赋予了地方立法主体以立法权，使其在国家的统一法律体系之下，在立法时结合所在地区的社会政治、经济、文化的实际，制定符合实情的法规、规章，以支撑法律文本的可操作性、可行性与可接受性。建立在社会实际的基础上，只有根据社会政治、经济、文化的事实，立法主体制定出来的法才具有可操作性、可行性与可接受性。所以地方立法规定事实根据是自身合法性、必要性的重要证明。

立法根据法律文本中设置"立法根据"条款的目的在于保障立法的合法性、明确法的效力等级以及实现法的可操作性。但立法主体设置"立法根据"条款的基础与依据在于实在法观念、立法体制状况以及立法权的来源。[1]该条款指出了本法的法律根据和实践根据，表明了本法的制订、实施、修改、废止有法律上依据，并在法定的条件下进行，这是对该法的合法性最直接的证明。

由于立法根据包括法律根据和事实根据两部分，一般情况下，立法根据两个方面的内容，包括法律根据和事实根据都会在法的条款中明确规定出来。如2023年10月27日广州市第十六届人民代表大会常务委员会第二十次会议修订，2023年11月23日广东省第十四届人民代表大会常务委员会第六次会议批准的《广州市历史文化名城保护条例》第1条规定："为了加强本市历史文化名城的保护与管理，传承和弘扬优秀历史文化，促进城乡建设与社会文化协调发展，根据《中华人民共和国城乡规划法》《历史文化名城名镇名村保护条例》等有关法律、法规，结合本

〔1〕 汪全胜、张鹏：《法律文本中"立法根据"条款的设置论析》，载《中南民族大学学报(人文社会科学版)》2012年第4期，第105页。

市实际，制定本条例。”

但有一些法律文本对于这两部分的规定，有时不是同步的，仅规定了法律根据，如《民族区域自治法》第1条规定：“中华人民共和国民族区域自治法，根据中华人民共和国宪法制定。”《全国人民代表大会和地方各级人民代表大会选举法》第1条规定：“根据中华人民共和国宪法，制定全国人民代表大会和地方各级人民代表大会选举法。”还有一些法律文本中仅规定了立法的事实根据，对立法的法律根据没有明确，如2020年6月12日韶关市第十四届人民代表大会常务委员会第三十五次会议通过，2020年7月29日广东省第十三届人民代表大会常务委员会第二十二次会议批准的《韶关市文明行为促进条例》第1条规定：“为了弘扬和践行社会主义核心价值观，引导和促进公民行为文明，提高公民文明素质，促进社会进步，建设善美韶关，根据有关法律法规，结合本市实际，制定本条例。”再如，2022年5月26日广州市第十六届人民代表大会常务委员会第三次会议修订通过，2022年7月28日广东省第十三届人民代表大会常务委员会第四十五次会议批准的《广州市依法行政条例》第1条规定：“为了贯彻习近平法治思想，深入推进依法行政，全面建设法治政府，规范行政权力运行，保护公民、法人和其他组织的合法权益，根据有关法律、法规的规定，结合本市实际情况，制定本条例。”

目前，在我国的立法条例中，大多数都是法律根据与事实根据的结合，“根据XX法，结合本市（省）实际，制定本法”。这已经成了我国立法的主流，地方立法也是如此。如广州市第十五届人民代表大会常务委员会第四十二次会议于2020年10月28日通过，广东省第十三届人民代表大会常务委员会第二十六次会议于2020年11月27日批准，自2021年1月1日起施行的《广州市优化营商环境条例》第1条规定：“为持续优化营商环境，激发市场活力和社会创造力，维护市场主体合法权益，加快建设现代化经济体系，推动经济高质量发展，根据国务院《优化营商环境条例》等法律法规，结合本市实际，制定本条例。”这样做既合乎逻辑，又简洁明了，并符合我国的立法习惯。

（二）《条例》的立法根据与事实根据

1.《条例》的立法根据

《条例》涉及的上位法主要有城乡规划、文物保护、历史文化名城名镇名村保护、消防、环境保护等方面的《文物保护法》《历史文化名城名镇名村保护条例》《城乡规划法》《广东省城乡规划条例》，但珠玑古巷保护没有直接的上位法，相关联的包括《文物保护法》《历史文化名城名镇名村保护条例》《城乡规划法》《广东省城乡规划条例》。其中有的规定较为原则，操作性不够强，结合珠玑古巷存在的问题和保护管理的实际，在保护范围划分、珠玑古巷历史格局和传统风貌保护、历史建筑和传统风貌建筑维护修缮、火灾预防、环境容貌秩序、交通秩序、珠玑古巷开发利用等方面的保护管理措施、行为规范、责任主体等方面，都需要通过地方立法进行补充、细化，进一步增强有关规范的针对性、可操作性，确保上位法的各项规定真正落到实处。

《韶关市珠玑古巷保护条例（草案）》参考和借鉴了其他设区的地级市的相关方面的地方性法规，诸如2022年《南宁市扬美古镇保护管理条例》、2021年修正的《梅州市客家围龙屋保护条例》、2021年《保山市和顺古镇保护条例》、2021年《宜宾市李庄古镇保护条例》、2021年《常州市焦溪古镇保护条例》、2020年《晋中市静升古镇保护条例》、2019年《吕梁市碛口古镇保护条例》、2020年《晋中市静升古镇保护条例》、2019年《贵阳市青岩古镇保护条例》、2019年《襄阳古城保护条例》、2019年《毕节市织金古城保护条例》、2017年《贺州市黄姚古镇保护条例》等。

同时，《韶关市珠玑古巷保护条例（草案）》也参考和借鉴了相关规章，如2020年《嘉兴市江南水乡古镇保护办法》、2021年《无锡市江南水乡古镇保护办法》、2018年《苏州市江南水乡古镇保护办法》等规章。

2.《条例》的事实根据

珠玑古巷是中原与岭南地区交往、客家人南迁的重要陆上通道，以丰富且保存完好的古建筑以及古老的姓氏文化和民俗著称，被称为“广东第一巷”。千百年来，珠玑古巷在岭南地区人口迁徙过程中扮演了极为重要的角色。珠玑先民南迁的后裔，散布在珠江三角洲、港澳及海外的就多达数千万人。珠玑古巷是广府文化的重要体现和传承载体，具有重要的历史文化价值。珠玑古巷承载着岭南移民的历史文化传统，是岭南人寻根问祖的源头，不应该在现代化的进程中逐渐退出历史舞台，而是应该加强传统文化和精神的弘扬与保护。

近年来，在珠玑古巷旅游资源开发和经济社会发展的过程中，违规建设、拆旧建新、私搭乱建等行为时有发生，会对珠玑古巷历史文化资源保护、传统风貌维持和社会经济发展造成不利的影响。加之珠玑古巷保护资金来源单一、数量有限，部分村民自有但较具价值的历史建筑维护修缮工作推进艰难。而且，随着珠玑古巷知名度和游客数量的不断攀升，对珠玑古巷保护和合理利用提出了新的更高要求，客观上需要进一步建规立矩、细化措施，把多年以来保护珠玑古巷的宝贵经验和成果进行固化，切实解决当前保护工作面临的突出问题。

珠玑古巷保护和合理利用的现实需求，要求制定一部地方性法规对珠玑古巷发展进行规范和促进。《条例》制定的目的和出发点就是进一步筑牢保护意识、规范政府和社会行为，弘扬和传承传统文化，为保护和管理提供坚实法制支撑。制定《条例》符合相应的立法要求，且立法需求较为迫切，以法律形式规范珠玑古巷的保护、管理和利用，将极大激发珠玑古巷文化资源的活力，进一步促进南雄市市域经济和全域旅游发展。

《条例》的事实根据是概括、简洁地写“结合本市实际”。珠玑古巷是岭南人寻根问祖的源头，广府文化的重要体现和传承载体，承载着岭南移民的历史文化传统，具有重要的历史文化价值。珠玑古巷不应该在现代化的进程中逐渐退出历史舞台，而是应该加强传统文化和精神的弘扬与保护。

但长期以来，珠玑古巷保护管理主要存在以下方面的问题：一是对珠玑古巷的理解仅限于狭义上的珠玑古巷，没有站在历史和全局的视野将南雄市境内和珠玑文化相关的都纳入保护范围。二是珠玑古巷保护管理缺少专门的机构统一管理、职责不明确。三是保护规划实施效果不理想，保护范围内与珠玑古巷风貌不协调的违法建设和拆除活动时有发生，珠玑古巷开发利用不合理因素仍然存在，相应措施不完善。四是珠玑古巷保护对象底数不清，缺乏完整性、系统性，编制保护对象清单、建立档案的制度不完善。五是因珠玑古巷历史建筑、传统风貌建筑的权属存在多样性，维护修缮责任不明确，不利于保护管理。六是珠玑古巷承载力与其开发利用的矛盾突出，尤其是珠玑古巷被评为国家4A级景区后，旅游人数迅猛增长，在带来经济效益的同时，珠玑古巷景区承载压力也不断加大，需要进一步规范和强化保护管理的措施和力度。七是现有执法力量不能满足珠玑古巷保护管理的实际执法需求，需要依法赋予珠玑古巷管理机构相应行政处罚权。为有效解决这些问题，有必要通过地方立法进行规范。

三、《条例》立法技术上将的“立法目的”和“立法依据”条款合并在一起规定

“立法根据”条款属于法的总则设置中的组成部分，通常是在正文的第1条中予以规定。根据《立法技术规范（试行）(一)》(法工委发［2009］62号）第二部分法律条文表述规范第5.1条的表述：法律一般需要明示立法目的，表述为：“为了……，制定本法”，用“为了”，不用“为”。立法目的的内容表述应当直接、具体、明确，一般按照由直接到间接、由具体到抽象、由微观到宏观的顺序排列。第5.3条规定立法目的与立法依据（需要规定立法依据时）一般在第1条一并表述，先表述立法目

的，再表述立法依据。根据《立法技术规范（试行）（一）》（法工委发［2009］62号）可知，当仅表述立法目的时，样式应该为："为了……，制定本法。"当同时表述立法目的与立法根据时，样式应该为："为了……，根据……，制定本法。"可见，标准的立法目的条款表述样式有两种。

立法根据在立法实践中，其表述通常有两种形式：其一，根据若干具体的法律，制定本法。其二，根据若干具体的法律条文，制定本法。一般来说，法律根据不要写得过于笼统，也不要写得过于具体。考察我国现行有效的法律、法规和规章，通常情况下"立法根据"条款在法律文本中的地位有以下几个方面：①与立法目的条款合并在一起规定，都放在法律文本正文的第1条中。其基本句式是"为了……，根据（依据）……有关规定（原则），结合……的实际（具体情况），制定本法（条例、规定、办法、细则等）"。如《广州市城市绿化管理条例》（已失效）第1条规定："为发展城市绿化事业，加强城市环境建设，保护和改善生态环境，增进公民身心健康，根据国务院《城市绿化条例》和有关法律、法规，结合本市实际，制定本条例。"②立法根据条款作为独立的内容加以规定，并放在法律文本正文的第1条中。如《国务院组织法》第1条规定："为了健全国务院的组织和工作制度，保障和规范国务院行使职权，根据宪法，制定本法。"③立法根据条款作为独立的内容加以规定，并放在法律文本正文的第2条中，第1条通常规定立法目的条款。

立法实践中，常见的是立法根据和立法目的合并为一条来写，在这一条中先写立法目的，再写立法根据。如果所立的法确实不必写立法目的，则立法根据可以作为一个独立条文，并仍然置于全法第1条的位置。[1]实践中，我国法律的立法根据条款设置的基本形式一般是与立法目的结合在一起，立法目的在前，立法根据在后，立法根据多仅为法律根据，较少出现事实根据，立法根据条款的位置也一般固定在正文的第1条。

《条例》在立法技术上采用的是"立法目的"和"立法依据"条款

〔1〕周旺生：《立法学教程》，北京大学出版社2006年版，第522页。

合并在一起规定，即“为了加强珠玑古巷历史文化资源保护，保持传统历史风貌，正确处理经济社会发展和历史文化资源保护的关系，根据《中华人民共和国文物保护法》《历史文化名城名镇名村保护条例》等法律法规的规定，结合本市实际”。在《条例》中，立法目的与立法根据放在首要的位置，这也是我国立法惯例中最常见的模式，即立法目的与立法根据合为一句，先写立法目的，后写立法根据，放在全文第 1 条的位置。因为立法目的与立法根据都是先于法律文本而存在的，是立法的前提性条件。

第二条 【适用范围】

本条例适用于珠玑古巷历史文化资源的保护、管理、利用等活动。

涉及历史建筑、历史文化街区、文物、非物质文化遗产以及古树名木等，其保护利用已有相关法律法规规定的，从其规定。

【导读与释义】

本条是关于《条例》适用范围的规定。

一、法律的适用范围概说

法的适用范围，也称法的效力范围，即法对何人、何事、在何空间范围、时间范围内有效，从而发挥法的约束力、执行力和强制力。法律的适用范围，包括法律的时间效力、空间效力、对人的效力和对事的效力：①时间效力，指法律开始生效的时间和终止生效的时间；②空间效力，指法律生效的地域（包括领海、领空），通常全国性法律适用于全国，地方性法规仅在本地区有效；③对人的效力，指法律对什么人生效，如有的法律适用于全国公民，有的法律只适用于一部分公民；④对事的效力，指法律对于哪些事项适用。

真正理解法的适用范围，必须先理解法的效力及其效力范围和法的适用，在区别这三者的基础上才能完整地理解何谓法的适用范围。法的效力是指“法律在属时、属地、属人、属事四维度中的国家强制作用力”。[1]而法的效力范围就是这种国家强制作用力所指向的领域，即属时维度、

---

〔1〕 张根大：《法律效力论》，法律出版社1999年版，第21页。

属地维度、属人维度和属事维度。具体而言，所谓属时维度，是指法的时间效力，即“法律何时开始生效、何时终止效力以及法律对其颁布以前的事件和行为是否有溯及力的问题”。〔1〕所谓属地维度，是指法的地域效力，即“法律在哪些地域范围内发生效力”。〔2〕所谓属人维度，是指法的对人效力，即法律对哪些人产生作用力的问题。这里的“人”包括自然人和法律拟制人，其中法律拟制人主要指“法人、国家机关、社会组织”三种。所谓属事维度，是指“国内法律秩序的属事效力范围的问题，通常就体现为国家在其对国民的关系中有多大权限的问题”。〔3〕

而对法的适用范围的正确理解，应该包括三层含义：一为主体。如果说，法的适用是针对具体的、特定的对象，那么法的适用范围则针对某一范围内非具体的、不特定的对象。当针对某一范围内非具体的、不特定的对象时，权力的行使必须受到权利的制衡，法的适用范围应该容忍权力和权利的共存。因此，法之适用范围的主体不仅应有行使权力的国家机关和由国家授权的社会组织，更应有行使权利的公民和一般社会组织。二为范围。只有在某个确定的时间段和符合法之规定的领域内，法的适用才会产生，其中，这个“领域”即为法的适用范围，它包括空间、对象和事项。至于“确定的时间段”应由法之效力范围的属时维度加以规定。三为社会关系。法的适用范围是针对某一被纳入法之调整范围的社会关系，因此，这种社会关系是确定的、实在的，而非不确定的、潜在的。〔4〕

法的适用范围有两个明显的特征：其一，相对于法的效力及其效力范围，法的适用范围是一种针对某类确定的、实在的社会关系，而法的

〔1〕 张贵成、刘金国主编：《法理学》，中国政法大学出版社 1992 年版，第 242 页，转引自张根大：《法律效力论》，法律出版社 1999 年版，第 31 页。

〔2〕 沈宗灵主编：《法理学》，高等教育出版社 1994 年版，第 348 页，转引自张根大：《法律效力论》，法律出版社 1999 年版，第 32 页。

〔3〕 [奥] 凯尔森：《法与国家的一般理论》，沈宗灵译，中国大百科全书出版社 1996 年版，第 269 页，转引自张根大：《法律效力论》，法律出版社 1999 年版，第 32 页。

〔4〕 朱春芳：《法之适用范围的立法技术研究》，华东政法学院 2004 年硕士学位论文，第 5 页。

效力及其效力范围不仅针对某类确定的、实在的社会关系，还针对某类不确定的、潜在的社会关系；其二，相对于法的适用，法的适用范围针对某一范围非具体的、不特定的对象，而法的适用针对具体的、特定的对象，而且，前者主体不仅包括国家机关和由国家授权的社会组织，更包括公民和一般社会组织，而后者主体仅为国家专门机关和由国家授权的社会组织。〔1〕

立法技术上，通常在一部完整的法律性文件中，明确设置适用范围的条款是必不可少的。这是因为它是保障法正确实施的充分和必要的要素，是判断发生在某地的某人的某一行为是否为该法所调整的最为重要乃至终极意义上的标准。因此，无论诸如法律、行政法规等全国性规范性法律文件，还是诸如地方性法规、地方政府规章等地方性规范性法律文件都必须明确设置适用范围条文。〔2〕

法是社会普遍适用的具有国家强制力的行为规范的总称，但是，法的普遍适用性对于具体的法律性文件来说，是相对于立法所确定的法律关系而言的。所以，立法中的适用范围的法律意义，就在于明晰地界定适用一定法律关系的行为（包括作为与不作为）及其所处空间、时间的效力范围。这样规定不仅有助于立法者准确无误地表明立法意图，而且便于人们准确无误地理解并实施立法意图，同时，还可以使人们极其容易并迅速地判断某一行为是否与该法有关，而无须通过从头至尾地查阅规范性法律文件来寻找该法文件的效力覆盖面。〔3〕

我国现行的法律、法规和规章，绝大多数设置了适用范围条款，让执法者和普通民众一看就明白，操作性、预期性明确、具体。立法中的适用范围，是指法律、法规、规章适用的效力范围，包括适用的空间、行为和时间。我国立法文本中均有时间效力的表述，即在法律文本最后一条

---

〔1〕 朱春芳：《法之适用范围的立法技术研究》，华东政法学院 2004 年硕士学位论文，第 5~6 页。

〔2〕 朱春芳：《法之适用范围的立法技术研究》，华东政法学院 2004 年硕士学位论文，第 50 页。

〔3〕 朱春芳：《法之适用范围的立法技术研究》，华东政法学院 2004 年硕士学位论文，第 54 页。

表述从何年何月何日起实施；对于适用空间、行为的效力范围，一般是在法律文本的总则或居前位置作出规定。

如果对适用范围没有规定或者规定得不准确，直接关系到有关适法者的权益。因为，法的适用是“国家专门机关或国家授权的社会组织，依法运用国家权力把法的一般规范用于具体的人或事，调整或保护具体社会关系的活动。这种活动的结果，是产生、变更或消灭一定的法律关系，以及保护一定法律关系得到实现”。[1]一部完整的法律规范性文件适用于具体的人或事，调整或保护具体社会关系的活动，设置权利和义务，人们通常是从一部规范性法律文件的适用范围的规定中来认定自己与该规范性法律文件的关系，他们可以由此获得法律保护，也可以由此承担法律义务。因此，立法者必须明确、规范地设置法的适用范围条文，执法者和社会民众一目了然法的适用范围，实现人们对自己行为的指引和预期。

在理论界，学者很少对法之适用范围作出明确定义，一般仅通过对其种类或内容的论述予以阐释。例如，罗传贤从种类的角度出发，把法之适用范围理解为“适用规定，为立法时避免重复规定，而明定某种事项运行适用同样事项已有之规定，或标示出性质属于普通法或特别法之事项者，在法条中极为常见”。他把适用范围分为“规范适用范围者”“表示特别法之性质者”和“表示普通法之性质者”。[2]孙潮从内容的角度介绍法之适用范围，他认为：“我国法律总则对法律适用范围的规定中，一般包含了法律效力范围中对人的效力和空间效力等内容。”[3]“法律适用范围一般涉及特定人、特定地域、特定行为、特定客体等方面，立法者只有抓住法律适用范围中的关键要素加以规定，界定才能明确有

〔1〕 黄建武：《法的实现——法的一种社会学分析》，中国人民大学出版社 1997 年版，第 195 页。

〔2〕 罗传贤：《立法程序与技术》，五南图书出版有限公司 1997 年版，第 234 页。

〔3〕 孙潮：《立法技术学》，浙江人民出版社 1993 年版，第 121 页。

效。”〔1〕

具体来说，法的适用范围具体内容，主要包括三个方面，即法的适用空间、法的适用对象和法的适用事项。

（一）法的适用空间

法的适用空间，是指法适用于什么领域。一般来说，适用空间分为域内、域内部分地区和域外。域内适用，即法适用于整个领域内。如刑法通常采用较严格的域内适用，发生在外国的犯罪除非针对本国或本国公民，否则刑法不适用。

域内部分地区适用，即法并不适用于整个领域，而仅在领域部分空间内适用。例如，联邦制国家的州的法只适用于本州；我国的自治条例和单行条例只适用于本自治地方，经济特区法只适用于本经济特区。

域外适用，即本国之法有条件地适用于领域之外，包括他国领域、公海和公共空间。

（二）法的适用对象

法的适用对象，是指法适用于什么人。这里的“人”包括自然人和法律拟制人，其中法律拟制人主要指法人、国家机关、社会组织三种。一般来说，确定适用对象的原则有属人主义原则、属地主义原则、保护主义原则和以属地主义为主、属人主义和保护主义为辅的原则。

属人主义原则，即凡是本法所指向的人，不论他所处的空间位置如何，都适用本法。如一国国民无论所在何处，都适用该国之法，而位于该国的外国国民和无国籍人则不适用所在国的法。

属地主义原则，即法适用于其管辖范围内所有的人，而不问其国籍或户籍如何。如当某国人在外国时，则不适用该国之法。

保护主义原则，即凡损害法所管辖范围内的利益，不论行为人的国籍、户籍或处所如何，都适用该法。

〔1〕 孙潮：《立法技术学》，浙江人民出版社 1993 年版，第 122 页。

以属地主义为主、属人主义和保护主义为辅的原则，由于属人主义原则和极端保护主义原则都不符合当今潮流，同时属地主义原则尽管有其长处，但难免会有“顾及不到”的地方，而以属地主义原则为主、属人主义和保护主义为辅的原则正好取其之长、弃其之短。

（三）法的适用事项

法的适用事项，是指法适用于何种事项，这是法之适用范围的重要内容之一。法调整的是人的行为，而人的行为必与一定的事项有关，所以法的适用范围就需要有一个事项范围。例如合同法只适用于与合同有关的事项，侵权行为法只适用于侵权事项，宗教法只适用于与宗教有关的事项。法对于未规范的事项不发生适用后果。

法的适用范围不仅对法本身具有重要意义，而且对人们的权益也至关重要。具体而言，法的适用范围具有以下作用：

第一，保障法的正确实施。法的适用范围说明的是该法调整的范围，包括空间、主体和事项。每一部法都有自己特定的适用范围，立法者必须在该法的适用范围内设定明确的权利和义务规范，这样，法的正确实施才有合法依据，才能得以保障。如果一部法尚未设置适用范围，或未正确设置适用范围，那么立法者就很难准确设定权利和义务规范，法也就谈不上正确实施。

第二，为人们判断某一行为是否适用于某法提供依据。每一部法都有其特定的适用范围，对发生于某地某人的某行为是否适用于该法都明确予以规定。可以说，法的适用范围直接关系到人们的权益，他们可以根据该法的适用范围对自己处于某地的某种行为是否适用该法作出判断，从而获得该法的保护，并且履行该法规定的义务。如果一部法尚未设置适用范围，或虽已设置但不为人们所了解，那么人们将会迷惑于浩然大海般的法而无所“适用”。

二、《条例》的适用范围

《条例》的适用范围不仅包括珠玑古巷历史文化资源的规划、管理、利用等活动，还涉及古驿道、传统村落、古建筑、历史建筑、文物、非物质文化遗产以及古树名木等，其保护利用已有相关法律法规规定的，从其规定，即《条例》适用珠玑古巷历史文化资源的规划、管理、利用等行为；对珠玑古巷历史文化资源的规划、管理、利用等活动涉及的古驿道、传统村落、古建筑、历史建筑、文物、非物质文化遗产以及古树名木等，其保护利用已有相关法律法规规定的，从其规定，没有规定的适用本《条例》。

可以看出，《条例》适用范围包括两个方面：一是规制的行为范围；二是适用的事项范围。

(一) 规制的行为范围

本《条例》对珠玑古巷历史文化资源的规划、保护、管理、利用等活动，既包括政府层面上的规划与建设、利用与维护、保护与管理、保障与监督等行为，又包括社会层面上保护、管理、利用等社会与公众活动。

首先，规划与建设、利用与维护、保护与管理、保障与监督是政府职能部门行使的权力，将其纳入《条例》的规制，能够规范政府权力运作，防止政府权力滥用。

其次，规范社会与公众活动行为。社会组织与公众对珠玑古巷历史文化资源保护、管理、利用等活动要严格遵守《条例》的相关规定，违反《条例》的相关条款，将依据《条例》予以追究。

(二) 适用的事项范围

本《条例》关于珠玑古巷历史文化资源的规划、保护、管理、利用的适用事项主要涉及与珠玑古巷历史文化资源相关的古驿道、传统村落、古建筑、历史建筑、文物、非物质文化遗产以及古树名木等。

三、珠玑古巷历史文化资源的缘起

珠玑古巷位于广东省北部的南雄市，属梅关古道一段。从秦朝开始至 20 世纪初粤汉铁路开通之前的 2000 多年里，珠玑古巷一直是岭南与中原地区联系的最主要通道，大量中原移民经过这条驿道进入岭南地区，并在相当一段时期内在珠玑古巷聚族而居，然后再向珠江三角洲、港澳、海外等地区继续迁移。珠玑古巷地理位置重要，是广府文化的发祥地、广府人的祖居地，在千年的历史进程中凝聚成“异姓一家、同舟共济、勤劳勇敢、开拓创新”的珠玑古巷人精神，孕育出独特的姓氏文化。也有部分客家人选择定居下来，他们长期的生产生活依然保留着完整的客家生活方式，部分保留了几百年前的中原文明的客家文化，是古中原文化的延续和发展。

移民文化、客家文化、姓氏文化这三种文化关系紧密，不可分割，地域色彩浓厚，主要体现在地方历史文化、建筑风格与特色和民风民俗、文物、非物质文化遗产等方面，它们共同构成了珠玑古巷历史文化资源集合体。

（一）客家文化

客家人，是汉民族在南方的一个分支。客家人是历史上由于战乱、饥荒等原因，中原汉民族逐渐南下，其中一部分进入赣闽粤等地，与当地土著居民发生融合，最终形成一个独特而稳定的汉族支系。他们具有独特的客家方言、独特的文化民俗和情感心态。因此客家文化概括地说是以汉民族传统文化为主体，融合了畲、瑶等土著文化而形成的一种多元文化。

在历史上，古代中国发生过多次大战乱，客家人的先祖——中原人因避战乱，从中原辗转迁徙到南方。南迁的大潮主要在两晋至南朝时期以及两宋时期。最早的一批移民的主流是两晋时期的“衣冠望族”和朝廷命官。从秦朝开始，历代都有中原人民南迁至岭南，他们大多是因避战乱而南迁的。在唐末、五代时期，中原移民陆续不断地流向岭南；两宋至明初是中原南迁移民的高峰期，大量的中原人为避战乱而举家南迁，岭南移民人数增加。尤其是两宋时期，中原人为躲避北方的战乱而南下，南来的移民翻越梅岭后，首先驻足于岭下的珠玑古巷，有的居住生活下来，有的则继续顺北江南下，再度南迁至珠江三角洲各地。

隋唐以前的南迁北人都是以平民为主的，人数多，却缺乏文化底蕴，宋元之后的北人南迁则不同，他们除一般平民外，还有不少官宦人家、文人墨客和仁人志士，特别是宋朝，当时中原文化非常繁荣，北人南迁是随官府朝廷不断南移而进行的，他们不仅人来到南方，还带来了浓厚的中原文化。所以，隋唐之前的中原人来到南方，为客家人的数量起了壮大的作用，但因缺乏文化因素，难以形成自己的特色民系文化。宋元之后，一些望门贵族和文人墨客来到南方，既使客家壮大了规模，又使客家提升了社会地位和文化品位，促使了客家文化的最终形成。

而南岭阻碍了中原和岭南的南北商贸、客商、移民的交通，只能通过南岭山脉之间的狭窄小道通行。南雄地处南岭南北经济、交通、军事交汇处，其中乌迳古道、梅岭古道等是南北商贸、迁徙的交通要道。

梅关古道始通于秦汉时期，即便从唐朝宰相张九龄主持拓宽梅关古道算起，迄今已有1300年的历史。南来北往的商贾翻越梅岭，都需停驻在珠玑古巷，安顿休整，获得补给，以便于继续前行。南迁的移民也在这里落脚，沿着古道周边逐渐建立村落定居下来。客家人无论是在纯客家县市或是在其他土著居民群落中的孤独的客家小村中，都坚持讲自成体系的客家方言——客家话。客家人与当地土著民族长期交往，生产生活，自然而然地形成了结合中原文化与岭南文化的客家文化。

客家人的先祖因避战乱，从中原辗转迁徙到南方，他们把中原文化也带到了南方居住地，且居住地多为山区，偏僻封闭的环境使原有的中原文化较好地保留了下来。客家文化是指客家人共同创造的物质文化与精神文化的总和，是客家人聚集地长期形成的独特风格的文化，其构成要素主要包括客家方言、客家民俗、客家民居、客家戏剧、客家流行音乐、客家谚语、客家童谣、客家民歌、客家人物、客家山水、客家诗文、客家历史、客家饮食、客家家规族训、客家武术、客家名人事迹、海内外客家分布等多方面。客家文化源自中原汉人南迁时所保留的华夏文化和中原文化，是客家人创造的文化总和，包括语言、戏剧、工艺、民俗、建筑等内容。

（二）移民文化

秦朝以前，岭南地区就有人类居住，但相对于黄河、长江流域，岭南地区尚属于落后之地，文明程度远远滞后于中原地区，一般来说，中原移民岭南不合乎逻辑和常理。

秦朝时期，秦始皇派大军进入岭南，在大庾岭、骑田岭、都庞岭等古道沿线地区立郡县、城池、关隘，许多中原士兵由此居留岭南，与当地土著人结婚生子，共同开发岭南，韶关由此成为广东开发自北向南空间推移的第一站，中原士兵也成为岭南的第一批大规模移民。他们带来了中原文化并与当地土著文化交融，铸就了早期岭南移民文化的雏形。也就是说，中原人移民岭南自秦朝开始，秦始皇平定、治理岭南时的将士戍卒及官吏和他们的家属，是北方人向岭南移居的第一批移民。这批人来到岭南之后不久，中原地区即发生了陈胜、吴广的起义，当时的南海尉赵佗为防止岭南地区出现动乱，拥兵关隘，封闭南北通道，建立南越国，自封南越王。南越国存在近百年，来自中原地区的秦朝将士戍卒及官吏和他们的家属只能滞留在岭南地区安居生息。到汉武帝时，南越国归并汉朝，这些人留下的子孙也不可能再回到北方，名副其实地成为中原南迁岭南的移民。

秦汉之后，历史上，中原王朝发生过多次大规模的战争，中原人为躲避战乱发生过几次大规模的移民潮。其中一次是三国至南北朝，尤其是南北朝之时，不少中原人为避战乱而南迁；一次是隋唐时期，因北方匈奴及其他外部入侵，加上唐末发生黄巢起义，致使大量北人离乡背井，避乱南方；再一次是宋朝期间，先是宋室南迁，由北宋转为南宋，再后来忽必烈派兵驰驱南下，南宋朝廷又从长江边退到广东，许多中原人民和大批的皇室贵宦及商贾随朝廷来到了南方；还有一次是元末明初，因政权更换，中原地区的许多民众再一次为避战乱南迁。

唐朝时期，张九龄开凿大庾岭梅关古道以后，交通条件得到较大改善，崎岖的梅岭山路开始迎接一批批中原南迁汉民，成为中原汉人进入岭南的另一条重要通道。南雄梅关古道成为中原和岭南的南北交通枢纽，商贾云集，经济文化快速发展，尤其宋元时期大规模移民，他们或者沿着古道择地定居，生产生活，或在珠玑古巷逗留或继续南迁至珠三角等地。

南迁移民带来了以农业生产和农耕技术为主的先进农耕文化，他们推动了南雄社会经济发展。同时，南迁移民还带来了依附于人们的生活习惯、情感信仰而产生的丰富民俗文化。主要有生产劳动民俗、日常生活民俗、社会组织民俗、岁时节日民俗、人生礼仪、游艺民俗、民间观念、民间文学、宗教及巫术、婚丧嫁娶等。南迁移民带来的儒家文化和宗法礼制在当地得到发展和传承，保留了强烈的中原文化传统，同时南迁移民与当地土著居民生产生活，相互交融，形成了独特的移民文化。

珠玑古巷是当时中原移民南迁的重要集散地，珠玑古巷的后裔们后来迁移到珠江三角洲，甚至东南亚等世界各地，深受儒家文化浸染的岭南后人，对家族文化的探究和对祖先的追寻，带有浓重的移民文化底蕴。珠玑古巷是岭南后人寻根的重要集聚点，拥有黄氏、雷氏、刘氏等宗祠和故居，吸引了无数海外华人来此寻根问祖。

以珠玑古巷的南迁历史为典型，宗族的迁徙、定居叙事中一定会留下地方的印记，宗族与地方的联系在于强调宗族会定居于某地，迁徙过程中的重要地方节点也通常会在族谱中记录下来，构成宗族历史叙事的一部分。这也解释了为何珠玑古巷这类“迁徙驿站”虽然并非最逻辑真实、最本源的“根”，但也可以成为重要的寻根地。〔1〕20 世纪 80 年代中期，寻根文化兴起，珠玑古巷成为继续南迁的移民后裔们的寻根“圣

〔1〕 蔡礼彬、张兆一、易丰羽：《广东省珠玑巷游客寻根旅游体验对文化认同建构的影响》，载《华南理工大学学报》2023 年第 5 期，第 151 页。

地”，他们开展了各种寻根文旅活动。

（三）姓氏文化

姓氏是生命个体的特殊符号标志，是我们身边非常普遍的存在，却蕴含着非常丰富的中华姓氏文化内涵。我国的姓氏文化发轫于5000多年前的母系氏族社会，那时开始有了姓氏，逐渐发展演化，历经千年延续至今。姓肇始于母系氏族社会，我国的姓大多从女旁，一个姓表示一个母系的血缘关系。氏在姓之后形成，是父系氏族发展后表示血缘关系的产物，姓和氏的结合，形成了独特的姓氏文化。

尽管随着父权制的发展，姓氏流变，母系血缘关系的影响仍然在姓氏中保存，并对社会发挥着特殊的作用，承载和展示着深厚的中华传统文化。

到了周朝，姓氏数量迅速增多，反映出周朝统治者实行大规模分封的史实；同时，姓氏命名和使用的严格规定，又说明了周朝社会各个阶层森严的等级制。特别是西周以后，随着分封制和宗法制的实行，形成了一套严格的姓氏制度。当时，姓氏只是天子、诸侯、卿大夫、士等奴隶主贵族才有，平民、奴隶往往有名字无姓氏。

秦汉时期，姓氏合而为一并且得到普及，反映出中央集权封建国家大一统的需要。公元前221年，秦朝结束战国分裂的局面，建立起我国历史上第一个统一的中央集权封建国家。随着奴隶主贵族宗法统治的解体，与之相应的姓氏制度也被废除。姓氏不再作为标榜贵族身份的标志，一般平民也开始有了自己的姓氏。姓与氏之间的区别逐步消失，合而为一。到了汉代，我国姓氏制度基本趋于稳定和普及，每个家族都有了自己固定的姓氏，子孙后辈代代相传。

在珠玑文化体系内，最能全面、深入体现其文化内涵的活动就是姓氏节。[1]中国人特别重视乡土之情、依恋本源，讲究重生报本、尊祖敬

[1] 吴良生：《刍议寻根旅游的深度开发——以珠玑古巷为例》，载《韶关学院学报》2003年第5期，第71页。

宗的传统，“姓氏节”将敬祖崇先、文化娱乐、情谊交流融于一体，千年以来久盛不衰。据《南雄县志》载：“南雄习俗重姓氏节，上方（黄坑以上）尤甚。较大的姓都定出某一日为本姓节日，是日杀鸡宰猪，全族男女老少（包括已出嫁妇女）同祭祖先。”〔1〕“姓氏节”是南雄市的地方传统节日，距今已传承1000多年，并于2009年入选韶关市第二批非遗代表性项目名录。

姓氏节是姓族的节日，以姓为节，起源于南宋时期。广东南雄的界址、孔江、乌迳、新龙、坪田、南亩、大塘、油山等镇盛行姓氏节。一般以该族祖先的生日或对该氏族具有重大意义的日子为姓氏节。如乌迳新田李氏姓氏节为农历九月十三，是新田李氏祖先李金马的生日。李金马是户部侍郎，金紫光禄大夫，政声卓著。界址赵氏姓氏节则为农历七月十三、十四两天。因界址赵氏都是赵匡胤的后裔，所以其敬奉的是宋太祖赵匡胤和赵子龙，十三为赵屋村节日，十四是从赵屋村迁出的赵姓村节日。届时，由轮值首事（头人）牵头筹办（公尝出资），设坛祭祀，抬菩萨（祖像）出行游村，请戏班日夜演戏，各户则广邀亲朋好友前来做客，为时三五七天，合家团圆，全族聚会，各姓亲朋相庆，祥和友爱，热闹非凡，比之春节元宵有过之无不及。一姓过节，百家联欢。

姓氏文化除血缘认同外，很重要的一点就是文化认同。姓氏文化不仅包括姓氏起源、姓氏流变、家族播迁、名人、家谱、宗祠、世系、家训、郡望、堂号、堂联、字辈等文化元素，而且包括由此形成的尊祖敬宗、报本反始、寻根问祖等族姓与民族方面的文化认同理念。

为了躲避战乱，从唐朝开始尤其是在北宋末期至元代初期的200多年间，从中原南迁的移民从珠玑古巷出发一路向南，继续南迁，从珠玑古巷迁徙出去的姓氏已达180多个，后裔8000多万人，遍布世界各地。珠玑古巷位于广东韶关南雄市珠玑镇，古巷全长只有1500多米，古巷里面基本一栋建筑一个姓氏。如今，每年有数百万海内外广府人后裔前往

〔1〕南雄县地方志编纂委员会：《南雄县志》，广东人民出版社1991年版，第766页。

珠玑古巷问祖。因此，南雄又被誉为“中国姓氏文化名都”。

珠玑古巷也被称为广府人的祖居之地，是我国三大寻根地之一，也是广府文化的发祥地，被誉为中华传统文化驿站，天下广府根源。珠玑古巷姓氏文化历史悠久，可追溯到宋朝时期，姓氏的起源、发展与历史传说，都蕴含着中华传统文化的光辉灿烂。依托厚重的姓氏文化、宗族文化，2014 年起，南雄市已连续 7 年成功举办姓氏文化旅游节，不断擦亮“中国姓氏文化名都”品牌，南雄珠玑古巷姓氏文化节已成为我国三大姓氏节之一。

为进一步传承和弘扬姓氏文化，搭建起文化传承新平台，南雄市委、市政府深入挖掘和整合古巷历史文化和姓氏文化资源，进一步发挥珠玑古巷观光旅游、思乡敬祖的作用，将南雄打造为广东省最大的珠玑姓氏文化寻根基地。同时，南雄市委、市政府在当地传统“姓氏节”的基础上增加民族文化展演、后裔宗亲交流、祭祖恳亲、招商引资等内容，从 2014 年开始，每年举办一届姓氏文化旅游节，大力弘扬和传承中华优秀传统文化，推动社会主义文化繁荣兴盛。

四、珠玑古巷历史文化资源保护行为包括规划、管理、利用等活动

《条例》中的保护应作广义的理解，“保护”不仅仅是字面上的“保护”，规划也是保护，管理也是保护，保护不是目的，保护的目的在于更好地利用，利在当代，造福子孙。此处也借鉴了其他设区市相关保护条例的立法技术，如《贺州市黄姚古镇保护条例》第 2 条规定的“古镇的规划、保护、管理和利用，适用本条例”；《保山市和顺古镇保护条例》第 2 条规定的“本条例适用于和顺古镇的规划、建设、保护和管理等活动”；《贵阳市青岩古镇保护条例》第 2 条规定的“本条例适用于青岩古镇的保护、管理及其相关活动。涉及文物、非物质文化遗产和古树名木的保护和管理，按照有关法律、法规的规定执行”。

规划、管理、利用是三种不同行为，但对珠玑古巷历史文化资源保护来说，三种行为是相辅相成、密不可分的。规划是刚性确保珠玑古巷历史文化资源保护的有序实施，它明确了珠玑古巷历史文化资源空间管控体系，形成了“横向到边、纵向到底、全覆盖、无缝隙”的保护机制。规划是管理和保护的前提，管理和保护珠玑古巷历史文化资源是在规划的范围内实施，管理是手段，利用是目的。

五、珠玑古巷历史文化资源保护行为涉及古驿道、传统村落、古建筑、历史建筑、文物、非物质文化遗产以及古树名木等

珠玑古巷历史文化资源是通过一定物质载体或非物质文化遗产体现出来的。《条例》规定的珠玑古巷历史文化资源保护行为涉及古驿道、传统村落、古建筑、历史建筑、古文物、非物质文化遗产以及古树名木等具体载体。对于这些物质载体或非物质文化遗产具体内涵和外延，笔者将在下一条具体交代。本条是指涉及古驿道、传统村落、古建筑、历史建筑、古文物、非物质文化遗产以及古树名木等已经有法律法规规定的，从其规定，没有法律法规规定的，按照本《条例》执行。比如，珠玑镇是广东省第二批历史文化名镇名村，《历史文化名城名镇名村保护条例》已经有规定的，按照其规定。有些没有法律法规规定，符合本条例的，如珠玑古巷牌坊——现代（1980 年后）、珠玑黄氏宗祠——古代（1840 年前）、珠玑黄氏祖居——古代（1840 年前）、珠玑谢氏祠堂——古代（1840 年前）、珠玑钟氏祠堂——古代（1840 年前）、珠玑周氏宗祠——古代（1840 年前），既不是文物，又不涉及文物法律法规，但祠堂是古建筑，其具体保护，按照本《条例》的规定执行。

第三条 【珠玑古巷的界定】

本条例所称珠玑古巷是指南雄市行政区域内，由珠玑古巷本体和珠玑古巷人生产生活形成的古驿道、古建筑、历史建筑、文物、非物质文化遗产等历史文化资源的集合体。

珠玑古巷本体是指珠玑镇珠玑村东起沙水河，西至乡道 Y028，南起驷马桥，北至凤凰桥范围内的三街四巷（珠玑街、棋盘街、马仔街和洙泗巷、黄茅巷、铁炉巷、腊巷）建筑群及其附属设施。

【导读与释义】

本条是对珠玑古巷的界定，明确立法适用的地域范围和珠玑古巷包含的具体事项，突出法规的针对性、特色性和可操作性具体范围。

任何法都是有明确的调整对象与调整范围的，因此，从根本上讲，任何一个法律文本都会有法的效力条款设置。法的总则中“法的效力”条款是指规定法的适用对象范围、适用空间范围以及适用事项范围的条款。[1]《条例》第 2 条解读《条例》的对事效力范围，即珠玑古巷历史文化资源的规划、管理、利用等活动，解读了珠玑古巷历史文化资源的形成与发展以及具体包括哪些内涵，《条例》适用珠玑古巷历史文化资源的规划、管理、利用等行为。但是对古驿道、传统村落、古建筑、历史建筑、文物、非物质文化遗产以及古树名木等具体内涵没有解读。

本《条例》第 3 条适用的空间效力，对法律生效的地域和《条例》适用的事项具体内涵作了明确规定。

---

〔1〕 汪全胜、张鹏：《法的总则中的“法的效力”条款设置论析》，载《理论学刊》2013 年第 2 期，第 87 页。

一、适用的地域范围

《条例》第3条首先明确了《条例》适用的地域范围。

对于《条例》的地域范围，立法者在起草立法调研过程以及多次专家的论证会中都有涉及，而且这个问题是敏感和核心问题之一，直接影响《条例》的适用范围、执法范围，以及可操作性与可执行性。最初，立法起草者仅仅局限于珠玑古巷，即珠玑镇珠玑村东起沙水河，西至乡道Y028，南起驷马桥，北至凤凰桥范围内的三街四巷（珠玑街、棋盘街、马仔街和洙泗巷、黄茅巷、铁炉巷、腊巷）建筑群及其附属设施。但在立法调研后，立法起草者的思路发生了变化，若地域范围仅仅局限于珠玑古巷的本体则过于单薄和苍白，不同于一般的古镇保护或古建筑群落的保护，珠玑古巷保护的是历史文化资源，有其历史形成和发展的缘由、内涵，不是仅仅珠玑古巷单一的存在，珠玑古巷和古驿道、古村落等保护密切相关，更关键的是它是中原文化和岭南文化交汇的结晶。

经过多次调研、专家论证，结合南雄实际，立法起草者在制度设计上发生了实质的变化，视角从仅仅保护珠玑古巷本体资源转换为历史文化资源。珠玑古巷历史文化资源不是单一的，是历史上中原移民南迁，中原文化与岭南文化的交汇。南北商旅、中原移民南迁以古驿道（梅关古道、乌迳古道）为中心形成诸多驿站，珠玑古巷只是其中的一个驿站。同时，也有移民在古驿道周边定居下来，建立古村落，形成了古村落、古祠堂、历史建筑等物质文化资源和中原移民的姓氏文化、南迁传说以及传承的非物质文化遗产等，这些密不可分的历史文化资源是相互联系、不可偏废的。立法者经过充分的调研、研究、论证以及实地调研，包括邀请省、市相关专家参与论证，结合南雄的实际情况，达成共识。

《条例》中的珠玑古巷作广义理解，是以珠玑古巷为代表的历史文化资源。在历史文化（客家文化、移民文化、姓氏文化）资源保护这一大背景下，结合南雄的历史文化资源分布，立法起草者没有采取最初的仅限于珠玑古巷本体的范围，最终将《条例》保护的地域范围确定为南雄市行政区域内，具体对象由南雄市人民政府确定，这样的规定是基于实践中更全面保护历史文化资源的考虑。由于珠玑古巷及其所承载的文化传统是从千年前的唐宋时期一直延续至今的珠玑文化（寻根文化、姓氏文化和客家文化），珠玑古巷在历史、民族、文化、建筑美学、社会等各方面均有重要价值，最初立法选题定为《韶关市珠玑古巷保护条例》，立法过程保留了这一选题。

二、适用的事项范围

《条例》所称珠玑古巷是指南雄市行政区域内由珠玑古巷本体和珠玑古巷人生产生活形成的古驿道、古建筑、历史建筑、文物、非物质文化遗产等历史文化资源的集合体。

（一）珠玑古巷

1. 珠玑古巷本体前世与今生

被称为“粤人故里”的珠玑古巷位于广东省南雄市珠玑镇珠玑村。原名敬宗巷，是广东仅有的宋代古巷古道，有“广东第一巷”之誉。珠玑古巷位于南雄市北部偏东的大庾岭南，地处梅岭与南雄市之间，距南雄市东北约 9 公里的 323 国道旁。珠玑古巷又名沙水镇，在沙水河西侧。后巷内人工围河成湖，又叫沙水湖，古时称巷所在地为沙水镇。从史料看，珠玑古巷只是沙水镇的一部分。

珠玑古巷南起驷马桥，北至凤凰桥，全长 1500 米，拥有三街四巷，即珠玑街、棋盘街、马麒街和珠玑巷、黄木巷、铁芦巷、棘巷，路面用鹅卵石铺就，宽约 3~4 米，古驿道穿巷而过，巷内三座门楼为清初所建。巷内仍保留着不同朝代的古楼、古塔、古榕和古建筑遗址等一批文物古迹，两旁民宅祠堂、店铺商号鳞次栉比。珠玑古巷内分北门、中门和南门，以红石为墙基筑成城门式的门楼三座。

珠玑古巷基本保存着古驿道的原貌，南门楼位于珠玑南端，是珠玑古巷的标志建筑之一，始建于清代乾隆年间，拱门上有1927年重修时镶的石匾“珠玑古巷”及“祖宗故居”。北门楼（珠玑街门楼）位于珠玑古巷北端，建于清代乾隆年间，早塌。中门楼（珠玑楼）位于珠玑古巷中段，原为翔凤坊之楼，早塌，清代乾隆十二年（1747年）重修，石匾题名“珠玑楼”。巷内现有居民20多姓，320多户，1400多人。

珠玑古巷，原称敬宗巷，后因避讳改名“珠玑巷”，沿用至今。据史书和地方志记载，珠玑古巷得名有两种说法：一说唐敬宗宝历年间，珠玑古巷得名始于唐朝张昌，为南雄敬宗巷孝义门人。其始祖辙，生子兴，七世同居。唐敬宗宝历元年（公元825年），朝廷闻其孝义，特赐予珠玑绦环表彰这种孝义。一说宋祥符年间有珠玑古巷，宋南渡时诸朝臣从驾入岭，至止南雄，亦号其地为“珠玑巷”。不论哪一种说法，珠玑古巷得名也有千年历史，因此人们称珠玑巷为珠玑古巷。

20世纪80年代以后，为了保护文物古迹，开发旅游资源，为南迁后裔提供寻根祭祖的良好环境，南雄市人民政府拨出专款，对古道和巷内的三座门楼进行了修葺，重建张昌故居，并受海内外南迁后裔的赞助，由南雄籍雕塑家尹积昌老先生（广州象征五羊雕像作者）雕塑了胡妃玉像。

1995年以来，当地政府着手修复珠玑古巷，恢复原有的人文景观，先后修复南、北门楼、中门楼、胡妃纪念馆、沙水古寺、古驿道等，并将其建设为旅游、观光、怀旧、思乡、敬祖的胜地。珠玑古巷在原有的发展基础上，各项基础设施正不断完善。2008年，当地政府为130多个姓氏祖屋装上了统一的牌匾，完成了祖居纪念区第一期至第二期建设，后又完成了邓、卢、朱、刘、江、麦、苏、李、吴、何、周、沈、陈、林、罗、胡、钟、徐、黄、梁、雷、简、黎等23个姓氏纪念馆的建设工作，筹建华、温、谭、蓝、唐、蔡、王、冯、汤、许、杨、郭、龚、曾、谢、戴等姓氏纪念馆。为方便珠玑古巷人后裔寻宗问祖、联结情谊，1990年，南雄珠玑古巷人南迁后裔联谊会筹委会成立，后又成立了广东南雄修复珠玑古巷领导小组，负责珠玑古巷的修复工作。在多方努力下，2012 年，珠玑古巷晋升为国家 4A 级旅游景区，是“广东省最美街巷”之一。巷内仍保留着不同朝代的古楼、古塔、古井、古榕等古迹。宗祠是姓氏文化的建筑结晶。多年以来，宗祠的修缮和重建工作陆续进行，已形成了较大规模的姓氏文化祠堂区，融合了广府、客家建筑等传统特色。

2. 珠玑古巷蕴含着丰富的历史文化资源

珠玑古巷保存了大量的古建筑、历史建筑、文物、非物质文化遗产、南迁传说等历史文化资源，主要有：

(1) 胡妃塔。其位于南雄市珠玑巷南街“珠玑古巷”牌楼西侧，一座元代实心石塔叠于一口四方古井之上，塔高 3.5 米，七层八角，由 17 块精雕细刻的红砂岩砌成。石塔通高 3.36 米，底座直径 1.2 米，高 24 厘米。石塔 7 层，意谓“救人一命，胜造七级浮屠”。第一层高 59 厘米，为莲花座，上有八角柱体，柱体上刻有“四大天王”浮雕，并刻有“南雄路同知孙朝列重立，元至正庚寅孟冬纪”字样；第二层高 38 厘米；第三层高 40 厘米；第四层高 40 厘米，这几层均有莲花座；第五层高 30 厘米，塔身呈扁椭圆形；第六层高 40 厘米；第七层高 35 厘米，第六、七层呈圆柱形。塔身为莲花座鼓形，塔顶为宝葫芦，高 30 厘米。整座石塔共刻有 36 尊罗汉浮雕。塔旁有一古井，传说当年胡妃就是投此井自尽。这座石塔是广东省现存元代石塔中唯一有确凿年代可考的石塔，建于 1350 年，也是珠玑古巷保存年代较久的文物，现已列为省重点文物保护单位。

(2) 舍利石塔。珠玑古巷内有一座特别的元代舍利石塔，立于珠玑古巷中门楼北约 50 米处的古井上。石塔为平面八角形，7 层，实心，用红色砂质岩雕刻，垒叠而成。通高 3.36 米，基层直径 1.2 米，高 24 厘米。第一层为莲花座八角柱体，柱上刻有“四大天王”浮雕，并刻有“元至正庚寅孟冬十月 (1350 年)，南雄路同知孙朝列重立”，高 59 厘米。第二、三、四层高分别为 38、40、40 厘米，均为莲花座平面八角形。第五、六层高分别为 30、40 厘米，均为覆莲花座鼓形塔身，刻有浮雕佛像。第七层高 35 厘米，莲花座鼓形塔身。塔顶为宝葫芦，高 30 厘米。该塔造型奇特，雕刻粗放，佛像栩栩如生。

（3）南门楼。其位于珠玑古巷南端入口处，始建于清乾隆年间。1927 年，县人重新修葺南门楼时，在楼门上方嵌镶两块石刻，一曰“珠玑古巷”，二曰“祖宗故居”。南门楼基为麻石所砌，红朱柱，双层古建筑楼顶，上盖绿色琉璃瓦。通高 9. 5 米，门宽 3. 25 米，门进深 3. 26 米，拱门高 4. 85 米。

（4）北门楼。其坐落在古巷北面端口。该楼始建于清乾隆年间。楼为麻石砌基，火砖墙到栋，朱红柱，绿瓦。在楼顶中心处置一宝葫芦，两侧为龙头。通高 8. 6 米，拱门宽 3. 23 米，门高 4. 1 米，门进深 3. 05 米。整座楼阁显得古朴雅致，颇有明末清初的建筑特色，与沙水河上的凤凰桥遥遥相望。

（5）中门楼。原称翔凤坊楼，久圮。楼由东向西横卧，全长 6. 55 米，其中巷门宽 2. 8 米，拱门高 3. 3 米，门进深 2. 9 米，通高 7. 6 米。楼为砖石结构，上盖草绿色琉璃瓦，白墙，二墙衬朱红柱，整座门楼古朴雅洁，颇有古建筑艺术风韵。

（6）张昌故居。其始建于唐朝，宋初重建，历代均修葺。故居建筑面积 675 平方米，为四合院，仿唐、宋建筑，由前门、中堂、后厅、南北回廊组成。在大院后置假山景观。张昌故居南北回廊墙上镶嵌着 98 块碑刻，形成一个书法石刻文化长廊。

（7）沙水古寺。其位于古巷中段，前身为沙水院，建于宋代德祐元年（1275 年），其后改院为寺。古寺坐东朝西，建筑物由南向北横卧，为砖木结构。大殿堂前南北两侧建钟楼、鼓楼各一座，接着是第二座殿，两旁为藏经阁、方丈和众僧寝室，后面就是厨房和斋堂。整座寺院占地面积 2000 多平方米。清代前，沙水古寺在南雄百余间寺、庵、观、庙、坛中颇有盛名。

（二）古驿道

东西绵延数百公里的五岭，横亘于中原和岭南之间，阻碍了南北交通。其中，绵延200多公里的大庾岭山脉，横亘在粤赣两省之间（今广东南雄与江西大余交界处）。上古时期，这里人烟稀少，车马不通，隔绝南北。但发源于浈水、锦江、武水、连江等众多水系，形成了狭窄的陆路和水路通道，早期岭南与中原之间的交通就是经由这些通道实现的。古代中原政治势力南扩及移民南迁，南岭是必经之地。由此在岭南地区形成了多条沟通珠江水系和长江水系、连通南北的交通要道。

南雄位于广东省东北部的大庾岭南麓，毗邻江西、湖南，其北部越过大庾岭与江西的大余县接壤，东部与江西的信丰县毗邻，南部与江西的龙南市、全南县及本省的始兴县交界，西部是本省的仁化县和曲江区。南雄地势西北高、东南低，南北两面群山连绵，中部为狭长的丘陵，自东北向西南沿镇江两岸伸展，在地理学上被称为南雄盆地。南雄特殊的地理构造和区域位置，是中原和岭南之间交通的咽喉要道，造就了中原和岭南交通纽带地位。千年来，持续的迁徙移民、南来北往的传统商贸和文化交流，成为影响南雄历史文化特色的重要因素。南雄境内形成了多条沟通南北的交通要道，自秦朝以来便是沟通广东地区与江西直至中原腹地的重要通道，总体上来说，其南起广州，经北江，在今韶关市区入浈江，溯江而上至南雄盆地，并在此分成三条线路：梅岭古道、乌迳古道、南亩—水口古道。[1]其中乌迳古道、梅关古道是最重要的交通要道。

1. 乌迳古道

南雄地处粤赣交界，自古便是北方入粤的重要通道。战国时期，越国灭亡后，部分越人为避难而迁往岭南。秦汉时期，当时的中央政府将岭南正式纳入国家版图，并组织中原汉人南迁，开创了中原汉人有组织有规模迁入岭南的先河。其中有一条古驿道却比梅关古道开通更早，这就是乌迳古道。在漫长的上千年的岁月里，乌迳古道为沟通岭南与中原

[1] 曾艳：《广东传统聚落及其民居类型文化地理研究》，华南理工大学2015年博士学位论文，第58页。

作出了巨大贡献，而后渐渐湮没于历史的烟云中。

历史上的乌迳古道和梅关古道一样，是连接珠江水系和长江水系的重要通道。乌迳古道作为沟通粤赣的南北通道，其开通形成于此。它的存在，要比唐朝时期张九龄奉诏新开凿的大庾岭还要早，即乌迳古道在大庾岭未开之前，已经成为南北通衢。

时间上，乌迳古道早于梅关古道，是大庾岭未开的南北通衢。自秦朝以来，到魏晋、唐朝和明清时期，大量的客家族南迁，乌迳古道是汉晋时期因北人南迁而开辟成路。乌迳古道，汉时就以乡径小道的形式而存在，沟通着粤赣之间的联系，后又因西晋愍帝时期太常卿李耿沿此路南行至新溪，于此落户建村而为世人所关注，又因其承担了“庾岭未开，南北通衢”之重要作用而为社会所认识和肯定。〔1〕

“乌迳古道”是人们对粤赣通道南雄市区至江西信丰九渡圩间“乌迳路”的习惯称法，因其贯通南雄东部古代商业中心“乌迳”而得名。古道全程长30多公里，宽2~3米，路面材料就地取材，多为鹅卵石和花岗岩铺砌。乌迳古道是古代岭南地区连接中原最快捷、最平坦的通道之一。早在三国时期，孙权定都建业（今南京），偏安于江南，再加之中原地区战乱不断，因而从长江入赣江直达桃江渡口九渡，然后肩挑货物沿乌迳古道至新田村后下昌水、浈江，再沿北江直下而达广州，乌迳古道是当时江南通往岭南的交通线路。

历史上中原南迁，在梅关古道未开之前，多取道乌迳古道。同时，中原和岭南南北商品交换频繁，乌迳古道承接了古代粤盐赣粮及其他货物的商贸往来。它依昌水而行，历史上是粤盐赣粮及其他商品流通的主要通道，对粤、赣、闽之间的经济文化交流和南雄东部经济的发展起着重要的作用。〔2〕

---

〔1〕 赖井洋：《千年乌迳古道——韶关古道概述之二》，载《韶关学院学报》2012年第11期，第33页。

〔2〕 赖井洋：《千年乌迳古道——韶关古道概述之二》，载《韶关学院学报》2012年第11期，第32页。

随着南北商贸往来的增多，移民的迁入，乌迳古道也慢慢具有一定规模。由南雄城溯浈水而上约65公里到达乌迳，转陆路经田心、松木塘、鹤子坑、鸭子口、石迳墟、老背塘、犁水圻、焦坑俚，进入江西信丰县九渡墟码头转水运，以小艇（每艇载四五十石）沿九渡小邕下桃江，入贡水，出赣江，运程100多公里，三四天到达虔州（今赣州），[1]可远至闽南、江南或中原，为粤盐、赣粮、闽茶运销之路。

以乌迳古道为中心，遗存着大量历史文化资源。古圩市有乌迳市、新田圩、锦龙圩、石迳圩，即所谓古道上的“一市三圩”；乌迳市中有永锦古街；古村落有新田古村、七星树下（水城）古村、水松古村和孔塘古村等；此外，古道上还完整地保存着新田古码头。古代民居遗址及古墓则有“乌迳新田甘埠山汉代居住遗址”“水口黄竹潭汉代居住遗址”及“乌迳新田龙口品、甘埠山汉墓”“乌迳西晋墓”“乌迳南朝墓”“宋孔闰墓”等。另外，还有延村宋代银铤窖藏遗址及位于牛子寨的朝天古庙。乌迳古道上，乌迳水城建于明嘉靖二十八年（1549年），占地2.25万平方米，呈椭圆形结构，墙高5米，厚2.25米。只有一个城门，上有石匾一块，刻有“七星世镇”，为“明嘉靖己酉知府周南立”。古时，该城主要用于防御，现今仍有少数村民居住。

2. 梅关古道

大庾岭与越城岭、都庞岭、萌渚岭、骑田岭合称五岭（即南岭），是我国南部最大的山脉和重要的自然地理界线，它们构成分隔南、北交流的巨大屏障，也是划分我国长江水系和珠江水系的重要依据之一。大庾岭，居五岭之首，横跨粤赣两省，其腹地在赣南大余与粤北南雄之间。而在岭与岭之间的巨大山谷中，则形成了多条沟通南北的通道。梅岭位于赣粤边界处大庾岭山脉中段，作为粤赣交界的一个隘口，成为古代连接长江、珠江水系陆路最短的交通要道。

---

[1] 赖井洋：《千年乌迳古道——韶关古道概述之二》，载《韶关学院学报》2012年第11期，第34页。

梅岭的得名相传是根据南迁越人首领梅绢的姓氏得来的。在战国时期，中原战乱不堪，大批越人迁往岭南，其中一支以梅绢为首的越人，翻山越岭来到大庾岭上，被眼前的岭南风光所吸引，决定在梅岭一带安营扎寨，他们发扬了越人勇敢顽强、刻苦坚韧的民族传统，艰苦创业，使这一带迅速兴盛起来。因为梅绢是首率队的拓荒者，后来又因破秦有功而被项王封为十万户侯，因此人们就把这一带称为梅岭。

梅关古道位于江西省大余县与广东省南雄市交界处，距大余县城 10 公里，距南雄市区 20 公里。古道正是位于梅岭之上，所以称梅关古道。梅关古道是古代中原南北交通的咽喉之地，中原和岭南沟通的最重要通道，是全国保存最完好的古驿道。所谓古驿道，是古时各地区用于传递文书、运输物资、人员往来的通路，包括水路和陆路，官道和民间古道，是经济交流和文化传播的重要通道。[1]

梅岭古道最早由秦始皇派兵开凿即横浦道，汉晋向东移 7 公里改道为小梅关道，以适应当时商业贸易和人员往来；梅关古道秦汉时即开通，秦时设关，叫横蒲关。最初的山道开辟，源于 2000 多年前的一场战争。当时，秦始皇为完成统一大业，派遣 50 万大军分 5 路南征百越。其中一路经过江西南安（今大余）越过大庾岭时，看见岭上遍布荆棘，到处是悬崖峭壁，只好停下来劈山开道。经过数月的努力，一条从豫章（江西）越岭至东粤（广东）的简便山路终于诞生。不过，当时虽然有了山路，但山路陡峭，崎岖难行。

秦汉以前，北方人南下，一般都必须跨越五岭山区，先到达粤北，尔后沿江顺流通过五岭间的一些天然通道渗入岭南，进入岭南地区的腹地。秦汉时期，中央多次进军岭南，在大庾岭、骑田岭、都庞岭等古道沿线地区立郡县、城池、关隘。自西汉吕后时期赵佗据岭抗命，到南朝陈霸先与蔡路养激战梅岭，中原与岭南的交往越显重要，虽然有梅关古

〔1〕 陆琦、蔡宜君：《南粤古驿道与传统村落人文特色》，载《中国名城》2018 年第 4 期，第 88 页。

道，但受制于大庾岭山路崎岖道路狭小，交通依然受到制约。

唐代前期，岭南与中原的联系，或溯西江而入灵渠，走湘水，或由连州而抵桂阳，或经武水上泷口，或由海道渡江淮，都极其遥远艰险，而俗称“五岭”的越城岭、都庞岭、萌渚岭、骑田岭和大庾岭则是南来北往的最大障碍之一。

经休养生息、贞观之治后，唐朝在开元时期国力强盛，开凿梅岭通道不仅必要，而且也有可能了。张九龄正是在这样的历史条件下“奉诏开路”，从而使梅关古道成了联通海陆丝路的重要通道。

唐开元四年（公元716年），张九龄经过大庾岭，看见岭路险峻，百姓苦不堪言，便上奏唐玄宗，请求开凿大庾岭路，改善南北交通。朝廷为促进南北经济文化交流，发展海外贸易，派遣左拾遗张九龄主持开拓梅关古道。张九龄奉诏开凿大庾岭，拓宽路面，在梅岭开凿通了一条长66.6米、高33.3米的大山坳，使梅关古道变成南北的大通道，虽然还是不适合车行，但路上也有长亭、短亭、茶亭、酒肆、驿站，成为功能相对齐全的重要驿道。张九龄开凿的古道部分利用了旧关道而开山辟石，裁弯取直，把旧关道拓宽了很多，路程缩短了15里。大庾岭路很快成为五岭中最庞大的交通要道，也是沟通岭南岭北的最主要道路。完全新开的“新道”与平整改造后拓宽扩充了的“旧道”一起被称为“大庾岭道”或“大庾岭新道”，也即今天我们所称的“梅关古道”。[1]

梅关古道是一条用碎石砌成的千年古道，位于古老县城大余县境内的梅岭脚下，赣州与韶关的交界处。它穿越梅岭直达广东的南雄市，在梅岭之巅，有一座古老的关楼叫梅关，关楼所处的位置正是江西与广东的交汇点，它的一侧是岭北，而另一侧就是岭南。梅关古道沿途建有驿站、驿馆，方便过往的人们日夜通行。从此，大庾岭道完全成为南北往来的公文传递、官车、商贾以及海外贡使进京的要道。直到宋代，这里正式设关口，如今关楼上的“岭南第一关”和巨石上的“梅岭”均是明

〔1〕 陈隆文、陈怀宇：《梅关与梅关古道》，载《平顶山学院学报》2011年第1期，第43页。

清两代当地官员题的字。

大庾岭地区的梅关古道从梅关关楼向南北两边延伸，起于广东南雄市区，北接江西大余，途经黎口镇、珠玑镇（珠玑古巷）、灵潭村、中站村、钟鼓岩、梅岭（梅关、小梅关、横浦关）、新华村、石井里、梅关镇等村镇，北止于江西大余县城，全长90余里，道宽2~4米，以青石及鹅卵石铺砌而成，沿途村落、驿站众多。现关楼南北古道残存10余里，是全国保存最完整的古驿道之一。

人们从南雄市区顺浈江南下在韶关市区入北江，走水路可直达广州，往北自大余县下章水入赣江，可通往长江，至中原各地。古道成为古代中原通往岭南及东南亚的咽喉之地。古道经南雄下浈江而至广州，或者经南雄下赣江而至长江，将珠江水系与长江水系联系起来，成为古代五岭南北最重要的交通通道。

宋仁宗嘉祐八年（1063年），经赣、粤协商重修大庾岭古道，为便于商旅憩息，以砖石分砌梅岭南北路，夹道植松。并在大梅关上修建关楼一座，表曰“梅关”，此关被作为军事防御（因形势险要，堪称“天堑”）、赣粤之界和征收往来货物税收之用。明代，更为注重海上贸易，郑和曾七次奉旨下西洋，我国海上航路发展达到鼎盛时期，大庾岭道沟通江南与广州，商业运输地位更加重要。此时对大庾岭道进行了大规模的凿修，使这条几千年商道在明清时仍处于繁华及运输繁忙阶段。

直至清末，特别是雄余公路、粤汉铁路开通之后，梅关古道运输通道作用才被现代交通线所代替。在千年岁月里，它演绎了许多动人的传奇故事，也见证了中华民族的历史沧桑。

梅关与梅关古道的历史作用，经济上主要表现为道以通商，关以征税，政治上表现为其既是贡道，又是驿道，还是军事行走路线和军事对垒阵地，文化传播方面主要表现在推动了中原文化的南传与珠玑古巷及其“寻根”文化的形成。[1]同时，梅关古道是中原及江南百姓因战乱等

〔1〕 陈隆文、陈怀宇：《梅关与梅关古道》，载《平顶山学院学报》2011年第1期，第46页。

原因向广东珠江三角洲大迁徙中最大的通道。梅关古道沿线有多个驿站供商旅歇脚居住，其中，珠玑古巷是南迁通过梅关古道的必经之路。

梅关古道作为岭南与中原之间的第一要道，自秦朝设关，唐代开路，明起兴盛，清末衰落，历经千年，以梅关古道为中心，梅关古道特有的移民、农耕、商贸文化特质，尤以珠玑古巷及移民文化为代表，由此延伸出来诸多历史文化资源，典型的有珠玑古巷本体，梅关古道沿线历史建筑与遗址诸如梅岭汉墓、西晋墓、后周参军何昶墓和秦源古钱币窖藏遗址。比较有代表性的有：

（1）梅关古道及梅岭驿站。梅关古道位于距离广东省南雄市约30公里梅岭顶部，是全国保存得最完整的古驿道。古道约2米宽，全长17公里，路面整齐地铺着鹅卵石，道旁是繁茂的灌木丛，两侧山崖树木葱茏，层峦叠翠。在梅岭下可以见到古人用来喂马的饮马槽。梅关古道是国家4A级景区、广东省红色旅游示范基地、“中国四大赏梅地”之一。

从关楼南下至岭脚段古驿道长约1.2公里，路面以鹅卵石铺成，宽约3米至4米。路旁溪水潺潺，两侧梅树遍布，沿线有东坡树、六祖寺、接岭桥、诗碑廊、岭南梅园、来雁亭等景点。整段古驿道沿线较好地保护了自然和历史风貌。

古代梅岭驿站是传递军情、信报的机构和供来往官员途中歇宿，换车马的处所。今重建的梅岭驿馆，是1991年南雄县（现为南雄市）人民政府拨款兴建的，位于接岭桥东梅岭脚下，旧址传说是古代的下马坪，坐东朝西，仿古建筑，客家转屋式设计，分两部分，前部为曲折走廊，后部为数根立柱组成的半圆形房屋，走廊与房屋间，形成一个半圆形院落。

（2）梅关关楼。其地处梅岭山巅，以“关隔断南北天”的气势，耸立于梅岭分水界上，故有“一步跨二省”之说。因战争，关楼累圮累修，现存的关楼，是明万历二十六年（1598年）重修的。原关楼分两层建筑，上层为瓦房，下层为城门。今上层已倒塌，仅存关门。

梅关古楼的城门是像古老城门一样的砖体建筑，这里石壁对峙，地势险要，有“一夫当关，万夫莫开”之势，又是南北往来的重要关卡，所以历来是兵家必争之地。现存的关楼建于宋嘉祐年间，为砖石结构，古朴雄伟。

明万历年间，南雄知府蒋杰在关楼上立匾题刻。南北二方都有石匾，南面石匾刻的是“南粤雄关”四个大字，北面城门上石匾刻的则是“岭南第一关”五个大字。东侧有一石磴，为登关楼之路，西侧则竖立一块清康熙年间的赭红石碑，上刻“梅岭”两个苍劲雄浑的大字。这些尚存留下来的遗迹，是梅关古驿道繁荣历史的见证。

（3）接岭桥。其是古驿道上重要的桥梁，始建于唐代开元年间，明代弘治年间重建，当时郡守为它作记，并命名为接岭桥。它坐落在地形险峻、溪深水急的梅山水上，为单孔石拱桥。桥长 8.5 米，宽 3.65 米，拱高 1.3 米，由麻条石砌成。传说，过去桥上盖有瓦棚，可避风雨。如今桥两边的条石上仍有柱洞可见。

（4）云封寺。其又名挂角寺。原寺在关楼南坡，今在六祖庙东对面的一空地上。寺内有张九龄、张弼塑像，故又称张公祠，或称“二张”祠，以纪念二人开岭、修驿道的功绩。云封寺有联云：驿使暂停花下骑，寺门深掩岭头云。原寺在 20 世纪 60 年代被毁，仅留下一块石碑。

今日云封寺已移于岭北山麓下、古驿道旁（山佛家信徒捐建）。该寺有一个流传很广的故事：传说古代禅宗派有个叫正一的和尚，想在大余丫山创寺弘法。于是他云游到广东翁源一个财主家化缘，想讨些银钱，不料那个财主很悭吝，不但未施舍银钱，还出了一个使人气恼的难题。他说：“这里已新建 100 间房屋，和尚若能连基搬去，就算我奉献佛祖。”正一无奈，只好返回江西，途中碰见八仙之一的吕洞宾，见正一垂头丧气而来，本来仙与佛是不搭界的，这次吕洞宾却主动问正一：“为何愁眉不展？”正一如实奉告。吕仙听后便拉着正一再回财主家施讨。那财主见了他们二人，大笑着说：“不是我不肯施舍，只要你们能连基搬去，就算我的施舍。”吕仙此时追问：“不是戏言吧？”财主哪里知道神仙的功力，立即回答：“决不悔言。”于是吕仙便作法，把这100间房屋用根木棍挑起，腾空而飞。飞越梅岭关口时，恰好又出现另一个和尚，向吕仙讨房子：“你也留一间给我在这里修行吧！”因此吕仙便敲下一间放在南坡空坪上，成了云封寺。其余99间就放在丫山，成为灵岩寺。

（5）六祖庙。驿道下约200米处东侧是六祖庙，西侧是卓锡泉。这里流传着一段佛教故事。

六祖是指佛家禅宗六祖慧能，是今广东南华寺的开山祖，达摩在我国的第六代传人。相传唐朝武则天时，禅宗五祖弘忍在湖北黄梅的东山寺弘法，受徒很多，年老圆寂前，他想在众僧中选一法嗣，于是要每个从僧都作一偈，并许诺谁的偈能参透佛的要义，就把衣钵袈裟传给谁，继为六祖。因平时大弟子神秀博得五祖器重，自以为六祖非他莫属，于是很快便作了一偈云：“身是菩提树，心如明镜台。时时勤拂拭，莫使有尘埃。”偈公布后，一般和尚都认为他的偈好，点破了修炼的方法，然而却有个不太识字的和尚慧能，这时冒出来，针对神秀的偈，也请人写了一偈：“菩提本无树，明镜亦非台。本来无一物，何处惹尘埃。”五祖看后，认为慧能才悟到了佛性，决定把衣钵袈裟传于他。可是慧能出身低微，在寺里他只是个舂米的和尚，神秀可能不服，日后会加害于他。因此五祖圆寂前，便秘密将衣钵袈裟传给了慧能，并嘱咐慧能马上离开黄梅，南回广东避难，三年内不得出来弘法。果然不出所料，次日五祖圆寂后，神秀发现衣钵袈裟已被慧能拿走，于第三日立即召来武僧慧明，要他率领500僧众，追拿慧能，夺回衣钵等物。话说慧能在离开师父之后，日夜兼程，一日逃到大余，次日到了梅岭，正值暑热天气，上到山顶时已精疲力倦，欲找点水喝，可是高山之上哪里有水，于是慧能把锡杖往地上一顿，说道：“天不绝吾也！”说也奇怪，他这卓锡一顿，地缝中便冒出了一股清泉，六祖喝后感到甘冽清甜，一身清爽，正要启程赶路，忽见慧明已追上山来，自知不是慧明对手，便把袈裟衣钵等物放在一块大石上让慧明拿去。然而慧明用尽力气也拿不动这些物品。这时慧明也有所感悟，自知不可取这些法物，又见慧能诚实，便对六祖说："你赶快走吧，后面还有追兵。"说后自己往回走，并对后面追赶的和尚说："慧能早已不知去向，不必再追赶了。"因此，慧能才从梅关脱险。回到家乡隐居16年后，他才公布身份。传说，慧明放了六祖之后，也没有回黄梅，而是找了一处山寺，自己修炼去了。为了纪念六祖在梅岭的这段险遇，后人便在此兴建六祖庙。

卓锡泉，又称锡杖泉。梅关古道有两处，一处在梅岭山巅北山口，今名六祖泉。一处在南坡，泉水较大，已引入六祖庙，今已作井水，旁置大石块，为"放钵石"，供游人观瞻。

（6）梅花、古松、古枫。梅关古道是古代岭南通往中原的重要通道之一，历代统治者都重视梅关古道修缮，古道两侧种植树木。古道开凿后所形成的"松""梅"景观、"松""梅"神韵为历代所传承，乃至凝练出以"松""梅"为特色的古道文化，"官道虬松""一路梅花一路诗"就是这种文化的体现，体现了人与自然和谐发展之意义。[1]

梅岭有梅花1000多亩。花开时节，可见数百亩梅园，秀枝横逸，百态千姿，竞丽争妍，呈现出一派"入山无处不花枝"的景观。山中还建有"望梅阁"，是观赏梅花的绝佳处，也是我国十大著名的赏梅胜地之一。

梅关古道，迄至清初，历800余年，古松夹道，形如虬龙，为古南雄之"官道虬松"美景。历代在梅关古道"植松种梅"的原因是什么呢？[2]其一，庾岭寒梅富有特色，梅岭以梅著称。其二，松、梅，尤其是松，树冠巨大，能让过往商客荫憩。梅关古道也就有了"官道虬松"之美景色。其三，梅岭上本身有梅、松，就地移植，简单易行。其四，

---

〔1〕 赖井洋：《梅关古道"植松种梅"现象的历史考察》，载《神州民俗》2015年第2期，第9~42页。

〔2〕 赖井洋：《梅关古道"植松种梅"现象的历史考察》，载《神州民俗》2015年第2期，第39页。

岁寒三友中的松、梅之凌寒气节，为世代所传唱。

梅岭的古枫与一般红枫不同，有其特异之处。一般的枫树到了秋天总是红叶飘，但梅岭的枫树却依然披茸婆娑，只是叶色由青变黄，再转橙红、变紫，一棵树上五颜六色，构成了一幅秋风、红叶、夕阳、霜满天的图画，甚是好看。

古枫是梅岭的一大景观。现尚有三株千年古枫，若站立在驿馆前，可见枝干挺拔、叶茂如盖、郁郁苍苍的古枫大树，高耸入云。尤其驿馆西侧的那棵古枫，几乎遮住了半个山岭。树高 43 米，两三个人才能合抱；驿馆下云封寺前那两棵古枫高 38 米，左右耸立在寺前坪地上，像一对守候着山门的卫士，十分壮观。古枫是驿道的历史见证，是梅岭的一道亮丽风景线，它那蓬勃盎然的生命力，使历代文人留下了许多咏叹。

（7）陈毅隐蔽处。陈毅既是中国人民解放军创建人之一，也是一位著名的儒将。1934 年红军主力长征后，他与项英等老一辈革命家，从中央苏区突围，来到梅山一带进行了三年艰苦卓绝的游击战争，在梅岭，他率部与敌人周旋，几次遇险。隐蔽处位于梅岭半山窝，由于驿道废置，行人稀少，梅岭地势较高，从这里可以察看大余县城白军的动静，有利于开展游击战争，也是较好隐蔽的地方，所以陈毅选择此处，作为临时住所。

但是，1937 年 5 月，由于陈海叛变投敌，发生了“梅山事件”。陈海叛变后，为了向敌人请功，他送假情报进山，伪称党中央已派人来大余，要陈毅亲自到大余城见面联络。当时与党中央失去联络很久的陈毅，信以为真，次日在梅山区委黄占龙的护送下，化装成商人，来到原地下交通站——驿使门外的糖铺。见糖铺已被敌人查封，始知出了大事，两人分别回到山里。

据说，陈毅化装后穿着士林布长衫，戴着黑色眼镜和礼帽，使守候的敌人未能认出他，陈毅一直从糖铺闯至梅峰桥，才拐弯逃出虎口。陈海诱捕失败，敌人就迫不及待出动大批军警到梅岭搜山，并放火焚山，企图把游击队烧死于山中，多亏那日傍晚后，岭上下了一场大雨，把山火浇灭，陈毅才从草丛中出来，与其他战友会合。他料定敌人不会甘心，可能会采取更恶毒的手段，于是决定把特委游击队及时转移至油山，避免遭受更大损失，从而保存了革命力量。

（8）梅国碑。石碑位于憩云亭前数十步的驿道旁，清朝同治年间立，为赭红砂质横碑，碑长 2.7 米，碑宽 0.6 米，刻有“重来梅国”四个大字，是湘军管带、清军总兵刘胜祥书题。同治三年（1864 年）农历八月，太平军在侍王李世贤的率领下，在梅岭一带与湘军激战，后太平军主动撤退到广东，又转战福建。次年，太平军在福建内讧，侍王被杀，太平军在汪海洋的率领下，再次回到江西，在梅岭与清军激战、对峙数月后，湘军来增援清军，太平军退到广东，刘胜祥写下了这几个字。此碑如今作为历史遗迹供游人参观。

3. 水口—南亩古道

古驿道中最主要的通道为梅岭古道，即从南雄出发走陆路过梅关至江西大余县城；另一条繁忙的古道为乌迳古道，自南雄溯昌水而上在乌迳新田村转陆路，直至江西信丰城，这两条古道也是千百年来由粤入赣的最主要的通道。而以南雄南亩镇与水口镇为中心的水口—南亩古道则主要起到了便利南雄地区与其临近的赣南各县交通来往的作用，并不是沟通中原的主要通道。[1]

水口—南亩古道位于今南雄市水口、南亩两镇境内，是南雄境内最东线的一条古道，主要联系江西信丰、全南两地。其东与新龙、界址相接，最远可至江西信丰；其西与湖口相连，进而可至梅关道；从南亩南下，越过群山的阻隔，经中岭、长洞，可至江西全南县陂头。区域内有宝江水、南亩水穿越其境，向北汇入浈江。

四通八达的水陆交通网和优良的自然条件，使该地成为早期人们的

---

〔1〕 曾艳：《广东传统聚落及其民居类型文化地理研究》，华南理工大学 2015 年博士学位论文，第 59 页。

聚居地之一，留下了众多人类的活动遗迹：水口镇下楼村、弱过村、南亩镇官田村，都曾出土过新石器时代的石斧、石锛等文物；据研究，水口镇西北200米的黄竹潭遗址，为汉代居住建筑遗址及唐宋居住生活遗址。先天的地理位置加之后来的不断发展，使其“门户”地位日渐凸显，明代时南亩已是南雄重要关隘之一；清代时水口墟、南亩墟已成为南雄两大重要墟市。

古道不仅成为赣粮粤盐的交易之路，亦成为中原与岭南商品交流的要衢。频繁的过境贸易给该地发展提供了契机，古道旁的世家大族从事贸易，终成巨商富贾，一座座宏伟挺拔的明清祠堂就是他们当年财富、荣耀及地位的象征。

时过境迁，大部分古道早已被现代公路所取代，古民居亦变换为一座座青砖红瓦的楼房，唯有凹陷的石板路、参天的古树、零落的茶亭依旧守候着那逝去的记忆。

（三）古村落

粤北古驿道中除了梅关古道、乌迳古道，还有南亩古道，南亩古道是连接南北的通道，主要起到了丰富南雄地区与其邻近的赣南各县交通来往的作用。古驿道包括陆路和水路，是历史上由于政治和军事需要开通的官道，亦是人口迁移的主要通道和南北政治、经济、文化传输的动脉。

粤北古驿道因便利的交通和特殊作用，逐渐成为南迁移民和商货运输的主要通道，沿线村落多为谪迁汉民以及中原逃避战乱的移民在南雄定居所建，沿线村落大多随古驿道的形成和发展而发展为商贸墟市。商贸和移民反过来促进了古道沿线的社会经济发展，以古道为中心，沿线形成了典型的古村落。古驿道沿线的古村落最远可追溯至西晋年间，多为宋元以前的南迁汉民所建，保留了宋元中原文化特色，其乡村人文景观在古驿道文化的影响下也愈加各具特色，形成了丰富多样的传统村落风貌，孕育了文化底蕴深厚的古村落文化。典型村落有乌迳古道新田村、梅关古道的里东村与中站村、南亩古道的鱼鲜村等。

1. 新田村

新田村位于浈江东岸，毗邻乌迳，乌迳古道从其西北部穿过，是沿古道发展起来的小圩镇。

新田村位于连接广东与湖南的交通要道南雄市乌迳古驿道，自古便处于岭南、中原之间迁移、商贸的交通要道，与梅关古道同属古代陆上和海上丝绸之路的交接点，在历史上有着“中原南迁第一村”之称。

早在西晋建兴三年（公元 315 年）时，正四品太常卿李耿因直谏触怒龙威，左迁始兴郡曲江县令，携家族在新溪建村，即今天的新田村，至今已有 1700 多年的历史。李耿一支在现居南雄的氏族中，可以说是来得最早的，后历经发展，形成了一个以新田为中心的李姓族居区域。新田村自建村至今已有 1700 多年的历史，是广东省著名的古村落，可谓“千年古村”。

新田村山水环绕，三面环山，西南有“门口岭”（形似卧虎），东北有“金龙岭”（形似金龙），东南有“天昊岭”。地势东高西低，浈江支流从村东边绕村而过。村西北有“西河桥”，东北有“接龙桥”，此二桥是村落与外界交通的主要通道。从村西的奎壁门楼开始，一条由南向北几乎贯穿整个村庄的纵向轴线为主轴线；另一条东西走向的横向轴线则串联着爱敬堂、叙伦堂等几座祠堂。

村内的民居以及沟通民居的街巷，同样保存着完整的格局。从村庄的总体形态、街巷走向、建筑朝向来看，新田村的总体格局既非典型的珠江三角洲村落布局，也不同于粤东北客家民系，而是中原建筑风格和岭南建筑特色的融合，正好反映了中原和南江南客家南迁的境况。

过去，靠近村庄的新田码头泊位深阔，直通新田圩河边各商行，商贸来往频繁、经济繁荣。如今，村头近千年树龄的古榕参天蔽日，村中青砖瓦房错落有致，古色古香的庭院台阁数不胜数。

新田村世世代代没有一个外姓家庭，李姓是新田村唯一一个姓氏，现在村里600多户人全部姓李。每年农历九月十三是该村最盛大的节日——姓氏节。姓氏节是为缅怀自己姓氏先祖而举行的节日，在新田村周围的村落，居住着叶、李、童、黄等60姓的村民，各姓的姓氏节各有不同，新田村李氏的姓氏节极为隆重。新田村的姓氏节旨在缅怀先人，弘扬祖德，敬宗拜祖，激励后裔。其主要活动有：设坛祭祖、抬祖像出行游村、请戏班唱戏和各家摆酒席宴请亲戚朋友等。新田村姓氏节的形成，经历了祝寿、祭祀、庆贺、崇祀、仿效、俗成等阶段。在祝寿阶段，从只是子孙们为先祖李耿举行祝寿活动，逐渐演变成热闹的姓氏节。如今，流传了千年的李姓姓氏节的仪式已经简化，在节日期间，村民们做糍粑、磨豆腐、聚餐等，在简朴的仪式中表达对先祖的追思。

新田村传承下来还有其他非物质文化资源，比如舞板凳龙，其始于唐代，据村里的老人讲，人们在观看龙灯时看得手痒，却苦于没有龙灯可耍，于是以所坐板凳为“龙”而仿效龙舞，“板凳龙”由此诞生。新田村的板凳龙有多种耍法，独凳龙由一条家用的普通花条板凳装饰上木刻或扎纸彩绘，两三人舞。多凳龙则由五至十一人组成，每人各举一凳，分饰龙头、龙尾、龙身，数人协调行动，带动着板凳摇来摆去，时起时落。无论是一条板凳还是多条板凳，在村民们的手中，都能像龙一样盘旋翻腾，栩栩如生。

2. 中站村

中站村，古称“梅绢城”，因秦末将领梅绢在此亡故而得名，又因村庄位于南雄至大余驿道中间节点，后更名为“中站村”。历史上，梅关驿道上货物周转量大，南雄运往大余，或大余运往南雄的货物都在此周转，两县的挑夫经常在梅岭争抢生意，产生矛盾。后经两县县衙协商，货物统一在中站交卸，故叫中站村。

中站村始建于秦朝，重修于嘉靖三十一年（1552年）12月。中站村位于南雄市往北25公里处，梅岭镇东南面，南雄盆地北面；南面紧靠里东村，北望梅关古镇，西北与梅关遥对，西傍钟鼓岩。梅关古驿道从村中穿过，现仍有保存较好的卵石铺砌的古驿道一段。村落位于古代南越王所筑“中站城”（即古梅绢城）的遗址上，村中仍有城墙遗址残段，今存明代嘉靖年间修建的遗存城基约 25 米。“中站城”是南雄境内最早的古城堡，清乾隆二年（1737 年）在城内设红梅巡检司署。城北墙脚下发现东汉墓一座，城东北 200 米处发现晋墓一座。

中站村整体依山就势，随梅岭地势起伏，房屋和绿化错落有致，层次丰富。村前有水塘，明清古驿道穿村而过，古道两侧有少量单层传统商铺，村落历史建筑大都为土砖砌筑，少量重要宗祠和民居采用青砖砌筑。中站村总布局坐南向北，青砖砌二面坡悬山顶，覆黛瓦房屋依坡东西延伸，南北排列，街道纵接横连，井然有序，总面积 3.2 万平方米。该村有 300 多户，1000 多人，尽姓徐。

村中古道两侧仍散落至少 10 枚铁柱础、1 座西汉梅绢城基、1 座清进士牌坊、2 座唐砖窑址、1 座汉墓、1 座晋墓，为南雄市文物保护单位。中站村中的徐氏宗祠建于清雍正年间，清乾隆四十四年（1779 年）修，东北角筑二面坡悬山顶马头墙门楼，卵石砌 2 米高围墙，主体为二层二面坡悬山顶，覆黛瓦建筑，木棍安全栅，木质牛轭形横梁，配龙头斜撑。镂刻精美大小圆圈图案的天井石极其独特。西北隅有座方形的洋房型建筑，二层二面坡硬山顶，覆黛瓦，配有东北角筑风脊门楼，整体亮丽。

2016 年下半年，中站村正式启动新农村建设，先后完成了村居改造、公共设施建设、污水处理等项目，改善了基础条件。加上已修复的古驿道，这里的乡村旅游日渐红火，村民因势利导开起了民宿和农家乐，社会经济蓬勃发展，生机勃勃，一片盎然。

3. 里东村

唐宋时梅关驿道开通，南雄至梅关驿道共长 60 多里，因在第 40 里东端形成墟村，便称里东村。里东村西南向及西北向均有山体，村内有一条河流经过。全村曾居住 700 多人，现有住户约 300 人。以卢姓为主，还有其他十几个姓氏。街上大多数为原住民，仅有三四户人家来自江西南康，迁至此将近20年，另外有一户来自广西。

里东村的古街是保存较完好的一条宋代古街，梅关古驿道从街中穿过。街上有古驿道、古戏台、古民居、古榕树等古迹。里东古街是梅关古道上的重要街（集）市，里东古街总长约600米，宽约5米，始辟于秦朝，主要用于军事；到了明清时期，外贸日益发展，商铺、驿站林立，茶楼客店，鳞次栉比，南来北往的商贾旅人，皆由此经梅关至大余，然后乘船经赣州直通南昌、九江乃至江南一带。南可顺浈江、北江直达珠江三角洲，其自古便是江西等地入粤的重要通道，以及广东地区进京赶考的必经之路。

里东古街根据地形渐次升高，以往进入上街的台阶现已被填成坡道，下街与新城区相连。现存传统商业街道长约178米，宽约5米，最宽处有7.6米。街道受广府文化影响，两旁为骑楼式商业建筑，高宽比约为1∶1。据称当初建设时已有规划控制以保证沿街的形态和街巷空间感。骑楼样式各异，有传统坡屋顶式，亦有西洋样式，此外还有中西混合式，以2层为主。上下街有2个出入口，上街入口有牌坊上书“里东街”，下街入口不明确，穿过原村委大楼，牌坊旁有两棵约300年的古树，农田和河流顺着古道延伸。

里东村保存着古戏台，里东古戏台始建于明代，为里东街官道寺内的戏台，全部为木质结构，青瓦红柱，深7.52米，高1.95米，戏台总占地面积370多平方米；戏台中央顶部还有一穹形藻井，圆似大钟，演唱时可使声腔产生共鸣，产生“绕梁三日”的音响效果。精雕细绘的整个建筑分为“三进”，内有双天井巧妙连接，有斗拱装饰并与卷棚用“虾公梁”细密缝合。三进地面均由青砖或鹅卵石铺设，戏堂可容纳500余名观众。经过清代和近年的重修，戏台依然保持着明清年代的风貌，是拍摄纪录片时不可多得的一个真实画面。[1]粤北梅关古驿道就从里东戏台所在的里东街中穿过。由于国道323线的开通，曾经车马辘辘的繁华景

〔1〕曾诚：《千年古墟风采依然》，载《韶关日报》2008年11月18日。

象虽然消隐了，但其古墟镇风貌保存了下来。

在粤北南雄市，几乎每个乡镇都有自己的“墟日”，因而这个乡村集市在该市通常叫“墟镇”。但随着现代交通的发展和乡镇政治、经济、文化重心的转移，不少“墟镇”或消失或迁建，而地处珠玑镇的里东墟，历经千年风雨沧桑仍商贸繁荣、墟市风貌依然。里东古墟夹在周围的民居之间，长约500米、宽约3米，曲直有致，古朴清幽，街道两旁店铺商号鳞次栉比，招牌斑驳陆离，漆面剥落，布满着岁月的风霜与历史的沧桑。据古墟年老村民说，墟上一些木板房子至少都有上百年历史，最早的建于明末清初时期，迄今有400多年的历史。在里东古墟道上行走，随处皆可感受到古墟民俗古朴，民情淳厚。每逢墟日，里东古墟都会被来自珠玑镇里东、塘东、里仁、下汾、祇元、灵潭等村带着各种农副产品出售的村民挤满，那些来自四面八方的小商贩也早早来到这里，或零售各种商品，或收购各种农产品。整个墟日，人山人海，人声鼎沸，从早上八九点开墟到下午三四点散墟，墟市繁华景象一如往昔，历经千年而不变。

为避免里东古墟遭受现代商贸交流繁华之喧嚣，南雄市早已在古墟旁边建设新墟。目前，古墟的集市贸易早就搬迁到钢筋水泥建成的农贸市场里，里东周边乡村的农民可在新墟里更好地进行集市贸易，而古墟被保护下来，或被开发成与珠玑古巷、梅关古道遥相呼应的旅游景点。如今，与梅关古道、珠玑古巷两大名胜古迹连成一线且保持唐宋风貌的千年古墟，会让行走其中的游客感受到当年南北商贸交流的繁华与喧嚣。

沿着梅关古道，除了中站村、里东村外，梅关古道沿线还有聪辈村、灵潭村、里仁村等古村，它们具有粤北古民居传统风貌。这些古村落，具有深厚的农耕文化底蕴，形成了具有当地乡土特色的语言、戏剧、民歌和风俗。这些非物质文化遗产丰富多彩，其中最具代表性的有香火龙、龙船歌、珠玑古巷人南迁传说、双龙舞双狮等。

4. 鱼鲜村

南雄市南亩镇鱼鲜村是水口—南亩古道上的一个古村落。全村以王姓为主，还有李姓、黄姓、温姓、叶姓等。据鱼鲜村《王氏族谱》记载，鱼鲜村原名“鱼溪”，始建于南宋孝宗乾道五年（1169 年），由山西迁入，已有 850 多年历史，也是广东首批“历史文化古村落”之一。该村自古鱼塘遍布，房舍隔塘相望，故有“鱼溪”之称。

鱼鲜村三面环山，东面有坪地山、青竹山、大湖山；南面有高嵊头；北面有老寨头等山体。村落内部格局以先祖堂为核心，以网格放射型道路为骨架，将各房祠、家祠、池塘、古寺等连接成一个整体，并以门楼和围墙（已拆毁）组成一个相对封闭的内部空间。村中有一东西向的老街贯穿，为传统商业街，宽 1.5 米至 3 米不等，红砂岩石板路面。石板铺就的巷道经不住岁月的打磨和行人的踩踏，早已深深凹陷。

村中可以见到许多与“槐树”有关的堂匾，源于村民都姓“王”，“王祐手植三槐”的故事在宋朝时流传一时，故此地民风以尊槐为荣。循阶而上直至祠堂正门，正门上方堂匾题“驷马荣登”，下方直接用双龙拱珠浮雕，中间圆形珠匾，又直接雕刻先祖官服坐像。

村中那饱经沧桑的宋代至明清时期的古建筑，有的已被丛生的野草掩盖，有的仍在彰显着曾经的华贵风采。王氏宗祠，始建于南宋，为三开间两进祠堂，木结构梁架，红砂岩石柱，青砖墙体，山墙为跌级式马头墙，上厅带轩廊，构造独特，蔚为壮观。另据《王氏族谱》载，鱼溪有八景：“水阁迴澜”“跃鱼跳溪”“神仙古井”“镜面清池”“花林奇迹”“蜘蛛幻影”“乌纱帽石”“莲石高寨”，目前八景概貌基本保存了下来。另一座挂有“江左名家”匾额的祠堂内，竖有两扇巨大的石鼓，正堂内 8 根高大的石柱支撑着房梁。祠堂前有门楼，具有中原一带民居风格。建筑内部雕刻精美，柱上有线刻、阴刻、阳刻的对联，字体丰富，有楷体、行书、隶书及篆书等。

村中的花林禅寺可谓村中圣地，千年古寺花林寺中至今保存着重达 300 多公斤的明代铜钟。如今，这座 300 多公斤重的铜钟仍高悬于花林寺那自宋代建造以来便从未更换过的房梁上，音质优美，钟声悠扬可传数里之外。据说，曾有毛贼在深夜潜入庙中，爬上房梁割裂了钟索试图盗钟。沉重的古钟一头扎向地面，将坚固的青砖地砸得四分五裂，被巨响惊醒的村民们蜂拥而至，使古钟逃过了一劫。

（四）古建筑、历史建筑、文物以及古树名木

梅关古道、乌迳古道作为秦汉时期军事开发到唐宋时期商贸运输、中原移民南迁的重要通道，经历千年的过境贸易以及中原数次大规模移民潮，中原文化和岭南文化在这里交汇，过境贸易和中原移民带动了岭南开发，以古道为中心，沿着古道自发形成的商业街或者集市，或发展为村落，或形成墟市、埠头。商贸的发展沿古道呈线型展开，临近驿道陆续出现许多商铺，多为前铺后宅，承担着与古道相适应运输货物的仓储、中转和发散功能，茶楼酒肆、店家客栈鳞次栉比。千年沉淀，保存了古驿道遗址以及与之相关的驿站，还有大量的文物古迹、古塔、古桥、古祠堂、古寺、古庙、古树名木以及古墓等。古驿道沿线传统村落中古建筑、古文物、古树木、古祠堂都有其特殊的地域性表现，与中原移民文化息息相关。

前文对梅关古道、乌迳古道、珠玑古巷以及古村落都进行了单独介绍，这里单独就个别古建筑作进一步的交代。

1. 大雄禅寺

大雄禅寺初名沙水院，后称沙水寺，只能相当于精舍性质的小寺，位于广东省韶关市南雄珠玑古巷神仙岭旁沙水河畔，曾是岭南著名寺庙之一。宋代德祐元年（1275 年）建沙水寺，迄今已有 700 多年历史。

沙水寺坐东向西，建筑物由南向北横卧，为砖木结构，寺门正对巍峨挺拔的君子岭，沙水河千回百转，经寺院前蜿蜒南流。清咸丰八年（1858 年）12 月，太平军石达开部与清军在沙水一带展开了一场拉锯战，沙水古寺被战火焚烧过半。同治元年（1862 年），住持化缘重新修复。清代前沙水古寺在南雄百余间寺、庵、观、庙、坛中颇具盛名。

大雄禅寺整体布局依中轴线展开，建筑主次分明，错落有致。主要

建筑包括天王殿、大雄宝殿、法堂、藏经楼、西方三圣殿、千菩萨殿、药师塔等。建筑风格继承了宋代建筑的特点，纤巧秀丽、装饰精致，园林景观具有江南特色。

寺院占地面积2000多平方米，砖木结构，建筑呈阶梯式中轴平面布局，有三殿、二楼、禅房等。前殿为天王殿，二层，楼上为藏经阁。大殿左侧立有一块青石碑刻，上刻捐款修建沙水寺的珠玑古巷等44村乡民名字。由前殿至中殿隔一坪院，中殿供奉关圣帝神像，护卫左为关平，右为周仓。中殿一手殿由一天井相连接。后殿称毗卢阁，供奉如来佛祖、观世音菩萨以及罗汉、诸天菩萨等百余尊像，其中三尊为贴金菩萨。寺院两侧，左为钟楼，右为鼓楼，两楼相对，巍峨壮观。钟楼上悬铜钟，击之声闻数十里。鼓楼置大鼓一面，击之则与钟声相呼应。接着是第二座殿，两旁为藏经阁、方丈室和众僧寝室，后面就是厨房和斋堂。寺院内古树参天，花草荣茂，碧瓦朱甍，金碧交光。禅房斋堂依次分布，回廊四顾。寺院建筑浑然一体，气势雄伟壮观。

每年九月初九为“朝房节”。附近数十个村庄的上万乡民前往寺院进香拜佛。法事长达7天7夜，热烈而隆重，观众莫不耸然动容。入夜则“放河灯”，此为珠玑古巷乡民特有的拜神酬神的仪式。乡民自制纸船，船内置入樟脑，点燃后置于沙水河中任其漂流。这时，沙水里灯光摇曳，明烛映天，平添一派奇丽的景象。

寺院前右方有一井，名曰“朝房井”，井水清澈甘洌，终年流涌不竭。据说取水煮菜，久煮不黄。又云珠玑古巷每遇非常事故，井内便有紫气升腾，故乡民拜谒诸神后必往朝房井再拜井神。建寺以来，常有高僧、名人来寺游览。明代憨山大师，清代澹归大师、天然禅师，现代太虚大师皆曾云游到此。近年来，岭南名刹光孝寺本焕大和尚、南华禅寺佛源大和尚曾涉足寺院旧址。

2. 三影塔

三影塔位于广东省南雄市永康路，建于北宋大中祥符二年（1009

年），明代正统十一年（1446 年）重修过。三影塔被列为全国重点文物保护单位。三影塔原名延祥寺塔，是延祥寺的一座建筑物，是广东省仅有的有绝对年份可考的北宋早期砖塔。在光滑如镜的寺壁上，竟然可以反射出三个塔影，一影向上，两影倒悬，所以延祥寺塔被称为三影塔。延祥寺内的一间厅堂也被称为“三影堂”，可惜这座古寺早已毁掉，由于光线折射而出现的一塔三影的奇观也随之消失了。该塔为九层楼阁式砖塔，平面呈六角形，高 50.2 米，塔内设有木梯通向顶层，每层楼筑有平座栏杆，每上一层均须钻出塔门，绕塔身一段，才能进入另一塔门，再向上攀登。

三影塔的塔身每层都伸出飞檐和栏杆，每个檐角的梁头下都悬挂着一只铜钟，全塔共挂了 48 个铜钟。每条檐脊的端部各蹲伏着一只酱红色的陶貔貅。

3. 古村落古建筑、古祠堂、古树

古驿道的纽带作用是整合串联沿线城镇、村落的若干历史文化资源。比如，沿着梅关古道梅岭行走而见的关楼，是全国重点保护文物。沿着梅关古道，两侧梅树遍布，沿线有东坡树、六祖寺、接岭桥、诗碑廊等历史文化资源。梅关古道上有诸多历史文化资源。中站村内有中站古城，始建于秦末，今存部分城基、古吊楼、古驿道、古民居。里东村的古街是保存较完好的一条宋代古街。街上有古驿道、古戏台、古民居、古榕树等古迹。另外，古驟道沿线还有聪辈村、灵潭村、里仁村等古村，具有粤北古民居传统风貌。

同时，不断有中原移民因躲避北方战乱而南迁，他们或定居形成古村落，或短暂停留继续南迁。以古道为中心，形成遗存诸多的古建筑。古代官方不断修缮和维护古道，大量种植树木，尤其在梅关古道两侧，种植了松树、梅花等。

（五）非物质文化遗产、南迁传说

乌迳古道和梅关古道连接珠江水系和长江水系，沟通南北通道，商旅频繁、中原移民不断，历经千年风霜，演绎了无数感人故事。以乌迳古道和梅关古道为中心，诞生了若干古驿站、古村落，以及由此衍生了诸多古建筑、古塔、古树、古桥等不可移动的文化资源。

中原的移民文化、客家文化、寻根文化交汇融合，传承、创新，保留了大量的非物质文化遗产，诸如古代文化中的姓氏节、香火龙、九节龙舞狮、采茶戏等。中原移民为躲避北方战乱数次大规模的南迁保留了诸多南迁传说，比如前文介绍的“胡妃事件”。

1. 香火龙

流传于粤北南雄市百顺镇一带，至今有长达300多年历史的舞香火龙，与南雄当地人民的生活联系紧密，乡土气息浓烈，经过几百年的发展，具有浓厚的地域文化特色。舞香火龙起源于一种传说，据传康熙年间，百顺一带有一年大旱，瘟疫流行，蝗虫肆虐。某日，村里一老者梦到村边响水塘的一块地方有两条金龙飞起，四处游走，金龙到过的地方，灾害尽除。第二天，老人带人去响水塘地方察看，看见那地方堆着两堆干稻草。老人想，莫不是梦中的两条金龙就是这两堆干稻草幻化成的？于是，老人让村民用稻草扎了两条龙，还在草龙身上插满了燃香，叫村里身强力壮的年轻人举着香火龙四处转悠，以此来驱灾祈福。没过多久，天就降雨了，旱情解决了，疫病也没有了。为此，每年的正月初二到元宵节都要组织舞龙活动，一直流传至今。舞香火龙体现了南雄人民对美好生活的追求与向往。从1986年开始，舞香火龙民间艺术表演队在南雄市成立，该表演队除每年春节期间在巷道、田间游走祈福外，还多次参加了省级、国家级的艺术节。2009年，文化部组织有关专家评议了全国申报的3136个项目，表示粤北南雄传统舞蹈舞香火龙的独特造型，是民间艺术文化精髓的充分体现，也是岭南文化重要的组成部分。[1]

---

[1] 尹少丰：《非物质文化遗产视角下民俗体育的传承——以粤北南雄舞香火龙为例》，载《当代体育科技》2015年第16期，第184页。

2. 龙船歌

南雄当地的龙船歌是中原移民带来的，已被广东省非物质文化遗产名录正式收录了。中原移民结合本地实际，对龙船歌进行了改造和充实。其内容非常丰富，有为收获祈祷的，有展现勇敢精神的，也有传达感情的，在南雄珠玑地区已经流传了800年。龙船歌共包含七个曲调，曲腔高昂，旋律风格古老，大多是四句七言，吟唱时以钱和锣鼓作伴奏。在古时的中原地区，龙船歌原本是为祭奠屈原而作，在端午节赛龙舟时唱的，后来，龙船歌通过各种途径流传到岭南，经过南雄地方居民的继承和发展，便成了在旱地上唱龙歌的形式。20世纪50年代，龙船舞由龙船歌发展而成，更成为一种具有欣赏性的艺术形式。现在珠玑古巷仍保留着端午节唱龙船歌的民俗[1]。

三、珠玑古巷本体的范围界定

指珠玑镇珠玑村东起沙水河，西至乡道Y028，南起驷马桥，北至凤凰桥范围内的三街四巷（珠玑街、棋盘街、马仔街和洙泗巷、黄茅巷、铁炉巷、腊巷）建筑群及其附属设施。

《条例》第3条的这一款明确了珠玑古巷本体适用的地域范围。前面交代过《条例》出发点就是保护珠玑古巷本体，但后来经过多次调研和专家论证，选取通过古道南北商旅交流与中原移民南迁形成的历史文化资源为保护对象。珠玑古巷是其中的一个驿站，影响最大，保存最完整。

这一条款对珠玑古巷本体范围进行了明确的规定，即法律上关于地域适用范围的规定。法律适用范围一般涉及特定人、特定地域、特定行为、特定客体等方面，立法者只有抓住法律适用范围中的关键要素加以规定，界定才能明确有效。[2]本条款是《条例》在特定地域的效力，在这

〔1〕 李暑红：《"非遗"视域下南雄龙船歌的挖掘与开发》，载《艺海》2017年第5期，第126页。

〔2〕 孙潮：《立法技术学》，浙江人民出版社1993年版，第122页。

个区域内,《条例》产生特定的法律效力。

本《条例》在南雄市行政区域内的地域范围内产生法律效力，但对于核心地区的珠玑古巷本体，需要一个明确的界定，以增强地方立法的可操作性和可执行性。该条款经过充分的调研以及与当地主管行政机关沟通座谈，明确珠玑古巷本体的四至，即东起沙水河，西至乡道 Y028，南起驷马桥，北至凤凰桥范围内的三街四巷（珠玑街、棋盘街、马仔街和洙泗巷、黄茅巷、铁炉巷、腊巷）建筑群及其附属设施。这样的立法条款规定，无论是立法机关、行政机关和司法机关，还是普通民众都能明白。《条款》通俗易懂，明确具体，地方立法特色凸显，可操作性、可执行性强。

第四条　【保护原则】

珠玑古巷历史文化资源保护应当遵循科学规划、严格管理、合理利用的原则。

【导读与释义】

本条是关于《条例》立法基本原则的规定。

一、地方立法遵循原则

立法原则是指在一国立法活动中起指导作用的思想和具有基础或本源意义的稳定的法律原理和准则。[1]党的十九大报告指出："推进科学立法、民主立法、依法立法，以良法促进发展、保障善治。"在"科学""民主"两大原则的基础上，确认了"依法"第三大原则。"依法立法"原则提出后，与此前提出的"科学""民主"两大立法原则结合，三者相辅相成，共同服务于良法善治，形成了严密的立法逻辑体系，有利于提高我国立法水平。

（一）科学立法原则

科学立法原则，是指立法机关立法应当遵循客观规律，从实际出发，依照法定的权限和程序进行，使法合理、明确、具体的原则。《立法法》第7条规定："立法应当从实际出发，适应经济社会发展和全面深化改革的要求，科学合理地规定公民、法人和其他组织的权利与义务、国家机关的权力与责任。法律规范应当明确、具体，具有针对性和可执行性。"

〔1〕 朱力宇、叶传星主编：《立法学》（第4版），中国人民大学出版社2015年版，第50页。

科学立法原则要求立法应当实事求是、从实际出发，尊重社会的客观实际状况，根据客观需要反映客观规律；要以理性的态度对待立法工作，注意总结立法现象背后的普遍联系，揭示立法的内在规律；应十分重视立法的技术、方法，提高立法的质量。科学立法要求立法不仅指向立法的内容，而且指向立法程序以及立法技术，立法程序规范、技术成熟并且符合实际需要，才能科学合理地进行立法权事项范围的立法。

首先，立法要从实际出发，从我国的国情出发，尊重和体现社会发展的客观规律、尊重和体现法律所调整的社会关系的客观规律以及法律体系的内在规律，适应经济社会发展和全面深化改革的要求。我国的立法工作取决于我国经济、社会发展的现实情况，正确认识我国的国情，是做好立法工作的基础。因此立法必须立足于现实的需求，具体到我国的现实，就是要符合我国当前的经济社会环境和全面改革的要求，不违背经济社会的发展规律。

其次，科学立法要求地方立法应当合理地配置权利与义务、权力与责任。法律作为调整社会关系的行为准则，对公民、法人、国家机关和其他组织的权利与义务、权力与责任进行了规定。法律之所以被社会和人民所接受是因为它保障了人民的权利，规定了人民的义务，即划定了人的行为界限；同时也规定了国家机关的权力与责任，国家机关的权力是人民赋予的，其在享有权力的同时必须认真地承担自己的责任，为人民服务，为社会奉献。法律设定的权利与义务、权力与责任失衡，将会危害社会秩序，损害人民利益，法律权威也将受到挑战。

最后，科学立法要求地方立法应当接受并经得起实践的检验。科学立法要求地方立法必须提高立法技术和立法质量，通过健全审议和表决机制、增加立法前评估、法律清理、立法后评估等一系列措施推进科学立法。立法条文设计应当科学、严谨、明确、具体，具有针对性和可执行性。立法条文只有具有可执行性和可操作性，才能够在现实中真正地发挥作用。再者，立法本身具有一定的技术含量，不是随便的文字拼凑，立法有自己特殊的语言和习惯，立法语言应当明确、具体，不能含混模糊、产生歧义。

（二）民主立法原则

民主立法原则，是指立法要体现人民的意志，立法的过程中要有人民参与的原则。我国是人民主权国家，人民是国家的主人，因此我国对民主立法的要求更高。

《立法法》第6条第2款规定："立法应当体现人民的意志，发扬社会主义民主，坚持立法公开，保障人民通过多种途径参与立法活动。"设区的市在立法权事项范围内进行立法的过程中，要贯彻民主立法的原则，在制定地方性法规的过程、程序、内容方面保证民主立法，从而保证在立法权事项范围内立法的民主性。民主立法原则具体包括以下几个方面：

首先，民主立法原则要求立法应当体现广大人民的意志和要求，确认和保障人民的利益；应当通过法律规定，保障人民通过各种途径参与立法活动，表达自己的意见。人民能够通过各种途径切实地参与国家立法活动，才能够使法律真正地体现人民的意志，反映人民群众的根本利益和需求。人民群众参与立法活动主要体现在两个方面：一是"人大代表为人民"，即人民群众通过民主选举的方式选举各级人大代表，由人大代表参与国家权力机关的工作，并在工作中反映人民的意见和要求；二是有关立法主体在其立法活动中，拓宽公民参与立法的途径，广泛听取人民群众的意见。

其次，立法过程和立法程序应具有开放性、透明性，立法过程中要坚持群众路线。立法不仅是立法结果以书面形式向社会公开，而且整个立法过程都需要公开化、透明化，人民可以参与整个过程，从而反映人民的意志，保障立法的公平、公正，确保立法是发扬民主的、符合人民群众利益的。

最后，确保立法过程中立法机关主导公众参与，体现人民的主人公地位，保障人民通过多种途径参与立法活动。比如通过召开立法听证会、立法论证会、法律草案公开建议征集等活动来征求民众意见，保障人民参与立法，将人民的意志和利益反映在立法中，提高立法质量。在具体立法实践中，要进一步完善立法机关主导下，人大代表、专家学者、企事业单位、团体组织和人民群众共同参与的立法工作机制，健全公布法律草案征求意见机制和公众意见采纳情况反馈机制，拓展公民有序参与立法的途径，广泛听取、认真对待各方面意见，包括不同意见，充分尊重、合理吸收各种建设性的意见和建议。

（三）依法立法原则

依法立法原则，是指立法机关应当依照法定的权限和程序进行立法，维护社会主义法制的统一和尊严的原则。依法立法原则要求立法主体在立法过程中守法，这样才能保障所立之法的“合法性”。《立法法》第5条规定：“立法应当符合宪法的规定、原则和精神，依照法定的权限和程序，从国家整体利益出发，维护社会主义法制的统一、尊严、权威。”

依法立法原则要求一切立法活动都必须以宪法为依据，符合宪法的精神；立法活动都要有法律根据，立法主体、立法权限、立法内容、立法程序都应符合法律的规定，立法机关必须严格按照法律规范的要求行使职权、履行职责。

依法立法原则要求地方立法主体应当依照法定的权限和程序进行立法。《立法法》等有关法律对立法权限作出了较为明确的规定，地方立法主体应当严格按照自身的立法权限进行立法，超越法定权限所立之法是无效的。《立法法》对全国人大及其常委会制定法律的程序进行了规定；《国务院组织法》对国务院制定行政法规的程序进行了规定；地方人民代表大会及其常务委员会制定地方性法规的程序参照法律的制定程序，由本级人民代表大会规定；地方政府规章的制定程序由国务院规定。所有立法主体，尤其是地方立法主体，应当严格遵守法定的立法程序。依程序立法是保证法律质量的重要方式。我们提倡“有法可依”，此处的“法”也应当是“善法”，违背立法权限和立法程序制定的法律可能与

“恶法”具有同等的危害性，不仅损害法本身的地位，也将损害人民的合法权益，同时会破坏社会主义法制的统一。地方立法的出发点应当是国家的整体利益，落脚点应当是维护社会主义法制的统一和尊严，在地方立法中，这一要求尤其突出。因此，地方立法要在保障我国法制统一的基础之上，结合各地的实际情况，特殊情况特殊对待，制定出合法的地方性法规。

依法立法原则具体内涵包括以下三个方面：

第一，合宪原则。合宪原则要求地方立法制定过程中必须同宪法相符合，包括职权的合宪性，内容的合宪性，程序的合宪性。立法的所有环节与活动都必须与宪法精神相契合，遵循宪法规定，不得与宪法相抵触。设区的市立法权事项范围也必须遵循宪法的基本规定，不能与宪法抵触。

第二，法律保留。法律保留，在《立法法》中被称为国家专属立法权，指在多层次立法的国家中，有些立法事项的立法权只属于法律，法律以外的其他规范，一律不得行使，其目的在于保证人民群众对国家最重大问题的最后决策权，保障国家法制的统一和公民的权利。我国 1982 年《宪法》已有规定。《立法法》的制定目的是规范立法活动，提高国家的立法质量，避免盲目立法。立法法有引领和推动作用，有利于保障社会主义的发展，贯彻依法治国的方针，在《立法法》中，有些事项的立法权只属于法律，其他法律以外的规范不能行使该权力。

第三，不相抵触。地方立法的不抵触原则，是指根据《宪法》《立法法》的规定，享有地方立法权的地方立法机关在进行立法时必须遵循不得与上位法的立法目的、基本精神、原则及明文规定相抵触的原则，不得作出应当由上位法规定的事项的立法准则。对于设区的市来说，进行地方立法时不得与上位法的基本原则以及精神内涵相悖，不得作出与上位法相抵触的规定。这是上位法不相抵触原则对设区的市立法权事项范围的一种界定。设区的市制定地方性法规时不抵触主要是不得与宪法以及所有的上位法相抵触，这也是界定立法权事项范围的重要原则。

二、法律条文中法律原则的内涵及意义

法律原则与法律规则是两种最为典型且彼此对应的法的规范形态，前者因哈特的“规则理论”已普遍为人所接受，后者也由于德沃金的“原则理论”而获得了广泛认同。在我国法学界，规则与原则通常被视为“法的要素”。[1]法构成的基本要素有法的概念、法的原则与法的规则，法的原则作为法的构成要素，它们应该是近现代以后随着立法技术的进步而产生的一种结果。[2]法的原则和法律规则尽管都是法的基本要素，它们作为两大构成要素并存于法律规范之中，但二者之间存在着明显的差异，法的原则比较概括、抽象，不可以直接适用于具体个案，只能在符合形式限定与实质限定的条件下发挥其规范作用；法律规则明确具体，可操作性强，直接适用于具体的案件中。

我国学者一般将法律原则视为法律的基本要素之一，与法律概念、法律规则等并列。也就是说，法律原则在我们的法学基本理论中占据着“基础范畴”的地位。那么，法律原则具有什么含义呢？《布莱克法律词典》对其的解释是：①法律的诸多规则或学说中的根本的真理或学说，是法律的其他规则或学说的基础或来源；②确定的行为规则、程序或法律裁决、明晰的原理或前提，除非有更明晰的前提，不能对之证明或反驳，它们构成一个整体或整体的构成部分的实质，从属于一门科学的理论部分。[3]

法的原则在法律文本中就呈现为“法的原则”条款，就是我们所说的部门法立法的原则。目前，我国现行法律文本基本上都确立了一条或

[1] 林来梵、张卓明：《论法律原则的司法适用——从规范性法学方法论角度的一个分析》，载《中国法学》2006年第2期，第123页。

[2] 汪全胜、张鹏：《法律文本中“法的原则”条款的设置论析》，载《山东大学学报（哲学社会科学版）》2012年第6期，第22页。

[3] *Black's Law Dictionary*, Sixth Edition West Publish Co, 1990, p. 1193.

几条法的原则条款，而且随着立法技术的规范，法律文本规定法的原则条款也逐渐规范。这里值得思考的是，为什么某个或某些原则被确立为法的原则，这些法的原则的确立是由什么决定呢？“法的原则的确立，有着一定的客观依据，不是立法者随意决定的。虽然某具体法律文件或法典中写明的法的原则系立法者主观所为，但立法者之所以这样规定，是有客观依据的，是基于立法者对一定客观依据的把握和理解。如果他们对一定客观依据把握和理解全面、正确，则所规定的法的原则便正确、恰当；否则，法律中所规定的原则便会偏离该法律所应当加以贯彻的原则。”〔1〕

宪法在我国法律体系中居于金字塔的地位，其他法律依据宪法制定，不得同宪法原则或精神抵触，所以，任何部门法所确立的“原则条款”应能从宪法的法律规定或基本原则找到直接或间接的依据。这就是我国各部门法设定法的原则条款的法律依据即“宪法规定及原则”。但各个部门法存在很大差异，部门法律规范植根于社会生活，有着不同的性质和任务，法律原则对部门法在社会生活中调节人们相互关系的行为规范进一步抽象，法律原则需要顺应社会生活的要求，反映事物本然之理，具有高度的价值共识。这时，立法者根据上位法规定或能够从既有法律及应然的法律精神、法律旨意中以及国家政策中合乎逻辑地推演出来法的原则。也就是说，法的原则是法律文本的要旨与目的的凝练，是法律规则的基础或本源，具有公理性或政策性的特征。因此，在设定具体部门法原则条款时要考虑我国宪法所确立的基本原则以及具体部门法的性质、任务。

法的原则条款不可缺失，但法的原则条款设置不可随意，以防止法的原则条款设置的泛滥。法的原则条款是法的纲领，是规范法的规则设置的条款。从我国法律的结构规范化角度来看，法的原则条款是我国法律的总则的组成部分。“法律原则应当集中表述，最好在一条中集中表述，

---

〔1〕 漆多俊：《经济法基础理论》，武汉大学出版社 1993 年版，第 135 页。

至少是在前后相连的条款中表述，原则较多的可在条下分项表述。”〔1〕法的原则条款的语言表述尽可能概括、凝练、简洁，准确地阐释部门法应遵循的基本准则。法的原则条款的位置设置要科学，既然法的原则条款作为部门法整体的条款，那它就应该放在法的总则位置。更具体一点，法的原则可以确定在立法目的和立法依据之后的条款设置。

对于法律原则，长期以来我国法学界关注较多的乃是立法政策上和法律文本中的法律原则，这些原则往往被认为仅具有道德上的象征性意义或政治上的宣示性意义。〔2〕根据我国学者的重要观点，原则可区分为公理性原则与政策性原则两大类。〔3〕但政策与原则这两个事物在法律文本上往往被混同。一般地说，任何复杂的立法法案都需要考虑政策和原则两个方面，即使是一个主要为政策性问题的法案，也需要以一定原则来论证它的目的；另外，一个主要依靠原则的法案，例如反对种族歧视的法案，在对政策产生严重后果时，这种权利立法可能就不能成立。但在司法中情况却有所不同，司法更多依靠的是原则而不是政策，在一个相关法律规定得十分明确的案件中，即使该法律来自政策，法院仍应以原则而不是政策作为根据。〔4〕

法律原则是法律的价值宣示，但在法律实践中，法律原则具有重要意义。法律原则的存在有其功能与价值上的意义，从功能意义上看，法律原则构成了法律推理的权威性出发点，证成并补充法律规则；从价值意义上看，法律原则促成了民众对法律的尊重，并构成了民众权利保障的基石。

法律原则是法的构成要素之一，具有抽象性、稳定性、平衡补充性

〔1〕 王腊生主编：《地方立法技术的理论与实践》，中国民主法制出版社2007年，第103页。

〔2〕 林来梵、张卓明：《论法律原则的司法适用——从规范性法学方法论角度的一个分析》，载《中国法学》2006年第2期，第122页。

〔3〕 张文显：《法哲学范畴研究》（修订版），中国政法大学出版社2001年版，第54页。

〔4〕 庞正、杨建：《法律原则核心问题论辩》，载《南京师大学报（社会科学版）》2010年第1期，第32页。

的特征，是不同于法律规则的法律规范。深入研究和掌握法律原则，不仅有利于借助立法的形式，进一步完善法律体系，保持其内部和谐，更有利于执法水平的提高，以确保法律适用的准确，全面发挥法律的调控作用。“法律原则贯穿于所在法律的具体规定之中，对其他所有的法律规范都具有统摄功能”“在法律原则基础上制定更加细密、具体的法律规则，以贯彻法律原则的内容，就是任何法律的制定乃至司法活动都必须关注的问题”。[1]可见，法的原则在立法、执法和司法过程中有着重要的意义。

首先，立法原则是立法者创立法律的指导思想、基本方针和出发点。立法主体在制定任何一个部门法时，都受一定的立法指导思想的影响，但在法律文本中不需要将立法指导思想确定下来，而是通过法律原则、法律规则等来具体体现。那么法的原则与法的指导思想有什么区别呢？周旺生认为：“立法指导思想是立法主体据以进行立法活动的重要的理论根据，是为立法活动指明方向的理性认识。它反映立法主体根据什么思想、理论立法和立什么样的法，是执政者的意识在立法上的集中体现。”而“立法基本原则是立法主体据以进行立法活动的重要准绳，是立法指导思想在立法实践中的重要体现。它反映立法主体在把立法指导思想与立法实践相结合的过程中特别注重什么，是执政者立法意识和立法制度的重要反映”。这两者的关系可概括为：“立法指导思想是观念化、抽象化的立法原则，立法基本原则是规范化、具体化的主要立法指导思想。立法指导思想要通过立法基本原则等来体现和具体化，立法基本原则须根据立法指导思想等来确定，两者紧密关联。”[2]

其次，法的原则指导和规范立法、执法以及司法行为，贯穿于法律文本之中，同时又高于法律文本。国家行政机关或者司法机关执行法律法规的规定必须有法可依，不能盲目执法，不然会损害政府的形象，执

---

〔1〕 谢晖、陈金钊：《法理学》，高等教育出版社2005年版，第69页。

〔2〕 周旺生：《立法学教程》，北京大学出版社2006年版，第66页。

法要有一定的原则。执法者必须真正了解并严格遵守法律原则，切实按法律原则和法律规则的要求办事，法律原则是执法活动中不可逾越、不容践踏的红线。

最后，法的原则约束司法过程。在司法过程中，法律原则是法律职业者进行法律解释和法律推理的基础或出发点，它可以克服规则的刚性，弥补成文法的漏洞、纠正法律的失误，利于个案公平的实现，并具有发展法律、增强法律的权威性等功能。一定意义上讲，法律原则已然成为法官解决疑难案件、说服当事人和公众的工具。法官以不容置疑的原则来增强司法裁判尤其是创造性裁判的公信力。与此同时，法律原则也限制着司法者面对疑难案件时过大的自由裁量权，坚持了立法权与司法权分离的传统。总之，法律原则一方面浸渍着伦理价值，另一方面也极具司法意义。因此，作为一个事实描述，法律原则一直客观存在并发挥着实际效用，作为一个规范诉求，法律原则也是可欲的。〔1〕

尽管法的原则在立法、执法和司法过程中都起到了重要的作用，但法的原则比较抽象、概括，必须在实践中具体化并在充分说理的基础上才能适用。“法律原则没有法律条款所必要的确定性和明确性。它是塑造法律状态的纲领，需要进一步规范化后才能直接适用于具体的案件事实。需要将法律原则转变为法律规范，借助特定的典型事实将法律原则予以具体的规范，并且据此将其确认为客观实在的有效法律。”〔2〕也就是说，以法的理念、历史时空、性质及任务为基础凝练的法的原则，必须结合具体的实际情况，通过说理、阐释才能将其所承载的法的价值和法的理念应用到生活中去。

〔1〕 庞正、杨建：《法律原则核心问题论辩》，载《南京师大学报（社会科学版）》2010年第1期，第32页。

〔2〕［德］汉斯·J. 沃尔夫、奥托·巴霍夫、罗尔夫·施托贝尔：《行政法》（第1卷），高家伟译，商务印书馆2007年版，第257页。

三、地方特色性决定了地方立法具有自己的法律原则

立法原则是立法主体进行立法活动的重要准绳，是立法的内在精神、品格之所在。[1]设区的市在事项范围内行使立法权时，应当科学、合理地界定立法权事项范围，遵循在科学立法、民主立法、依法立法的立法原则的基础上，突出地方特色，增强可操作性，从而将立法权事项范围界定清晰，使设区的市在立法权事项范围内行使立法权，实现高质量立法。

地方立法分为执行性立法和创制性立法。执行性立法是指行政机关为了执行或实现特定法律法规或者上级行政机关行政规范的规定进行的立法。执行性立法可以依职权也可以依授权而进行，但不得任意增加或减少所要执行的法律、法规或上级行政规范的内容。通过执行性立法所制定的行政法规和规章，一般被称为“实施条例”“实施细则”或“实施办法”，在所执行的法律、法规或上级行政规范失效后不能独立存在。

创制性立法指行政机关为了填补法律法规的空白或者变通法律法规的规定以实现行政职能而进行的立法。其中，为了填补法律法规的空白而进行的创制性立法，即在还没有相应法律法规规定的前提下，行政主体运用《宪法》和《组织法》所赋予的立法权进行的立法，被称为自主性立法。为了变通行政法规范的规定而进行的创制性立法，被称为补充性立法。补充性立法应以法律、法规的授权为根据，所制定的行政法规和规章并不因授权法律、法规的消灭而消灭，只要不与新的法律、法规相抵触就具有法律效力。无论是自主性立法，还是补充性立法，都是享有地方立法权的国家机关为了弥补法律、行政法规等上位法的空白或不足，解决地方出现的具体问题或满足某种需求而进行的，不存在上位法尚未规定的事项。自主性立法与补充性立法都是运用自主立法权制定地方性法规或政府规章，创制新的权利义务规范的活动。

---

〔1〕 周旺生：《论中国立法原则的法律化、制度化》，载《法学论坛》2003年第3期，第29页。

创制性地方立法要从本地实际情况出发，根据地方实际情况和具体需要，突出地方特色。对于地方立法而言，其关键性特征就是立足地方实际，具有地方特色。中央立法不足以解决各地某些具体问题，需要地方立法来弥补中央立法的不足，解决各地特殊情况。地方立法只有根据地方的具体和实际需要，针对解决地方改革、发展和稳定存在的问题，才能充分发挥地方立法层次应有的作用。地方特色就是一个行政区域内的地方立法区别于上位法和其他地区法规的显著标识，是地方立法存在的基础，是地方立法的生命和灵魂，如果没有地方特色，千篇一律，地方立法就失去存在的意义。而所谓地方特色，就是要求地方立法反映本地的特殊性：其一，地方立法能够充分反映本地经济、政治、法制、文化、风俗、民情等立法调整的需求程度；其二，地方立法要有较强的、具体的针对性，注重解决本地突出问题，把制定地方性法规文件同解决地方实际问题结合起来。〔1〕

随着改革开放向纵深不断推进，社会分工日趋精细化、社会关系愈发复杂，地方立法的要求已经不再是简单地总结过往经验、肯定已有做法，而是在为执行法律、行政法规进行执行性立法的同时，结合本地区的实际情况制定法规、规章时，应当尊重实际，从实际出发，突出地方特色，制定一些具有引领意义的创制性立法。倘若地方立法丧失了创制性，只作为中央立法的实施细则紧随其后，就丧失了其地方性的本质属性。

地方特色原则是实施地方立法必须遵循的基本准则，是指在遵循经济社会、法律和立法自身三大发展规律的基础上，以国家立法的基本原则为指导，把握时代精神，发挥立法的自主性和创新性，制定能解决当地实际问题、内容与形式相统一、具有独特立法风格的地方性法规。〔2〕

〔1〕 周旺生主编：《立法学》，法律出版社 1998 年版，第 336 页。

〔2〕 涂青林：《论地方立法的地方特色原则、实现难点及其对策》，载《人大研究》2013 年第 6 期，第 33 页。

只要地方立法能够真正落实从具体情况出发、从实际需要出发，地方立法的特色性就会自然彰显。这里的具体情况和实际需要，包括地方的经济、社会、文化发展水平及其特点，也包括地方的资源条件，地方立法应充分考虑本地经济社会、地理环境、自然条件、风土人情、民族习惯等情况，因地制宜，创造性地解决地方事务中的问题。

地方立法应根据本地区实际情况来解决自己的特殊问题，充分把握本地区的特点和规律，真正符合本地区实际情况。这种背景下，地方立法的重心是放在本地发展水平的差别化、多样化、特殊性，解决本地实际问题上的，地方立法在遵循立法的基本原则的同时，制定出的法规、规章有自己独特的法律原则。地方立法制定的具体法规、规章调整的领域、事项不同，相应的法律原则也不同。

四、《条例》的法律原则及其具体内容

立法原则起着指引、推动和规范立法主体进行立法活动的作用，是立法指导思想或立法理念在立法实践中的具体运用和体现。[1]对“有特色”的立法原则，我们可以从两个方面加以理解：一方面，地方立法所要突出强调的“特色”是在与中央立法的对比中体现出来的。地方立法既要以中央立法规范的具体规定为基础制定地方立法，又要根据本地区的实际情况和需求，制定带有地方色彩的地方性法规。另一方面，这种“特色”还体现在横向的比较中，表现在其与其他地区的区别当中，每个地区都有不同的地域问题、地域风俗习惯等，各地依据上位法所制定的地方性法规必须是符合本地区发展的特点和规律的。

制定《条例》的出发点和目的是解决珠玑古巷传统历史文化资源的保护、管理与合理利用问题，那么地方立法必然围绕解决珠玑古巷传统历史文化资源的保护、管理与合理利用这一中心主题出发，确定立法的

〔1〕 高中、廖卓：《立法原则体系的反思与重构》，载《北京行政学院学报》2017年第5期，第73页。

基本原则，整个《条例》的立法原则，要确保《条例》的质量符合珠玑古巷传统历史文化资源的保护、管理与合理利用的客观要求，充分发挥《条例》的引领和推动作用，推进良法善治的实现。

立法者在充分研讨、论证，并广泛征求意见的基础上，最终确定了《条例》的三个基本原则，即科学规划原则、严格管理原则、合理利用原则。

（一）科学规划

历代珠玑人南迁形成的古村落、历史建筑、古驿道数量众多，具体数量尚不完全清楚，部分古树权属也不完全明晰，尤其是等级认定不够精准，标牌悬挂不够规范，保护管理责任和修缮责任没有得到全面落实，一些历史建筑面临损毁。

对于珠玑古巷的保护缺少一部全面、系统的规划，至今为止，没有真正形成决策统一、资源整合统一、规划设计统一、建设标准统一、保护利用统一、管理机制统一，直接使珠玑古巷利用缺乏整体的传承、修复、改造、利用、复兴，珠玑古巷保护修复碎片化，无法构成“点、线、面、片”的格局，无法产生巨大凝聚力。

《条例》在编制珠玑古巷保护规划、划定并公布保护范围、设置核心保护范围标志牌的同时，还重点规定了具体的保护措施。一是针对保护对象底数不清、制度不完善等问题，对保护对象实行名录、标志牌管理制度，并对普查历史文化遗产、编制保护名录、制作标志牌、监督管理的责任主体、程序、内容、方式、时限及相关要求进行了详细规定。二是为确保历史建筑和传统风貌建筑的真实性，编制珠玑古巷风貌保护和民居外部修缮装饰、添加设施导则的责任主体、程序等重点内容，为历史建筑、传统风貌建筑的维护、修缮提供具体的技术规范指导。三是针对珠玑古巷房屋产权的多元性，以及保护、修缮责任不明晰等问题，立法对保护、修缮的责任主体划分，保护、修缮的原则、方式、程序、指导、监督、服务等相关要求，修缮经费补助机制的建立实施等进行了详细规定。

政府职能部门作为保护工作的行政主管部门，应结合当地实际，编制珠玑古巷保护规划，明确目标，落实责任，各级政府相关职能部门才能在此基础上制定出切实可行的工作路线图。珠玑古巷历史文化资源保护、管理和利用都有明确的对象和范围，增强了《条例》的可操作性和可执行性。

（二）严格管理

唐宋以来大批中原移民经过古驿道迁徙至南雄珠玑古巷，有的在此定居，有的继续迁移至珠江三角洲乃至海外。珠玑古巷有着1000多年的历史，是古代许多中原氏族迁往岭南的中转站，在南雄境内保存着大量与珠玑古巷移民相关的历史文化资源。小巷全长1500多米，曾经接纳过180多个姓氏宗族的去留。他们在这里繁衍生息，构筑着美丽的家园，而后又背井离乡迁往珠江三角洲和海内外各地，有4000多万珠玑后裔散居海内外，由此创下了我国南迁历史的辉煌，也成就了南雄今天声名远扬、意义深远的姓氏文化。南雄珠玑古巷是中国三大著名寻根地之一，有“广东第一巷”之称，目前，珠玑古巷内仍有保存完整的古街巷、古门口、古牌坊、古民居、古祠堂和古道等。

近些年，随着社会经济迅速发展，大量的历史文化资源在城镇化进程中逐渐消失，而且，随着近些年旅游经济的快速发展，游客数量激增，景区存在过度开发导致历史文化资源过度利用的问题，一定程度上破坏了历史文化资源。加之，珠玑古巷历史久远，易受风雨侵蚀，保存的历史文化资源也亟需加强管理。

2005年国务院下发的《关于加强文化遗产保护的通知》明确：文化遗产包括物质文化遗产和非物质文化遗产。物质文化遗产是具有历史、艺术和科学价值的文物，包括古遗址、古墓葬、古建筑、石窟寺、石刻、壁画、近代现代重要史迹及代表性建筑等不可移动文物，历史上各时代的重要实物、艺术品、文献、手稿、图书资料等可移动文物；以及在建筑式样、分布均匀或与环境景色相结合方面具有突出普遍价值的历史文化名城（街区、村镇）。非物质文化遗产是指各种以非物质形态存在的与群众生活密切相关、世代相承的传统文化表现形式，包括口头传统、传统表演艺术、民俗活动和礼仪与节庆、有关自然界和宇宙的民间传统知识和实践、传统手工艺技能等，以及与上述传统文化表现形式相关的文化空间。

国家、广东省和韶关市以及南雄市人民政府自20世纪80年代以来，不断加强历史文化资源的保护和管理。在做好规划的前提下，加强历史文化资源的管理，做好历史遗址、遗迹、遗物保护和修缮工作至关重要。

鉴于此，《条例》将严格管理作为基本原则，历史文化资源的保护建立在严格管理的基础上，《条例》的条文和精神中贯彻严格管理的理念，从主管行政部门、保护对象、保护程序、执法检查到广大民众参与都在贯彻严格管理的原则，在严格管理的基础上活化和利用。通过一系列管理措施和技术手段，保持珠玑古巷历史文化资源，人文、自然景观。

（三）合理利用

规划、保护和管理历史文化资源最终体现在如何活化历史文化资源，合理利用，发展社会经济，造福子孙。为此，韶关市和南雄市做了大量的努力，充分挖掘珠玑古巷历史文化资源，认真研究珠玑古巷地域文化特色，加强古驿道建设、珠玑古巷保护修复，加快推进景区改造提升工作，促进古驿道活化利用，打造文化精品。

历史文化资源蕴含着巨大的经济价值，可以与当地的民俗资源、旅游资源等相结合，使之成为推动区域经济高质量发展的新引擎。南雄市人民政府找准了定位、挖掘了内涵、突出了特色。梅关古道的建设可通过挖掘历史长河中所留存下来的文化底蕴进行文化提升，融入韶关“大珠玑”的旅游发展战略中，打造特色旅游小镇；利用姓氏文化优势及其独特的文化底蕴，完善景区配套，深挖姓氏文化和客家文化的历史文化资源发展旅游经济。南雄市人民政府对珠玑古巷历史文化资源进行更加科学的规划，创新投入机制，在建筑风格及周边景观风貌上加大投入，展现珠玑古巷独特的文化历史。

活化、利用珠玑古巷历史文化资源的最终目标是推动珠玑古巷历史文化资源人文和自然资源的永续利用，推动南雄市社会经济的可持续性健康发展。但活化、利用需要一个度，不能过度利用，需要妥善处理好保护和利用之间的关系，既要保护珠玑古巷历史文化资源，让历史文化和现代生活融为一体，也要利用珠玑古巷历史文化资源服务于南雄市社会经济发展，合理处理二者之间的关系。

基于此，《条例》在制度设计基本原则时，将合理利用作为《条例》的一个基本原则。

第五条 【韶关市政府及部门职责分工】

韶关市人民政府及有关行政主管部门应当在其职责范围内对珠玑古巷历史文化资源保护、管理、利用等工作进行指导和监督。

【导读与释义】

本条是关于《条例》授权韶关市级人民政府及其主管部门职责的规定。

韶关市和南雄市人民政府及其行政主管部门履行保护传统文化资源的职责是维护公共利益、保护传统文化、实现其职能要求的重要表现，也是服务型政府和法治型政府建设的内在要求。为进一步加强和规范政府部门职责管理，理顺职责关系，国家通过地方性法规赋权地方政府及其各部门的职权和相应承担的责任，适用于设区的市政府及其工作部门、派出机构、隶属政府及其工作部门。

本条通过地方立法，理顺管理体制，强化保护力度。通过立法明确韶关市人民政府及相关职能部门在珠玑古巷保护管理中各自的法定职责，强化部门主体责任，避免部门之间推诿扯皮，共同做好珠玑古巷保护管理工作。

韶关市人民政府及文化体育和旅游局、住房和城乡建设局等行政主管部门在珠玑古巷历史文化资源保护工作中，与相关职能部门相互配合，在引导、规范、服务等方面的履职履责中争取资金，在对珠玑古巷等历史文化资源进行新建、扩建和修缮等活动中，取得了一定的保护成效，改善了珠玑古巷历史文化资源的道路交通，对一些基础设施进行了重点改善和提升。在保护和修复珠玑古巷历史文化资源的同时，相关部门加大城市宣传推介力度，和丹霞山、南华寺共同打造“大丹霞、大珠玑、大南华旅游文化圈”，促进了文化旅游业高质量发展，也为实现乡村振兴、促进韶关市社会经济发展作出了重要贡献。

同时，韶关市人民政府及文化体育和旅游局、住房和城乡建设局等行政主管部门对南雄珠玑古巷梅关古道景区的现状及将来的规划进行指导和监督，加强基础设施建设，对珠玑古巷修护完善，使珠玑古巷得到了充分的展示与利用。相关部门采取各种手段，不断扩大宣传，注重珠玑古巷优秀传统历史文化的发扬，举办世界恳亲大会、姓氏文化节等活动，传承客家文化、姓氏文化、移民文化，广泛吸引了海内外游客旅游、观光、投资南雄这片热土。近几年，成效显著，每到假期，南雄梅关古道和珠玑古巷，游客如织、人头攒动。

可见，韶关市人民政府及有关行政主管部门在珠玑古巷历史文化资源保护、管理、利用等工作中起到了至关重要的作用，但由于保护意识与保护能力不足等原因，地方政府职能发挥存在缺位的问题，使得现阶段珠玑古巷历史文化资源保护工作的开展存在一定问题。

珠玑古巷历史文化资源具有地方性特色，目前尚不存在一个明确的、可操作的法律规范对其予以保护，国家法律法规是一般法，对于保护珠玑古巷历史文化资源不具有针对性。保护珠玑古巷历史文化资源任务繁重，需要有一个法律法规明确政府及其职能部门的具体职责，促使各部门权责一致，《条例》明确了珠玑古巷历史文化资源的保护主体，对各项任务进行了具体分解，并明确了责任单位，使相关部门不至于推诿和不作为，从而有利于强化其服务职能。

目前，珠玑古巷历史文化资源基础设施建设有待加强，加之，很多资源位置相对偏僻，交通不便，尤其车辆增多，而山区道路狭窄，交通事故时有发生、车辆出行拥挤，因此有必要加强珠玑古巷历史文化资源周边的基础设施建设。《条例》规定了“韶关市人民政府及有关行政主管部门应当在其职责范围内对珠玑古巷历史文化资源保护、管理、利用等工作进行指导和监督”，这使得管理主体明确，职责清晰，增强了执法的可操作性、可执行性。

同时，本条也参考了省内和省外兄弟地市的立法经验，具体是：《梅州市客家围龙屋保护条例》第4条规定：市、县级人民政府负责本行政区域内客家围龙屋的保护工作，将客家围龙屋保护纳入本级国民经济和社会发展规划，建立客家围龙屋保护工作责任制和联动工作机制，统筹做好城乡建设发展中客家围龙屋保护工作。

市、县级人民政府文物主管部门会同住房城乡建设、自然资源主管部门做好客家围龙屋的调查认定、规划编制、监督管理等工作。

应急管理及消防救援机构，公安机关、发展改革、财政、城市综合执法、生态环境、教育、旅游、农业农村、林业、水务、交通运输、市场监督管理、工业和信息化等主管部门按照各自的职责，做好客家围龙屋保护的相关工作。

《黄山市徽州古建筑保护条例》第5条规定：市、县（区）人民政府应当加强古建筑保护工作，将其纳入国民经济和社会发展规划，所需专项资金列入本级财政预算；组织文化、文物、旅游、公安、国土、住建、规划、林业、工商等部门建立古建筑保护利用工作沟通协调机制。

市、县（区）人民政府文物主管部门负责本行政区域内古建筑保护利用的监督管理。政府有关行政部门应当在各自的职责范围内，依法履行对古建筑保护管理职责。

乡（镇）人民政府、街道办事处负责古建筑的日常巡查并配合有关部门做好古建筑的保护管理工作。

古建筑所在地村民委员会或者居民委员会应当制定古建筑保护村规民约，自觉开展古建筑保护。

每年六月的第二周为古建筑保护宣传活动周。

第六条　【经费保证】

南雄市人民政府应当根据实际情况将珠玑古巷历史文化资源保护资金列入本级财政预算，统筹解决珠玑古巷保护、管理、利用中的重大问题。

【导读与释义】

本条是关于珠玑古巷历史文化资源保护经费保障的规定，属立法创制性条款。

目前，国家对历史遗址、古镇等有相应的专项资金进行扶持，韶关市和南雄市也为珠玑古巷保护积极筹措资金，但由于韶关市和南雄市财力不足，而且有些经费使用名目不明确，有时需从其他项目中调剂解决，存在多项目共用一笔经费的窘况。缺少经费，成为制约珠玑古巷保护和发展工作的一大难题。

珠玑古巷保护范围广，且传统历史风貌、格局破坏严重，修复、重建再现的工程量大，虽然韶关市政府和南雄市政府高度重视珠玑古巷的保护和利用，但每年投入维修经费、日常保护办公经费有限，且项目修复手续繁琐、批复时间长，一些亟待修缮的建筑未能及时得到维修。调研过程中发现，目前珠玑古巷有些明、清代建筑损毁严重，年代久远、年久失修，导致瓦面漏雨，木构架已出现不同程度的腐烂现象。但迄今为止还没有安排专项资金进行修缮，因此需要通过立法的形式保障珠玑古巷保护经费。

珠玑古巷历史文化资源保护工作需要大量的人力、财力作为开展工作的保障。目前珠玑古巷历史文化资源保护工作没有专项保护经费，使保护工作不能系统、全面、规范地开展。许多基础性工作因资金短缺而受到影响，极大地制约了珠玑古巷历史文化资源保护的规划与建设、开发与管理、保障与监督工作等。

珠玑古巷历史文化资源保护工作是一项公益事业，世界各国经验表明，作为社会公益性事业，政府财政拨款是保护区建设与管理的主要经济来源。对于珠玑古巷历史文化资源保护来说，长期以来，保护工作资金投入不足，制约了珠玑古巷历史文化资源保护事业的发展。另外，韶关市属于欠发达地区，地方财政比较紧张，珠玑古巷历史文化资源保护日常运行经费投入不足，严重影响了对珠玑古巷历史文化资源的有效保护。

想做好珠玑古巷历史文化资源保护必须以强有力的资金作为保障，现状普查、规划编制与研究、实施管理等大量工作都需要资金的支持。近年来，尽管南雄市人民政府在保护工作中投入了不少资金，但总体来说，经费仍不足，特别是在珠玑古巷历史文化资源保护实施管理等方面存在困难。

《条例》将珠玑古巷历史文化资源保护经费列入南雄市人民政府的财政预算，具有重要意义，解决了珠玑古巷历史文化资源保护所需经费的后顾之忧。珠玑古巷历史文化资源保护经费列入预算具有现实意义。其一，可以摸清珠玑古巷历史文化资源的实际情况，全面统计珠玑古巷历史文化资源管理的情况，在此基础上建立统一的珠玑古巷历史文化资源管理制度。其二，由有关专家组成的评估小组按市场经济发展的要求对珠玑古巷历史文化资源管理经费的需求以及珠玑古巷历史文化资源的发展情况进行评估，包括对珠玑古巷历史文化资源管理机构的设置、人员编制、人员经费进行分析，在此基础上确定管理经费支出的基本框架。其三，通过预算促使珠玑古巷历史文化资源管理建立项目库，实行滚动预算，促使珠玑古巷历史文化资源通过项目的形式，有规划、有步骤地开发、建设和保护。其四，有助于强化社会监督，现代社会强调信息公开制度，公共预算向社会公开，珠玑古巷历史文化资源保护所需经费列入南雄市本级预算也不例外。珠玑古巷历史文化资源保护所需经费列入市级预算要经过南雄市人大审批后向社会公开，这有利于民众监督，确保预算经费专款专用。

所以，《条例》规定：南雄市人民政府应当将珠玑古巷历史文化资源保护所需经费列入南雄市财政预算，意在强化南雄市政府管理珠玑古巷历史文化资源的职能与经费保障。

政府在历史文化资源保护资金的投入中承担着极其重要的责任，拓展保护资金来源，首先，还得以政府为主要依托，这是政府职责所在。《地方各级人民代表大会和地方各级人民政府组织法》第73条第5项规定了地方政府的公共管理职权管理范围："编制和执行国民经济和社会发展规划纲要、计划和预算，管理本行政区域内的经济、教育、科学、文化、卫生、体育、城乡建设等事业和生态环境保护、自然资源、财政、民政、社会保障、公安、民族事务、司法行政、人口与计划生育等行政工作。"当然，《历史文化名城名镇名村保护条例》第33条第2款规定："县级以上地方人民政府可以从保护资金中对历史建筑的维护和修缮给予补助。"珠玑古巷被列为历史文化名城名镇名村，相应的，上级政府也会给予一定的资金支持。

《条例》将珠玑古巷历史文化资源保护资金列入南雄市本级财政预算，通过南雄市财政预算，加大政府资金投入力度，确保保护资金。政府要将其当作一项任务实现。政府在预算中根据实际需要每年投入不同的资金比例或者投入金额，以此作为珠玑古巷历史文化资源保护资金来源。此外，在南雄市人民政府投入的基础上，还注重充分动员华侨及社会各界人士捐款，积极协调，加大招商引资力度，注重资金来源的多渠道。

《条例》将珠玑古巷历史文化资源保护资金列入财政预算，实现了对珠玑古巷历史文化资源保护的保护，以国家资金的投入，带动多种资金投入渠道的运转。南雄市人民政府的资金投入在珠玑古巷历史文化资源保护的资金保障中占据主导地位，但是南雄市政府在加大政府投入的同时，也应该注重充分调动社会资金，建立资金来源多元化的社会融资渠道。可以通过面向社会知名人士或者企业融资，采取接受捐赠、赞助，招商引资等方式来进行，也可以接受个人捐赠。当地居民、留洋国外的华侨或者社会人士大多能参与到珠玑古巷历史文化资源的保护当中，为珠玑古巷历史文化资源的保护出资出力，我们鼓励个人以捐赠或投资的方式加入珠玑古巷历史文化资源的保护当中。也可以建立珠玑古巷历史文化资源保护专项资金小组，负责保护资金的申请，筹集来自个人、企业、社会团体的资金并接受来自社会的捐赠或赞助并且保障社会资金专款专用，用于珠玑古巷历史文化资源的保护。

珠玑古巷历史文化资源是先辈留给南雄的历史文化遗产、南雄市发展的软实力，具有极强的影响力和吸引力，其价值巨大，意义深远。珠玑古巷历史文化资源保护、管理、利用是一个系统工程，涉及多个部门，需要政府主导，由南雄市人民政府加强顶层设计，增强保护意识，统筹推进和解决珠玑古巷保护、管理、利用中的重大问题。

同时，本条依据上位法《文物保护法实施条例》第 2 条的规定：“国家重点文物保护专项补助经费和地方文物保护专项经费，由县级以上人民政府文物行政主管部门、投资主管部门、财政部门按照国家有关规定共同实施管理。任何单位或者个人不得侵占、挪用。”《文物保护法》第 13 条规定：“县级以上人民政府应当将文物保护事业纳入本级国民经济和社会发展规划，所需经费列入本级预算，确保文物保护事业发展与国民经济和社会发展水平相适应。国有博物馆、纪念馆、文物保护单位等的事业性收入，纳入预算管理，用于文物保护事业，任何单位或者个人不得侵占、挪用。国家鼓励通过捐赠等方式设立文物保护社会基金，专门用于文物保护，任何单位或者个人不得侵占、挪用。”《广东省实施〈中华人民共和国文物保护法〉办法》第 8 条规定：“县级以上人民政府应当将文物保护事业纳入本级国民经济和社会发展规划，所需经费列入本级财政预算。用于文物保护的财政拨款应当随着财政收入增长而增加。文物保护事业可以接受社会捐赠和吸纳社会资金投入。具体办法由省人民政府在本办法施行之日起一年内制定。”

本条还参考相关设区的市的地方性法规，如：《梅州市客家围龙屋保护条例》第35条的规定：“市人民政府应当为客家围龙屋保护提供必要的资金保障，县级人民政府应当将客家围龙屋保护经费列入财政预算。客家围龙屋保护资金来源包括：（一）上级专项补助的资金；（二）市级财政提供的资金；（三）县级财政预算安排的资金；（四）社会各界捐赠的资金；（五）其他依法筹集的资金。”

第七条 【预算保障】

南雄市住房和城乡建设行政主管部门负责珠玑古巷历史文化资源相关的历史文化街区、历史文化名镇、历史文化名村、传统村落、古建筑、历史建筑、古驿道以及附属建筑（构筑）物的保护工作。

南雄市文化旅游行政主管部门负责珠玑古巷历史文化资源相关的文物和非物质文化遗产的保护工作，制定珠玑古巷历史文化资源旅游利用规划，监督指导文化旅游活动。

南雄市林业行政主管部门负责珠玑古巷历史文化资源相关的古树名木保护工作。

南雄市发展改革、教育、工业和信息化、民族宗教、公安、财政、自然资源、生态环境、交通运输、水务、农业农村、应急管理、市场监督管理、地方志等行政主管部门以及消防救援机构履行珠玑古巷历史文化资源保护相关职责。

【导读与释义】

本条是关于对南雄市珠玑古巷历史文化资源管理相关职能部门分工的规定，本条属于创制性条款。本条对相关职能部门职责的规定旨在明确南雄市人民政府相关工作部门在珠玑古巷保护、管理和利用工作中的具体职责。

一、《条例》落实职能部门职责，增强立法的可操作性、可执行性

通过地方立法，理顺管理体制，强化保护力度。立法明确南雄市人民政府及相关职能部门在珠玑古巷保护管理中的法定职责，可强化部门主体责任，避免部门之间推诿扯皮，有利于共同做好珠玑古巷保护管理工作。

在党的十八大、十九大报告中，法治政府的理念强调政府法治，各级政府作为国家权力机关的执行机关和国家行政机关，负有严格贯彻实施宪法和法律的重要职责，要规范政府行为，政府及部门职责法定，严格依法履责，切实做到严格规范公正文明执法，维护公共利益、人民权益和社会秩序。

党的十八大、十九大报告强调依法治国、法治政府，依法治国要求国家应当“依法律而治”，国家的行政机关应当受到法律的制约，在行政权层面上则体现为依法行政、职权法定。政府权力行使必须明确按照职权法定的原则即“无法律即无行政”，严格遵循法律优先和法律保留原则，行政权力行使和重大决策做到有法可依。

法治政府理念应当是坚持“有限的政府”原则，即法治政府要求政府必须是有限的。有限政府主要体现在两个方面：其一，行政职权的行使是有限的，必须严格依照“法”的规定；其二，行政权所产生的责任是有限的，即不属于行政职范围的事项无需承担相应的法律后果。

有限政府理念要求政府的职权是法定的，即职权法定。职权法定即政府的权力是法所设定的，政府的权力是有限的、具体的、明确的。职权法定在现代国家治理理念中具有里程碑式的意义，这一理念是对有限政府的具体化，意味着政府权力的行使及责任都需要由“法”预先设置。职权法定是指行政机关所行使的职权必须有法律规定，任何机关不得超越法律的授权。其特点包括：行政机关的创设具有法律依据，行政机关的权力来源于法律授权，行政机关在权限范围内行使权力符合法律的规定，即主体合法性、授权明确性和权力程序的合法性或主体法定、适用法定和程序法定。

职权法定作为政府权力的根本规范，其核心内涵可以概括为三个方面：①行政职权的取得必须依法，没有法律的依据，行政职权就没有其存在的合理性，也就失去了对抗其他组织或者个人的强制力和优先性。职权的法定渊源有三种：一是行政机关依法成立时即合法取得的权力，这是行政机关固有的权力；二是由法律、法规或者规章特别授予；三是由有权的行政机关依照法律的规定委托的权力。②行政职权的行使必须依法，包括适用条件、程序、处理方式等必须严格依照法律的规定，拥有法定职权的行政机关、组织及其成员，必须严格按照授权法规定职权范围、行为方式及程序，谨慎地行使自己手中的职权。③违反法定职权必须承担责任。没有法定的职权而作出的行政行为是无效的行政行为，这样的行政行为不可能在现实生活中产生实际的效果，也不可能实现作出这一行政行为的行政机关、组织或者个人所欲达到的目的。行政机关、组织及其成员超越其所拥有的职权的范围、违反法定的程序和行为方式所作出的行政行为也是无效的，有关行政机关或者人民法院可以在依法提起的行政复议及行政诉讼中撤销这类行政行为。行政机关及其工作人员行使行政职权对行政管理相对一方造成损害的，按照《国家赔偿法》的规定，应当由行为的作出机关承担赔偿责任，具体参与该违法行为的个人有过错或者严重过失的，依照法律、法规或者规章的规定，还要承担内部的行政责任。有限政府和职权法定促使法治改革的终极目的就是强调权责清单的法治化属性，通过系统化的法治权责清单建设，让实施权责清单的政府及其职能部门以及监督权责清单的内容实际上完全依附于法律，权力和责任的具体内容完全依照法律规定，政府职能部门做到权力行使必须有清单。

党的十八届三中全会、四中全会公报相继提及了权责清单制度。这直接促成了中央与地方各级政府全面开展和大力推行权责清单制度。党的十八届三中全会提出，推行地方各级政府及其工作部门权责清单制度，依法公开权力运行流程。在新时代全面深化改革的背景下，推行权责清单制度，实际上是权力运行的外部保障，既是对权力的约束，又是对权力运行及其理念的强化。权责清单的出现实际上是通过权力整合的方式，对法律法规规定的行政权力进行整理和归纳，将其放置在统一的规范性文件之中，即依据法律、法规对行政权进行的细化。[1]权责清单实际上是中央和地方各级行政机关在具体的行政管理过程中对行政职权整合所形成的清单，是对法律法规所规定的行政机关从种类数量、条件程序、监督制约等角度对权力的具体化，是对现有法律所规定的行政权力进行审查、分析、整理的过程，其实质上是种立法行为。[2]

权责清单制度的提出是“将权力关进制度笼子”“让权力在阳光下运行”的制度实践，中央设立权责清单的出发点便是配置更加完善和明晰的权责配置网络，协调各项权力，使之合理有效地运行。[3]对于权责清单而言，其实施有助于推进依法行政和责任政府理论与实践的进一步发展，让政府能够分门别类、条理清晰地明确自己的职权和政府责任，如政府该做什么、不该做什么，政府的权力到底有多大，行政权力行使的情况如何，有没有越权或滥用权力等，违法行为应当承担法律责任，形成违法行为与法律责任之间的逻辑联系。当然，权责清单的设定不能随意进行，权责清单的设定必须符合法律法规，不得与法律法规相抵触，当权责清单与法律法规相冲突时必须优先适用法律法规。

通过权责清单制度的形式，法律确定政府权力及其运行的边界、范围，既能够使政府权力合法、合理地运行，又能使政府更好地发挥职能，从源头上杜绝权力滋生腐败。同时，更是在法治政府的建设过程中为政府行使权力注入新的法治理念。通过设置权责清单制度，摸清了行政权力家底，明确划定了政府权力范围，对法律法规规定概括、模糊的方面进行了明确，使得政府权责更加清晰，也让行政主体和行政相对人都能一目了然。细化后的权责清单要求行政机关必须依法履行自己的职权和

---

〔1〕 方涧、邢昕：《论权力清单与职权法定的内在逻辑》，载《广西政法管理干部学院学报》2016年第5期，第5页。

〔2〕 林孝文：《地方政府权力清单法律效力研究》，载《政治与法律》2015年第7期，第65页。

〔3〕 刘同君、李晶晶：《法治政府视野下的权力清单制度分析》，载《法学杂志》2015年第10期，第62页。

职责，并且告诉行政主体：这就是你的权力行使范围，在此范围内，行政主体有权也有责任去行使，而不属于此范围的，则不能行使，否则将被依法追究法律责任，从而减少了行政机关越权行政、违法行政、不作为等可能性，最大限度避免了越权或监管缺位等现象的发生，从根本上或源头上控制和规范行政权。权责清单制度对从制度上规制权力，将权力关进制度的笼子，有着重要的意义。权责清单制度可以界定公职人员的权力范围，将权力限定在一个固定的范围内，有利于解决由于权力界定模糊而造成的权力滥用和腐败；从公众视角来看，政府权责的明晰有利于公众知情权和监督权的行使；从规制政府权力的角度来看，政府权责的明晰有助于我国法治政府建设；政府权力的公开、透明，能够防止政府权力的滥用，对于推进我国治理体系和治理能力现代化建设具有重要意义。

在地方层面上，以地方性法规形式对权责清单的内容予以法制化有两种比较简易的路径：一是通过地方政府规章的形式；二是通过地方性法规的形式。但地方性法规不同于政府规章对行政权力进行控制和监督。

地方性法规设定权责清单，是以地方性法规的形式对权责清单内容进行法制化，可以充分体现地方人民的意志，可以有效发挥地方权力机关的监督作用。而且，以地方性法规的形式体现权责清单内容，可以作为行政诉讼的依据，如果行政主体不按照权责清单内容认真履行，行政相对人可以提起行政诉讼，权责清单的内容将作为法院审理行政案件的裁判依据，以更好地发挥司法权对行政权的监督。地方性法规要为权责清单制度实施情况规定更为具体的法律责任，对超越权责清单范围、未按权力行使流程图行使行政权力等各种违法行为，苛以严格法律责任；对侵害行政相对人合法权益的行为，规定具体的救济程序。

2015 年 3 月，中共中央办公厅、国务院办公厅印发《关于推行地方各级政府工作部门权力清单制度的指导意见》，指导各级政府开展清单制度建设工作，厘清与行政职权相对应的责任事项。该制度是按照权责一致的原则，建立在权责清单基础上的配套制度，可视为政府对自身及内部各部门行政责任的归纳和梳理。权责清单是政府及其职能部门以及其他行政主体将其所掌握的各项公共权力进行统计，将权责事项、实施主体、操作流程等内容以清单的形式详细阐释。将地方各级人民政府工作部门行使的各项行政职权及其依据、行使主体、运行流程、对应的责任等，以清单形式明确列示出来，向社会公布，接受社会监督。

按照权责一致的原则，行政权力和行政责任是不可剥离的。应通过建立权责清单和相应清单制度，进一步明确地方各级人民政府工作部门职责权限，大力推动简政放权，加快形成边界清晰、分工合理、权责一致、运转高效、依法保障的政府职能体系和科学有效的权力监督、制约、协调机制，全面推进依法行政。

2018 年，国务院《关于落实〈政府工作报告〉重点工作部门分工的意见》（国发［2018］9 号）要求全面加强政府自身建设，全面推进依宪施政、依法行政；严格遵守宪法法律，加快建设法治政府，把政府活动全面纳入法治轨道；坚持严格规范公正文明执法，有权不可任性，用权必受监督。

2021 年 8 月，中共中央、国务院印发了《法治政府建设实施纲要（2021—2025 年）》，指出：坚持法定职责必须为、法无授权不可为，着力实现政府职能深刻转变，把该管的事务管好、管到位，基本形成边界清晰、分工合理、权责一致、运行高效、法治保障的政府机构职能体系。全面实行政府权责清单制度，推动各级政府高效履职尽责。

法治政府建设是全面依法治国的重点任务和主体工程。2022 年 10 月，党的二十大报告指出："扎实推进依法行政……转变政府职能，优化政府职责体系和组织结构……提高行政效率和公信力……全面推进严格规范公正文明执法……"

近年来，一些地方在推行权责清单方面进行了有益探索，取得了积极成效。《条例》明确了南雄市政府职能部门在管理珠玑古巷历史文化资源的具体职责，权责一致，职责清晰。

韶关市作为设区的市，广东省人大常委会于2015年5月28日根据《立法法》的规定赋予韶关市人大常委会地方立法权，为韶关市地方立法机关取得地方立法权提供了法律依据。从《立法法》关于设区市地方立法权规定的内容来看，韶关市地方立法机关的立法权法定性主要体现在以下几个方面：①不得同宪法、法律、行政法规和本省、自治区的地方性法规相抵触；②仅局限于“城乡建设与管理、环境保护、历史文化保护、基层治理”等具体领域，其他领域由于没有法律依据而不享有地方立法权；③为执行法律、行政法规的规定，需要根据本行政区域的实际情况作具体规定的事项；④属于地方性事务需要制定地方性法规的事项；⑤除《立法法》第8条规定的事项外，其他事项国家尚未制定法律或者行政法规的，设区的市、自治州根据本地方的具体情况和实际需要，可以先制定地方性法规。

《条例》也是对国务院《法治政府建设实施纲要（2015—2020年）》具体落实和实施。国务院颁布的《法治政府建设实施纲要（2015—2020年）》明确要求法治政府建设的总体目标是：经过坚持不懈的努力，到2020年基本建成职能科学、权责法定、执法严明、公开公正、廉洁高效、守法诚信的法治政府。大力推行权力清单、责任清单、负面清单制度并实行动态管理。在全面梳理、清理调整、审核确认、优化流程的基础上，将政府职能、法律依据、实施主体、职责权限、管理流程、监督方式等事项以权力清单的形式向社会公开，逐一厘清与行政权力相对应的责任事项、责任主体、责任方式。

二、《条例》明确珠玑古巷历史文化资源相关行政主管部门的法定职责

珠玑古巷丰富多样的历史文化资源包含文物古迹、历史建筑、名镇古村落、古驿道和非物质文化遗产等多个方面。在空间分布上，集中分布在珠玑古巷主轴街巷两侧和梅关古道沿线，以珠玑古巷最具代表性。

目前，珠玑古巷管理主要是在南雄市文旅局主导下，由珠玑古巷管理委员会下设的管理机构负责管理，仅有两个工作人员，主要职责是负责与珠玑古巷本体相关的各项经济、文化和社会活动，显然机构设置不够合理，不仅缺少编制，而且缺少执法权。

赋予相关行政主管部门管理珠玑古巷历史文化资源法定职责需要通过立法形式来实现。《条例》通过地方立法形式解决了相关行政主管部门在珠玑古巷历史文化资源保护、利用中的困难，有其正当性。

职责法定化是依法治国的基本要求，是国家和社会发展的需要，需要通过立法赋予南雄市人民政府及政府职能部门保护珠玑古巷历史文化资源的法定职责。政府职责具有法定性、明确性和强制性等特点，因此，在立法过程中，厘清不同职能部门的监管职责是关键。这种法律上的义务是由法规明确规定的，具有明示性、规范性、权威性，政府职能部门不履行职责就会构成行政失职，应当承担相应的法律责任。

《条例》结合珠玑古巷历史文化资源的实际情况，具体规定了住房和城乡建设、文化旅体、林业等行政主管部门的职责。《条例》规定了住房和城乡建设行政主管部门负责珠玑古巷历史文化资源相关的历史文化街区、历史文化名镇、历史文化名村、传统村落、古建筑、历史建筑、古驿道以及附属建筑（构筑）物的保护工作；文化旅游行政主管部门负责珠玑古巷历史文化资源相关的文物和非物质文化遗产的保护工作，制定珠玑古巷历史文化资源旅游利用规划，监督指导文化旅游活动；林业行政主管部门负责珠玑古巷历史文化资源相关的古树名木保护工作。这三个行政主管职能部门与珠玑古巷历史文化资源保护与利用最为密切，《条例》规定得也最为明确、具体，增强了立法的可操作性、可执行性。同时，明确了发展改革、教育、工业和信息化、民族宗教、公安、财政、自然资源、生态环境、交通运输、水务、农业农村、应急管理、市场监督管理、地方志等行政主管部门以及消防救援机构等相关机构在各自职责范围内保护、利用珠玑古巷历史文化资源，实行管理和监督。

《条例》这样规定，一是贯彻落实党的十八大、十九大、二十大关于法治政府的精神，做到法治政府于法有据，政府及其主管部门、管理机构行使珠玑古巷历史文化资源管理职能有法律上的依据，职责是法定的，来自地方性法规的授权。《条例》明确规定了市、县两级人民政府，以及南雄市住房和城乡建设、文化旅体、林业等行政主管部门对珠玑古巷历史文化资源保护的职责，以及有关部门按照各自职责，协同做好珠玑古巷历史文化资源保护的相关工作。这有利于充分发挥各相关职能部门的作用，做到监督管理于法有据，对珠玑古巷历史文化资源保护的政府职责进行明确，便于操作。二是贯彻政府部门职责规范化管理。政府部门职责规范化管理可以界定为，将政府部门的职责界定、职责分工、职责整合、职责履行、职责协调、监督考核等，纳入一定法律、法规、制度、规章等构成的基本秩序的框架下，使政府各部门开展具体工作、履行职责的每一个环节都能有章可循、有规可依。政府部门的职责是依照相关规定建立和运行的。但是由于相关法律制度的不健全和信息不对称，政府部门有时并没有完全按照既定的规定履行职责，以致出现错位、越位、缺位等许多不规范的行政行为。政府部门职责规范化管理则是对政府部门行为的一种自律或约束，管理主体是各级机构编制部门，管理对象是政府横向间的组成部门，管理依据是机构编制部门根据法律、改革要求、本级行政特色等制定的规章制度，这些规章制度通常以珠玑古巷历史文化资源规定、权责清单的形式体现。加强政府部门职责规范化管理的目的，就是提高对政府部门职责管理效率和质量，从而更好地为公民服务。

《条例》这样规定，有助于南雄市政府职能部门履行职责，防止乱作为或不作为，承担法定责任。按照立法公开的原则，《条例》向社会各界公布，政府、管理机构的权责清单被置于韶关市人大常委会、南雄市政府等门户网站，其中珠玑古巷历史文化资源保护的权责实施依据、责任事项、追责情形都非常清楚，这便于行政相对人和其他社会公众更直接地了解行政机关的权责所在。

《条例》对政府部门职责管理范围、分工的协调、履行等方面进行了明确和规范。《条例》规定政府部门职责是政府各个部门在公共事务的治理中各自所承担的任务与责任，是政府职责的具体化。坚持一个事项原则上由一个部门负责，确需多个部门管理的事项，明确牵头部门，分清主办和协办关系及其各自的职责分工，建立健全协调配合机制，避免职责交叉。政府部门是政府职责的载体和责任主体。若履行行政职权的责任主体不明确，职责会流于虚化；职责分工不清晰，则会带来部门间推诿扯皮，导致行政效率甚至系统性功能紊乱。《条例》科学划分政府部门职责、明确政府部门的职责范围、界定履职责任主体，通过明晰政府各部门的职责边界，制定出部门权责清单，保证政府各部门都能清晰明确地掌握其职责，失职推诿将被问责。

同时，本条依据上位法：

(1)《文物保护法》第9条：国务院文物行政部门主管全国文物保护工作。

地方各级人民政府负责本行政区域内的文物保护工作。县级以上地方人民政府文物行政部门对本行政区域内的文物保护实施监督管理。

县级以上人民政府有关行政部门在各自的职责范围内，负责有关的文物保护工作。

第11条：文物是不可再生的文化资源。各级人民政府应当重视文物保护，正确处理经济建设、社会发展与文物保护的关系，确保文物安全。

基本建设、旅游发展必须把文物保护放在第一位，严格落实文物保护与安全管理规定，防止建设性破坏和过度商业化。

(2)《广东省实施〈中华人民共和国文物保护法〉办法》第5条：各级人民政府负责本行政区域内的文物保护工作。

县级以上人民政府文物行政主管部门对本行政区域内的文物保护实施监督管理。

县级以上人民政府有关行政部门在各自职责范围内，负责有关的文物保护工作。

本条还参考了相关地方性法规：

(1)《梅州市客家围龙屋保护条例》第4条：市、县级人民政府负责本行政区域内客家围龙屋的保护工作，将客家围龙屋保护纳入本级国民经济和社会发展规划，建立客家围龙屋保护工作责任制和联动工作机制，统筹做好城乡建设发展中客家围龙屋保护工作。

市、县级人民政府文物主管部门会同住房城乡建设、自然资源主管部门做好客家围龙屋的调查认定、规划编制、监督管理等工作。

应急管理及消防救援机构，公安机关、发展改革、财政、城市综合执法、生态环境、教育、旅游、农业农村、林业、水务、交通运输、市场监督管理、工业和信息化等主管部门按照各自的职责，做好客家围龙屋保护的相关工作。

(2)《黄山市徽州古建筑保护条例》第5条：市、县（区）人民政府应当加强古建筑保护工作，将其纳入国民经济和社会发展规划，所需专项资金列入本级财政预算；组织文化、文物、旅游、公安、国土、住建、规划、林业、工商等部门建立古建筑保护利用工作沟通协调机制。

市、县（区）人民政府文物主管部门负责本行政区域内古建筑保护利用的监督管理。政府有关行政部门应当在各自的职责范围内，依法履行对古建筑保护管理职责。

乡（镇）人民政府、街道办事处负责古建筑的日常巡查并配合有关部门做好古建筑的保护管理工作。

古建筑所在地村民委员会或者居民委员会应当制定古建筑保护村规民约，自觉开展古建筑保护。

每年六月的第二周为古建筑保护宣传活动周。

(3)《韶关市红色资源保护条例》第6条：市、县（市、区）文化行政主管部门负责本行政区域内红色资源保护利用的监督指导……市、县（市、区）住房和城乡建设行政主管部门负责本行政区域内……

第八条　【管理机构职责】

南雄市人民政府设立的珠玑古巷管理机构，具体负责下列工作：(一) 组织实施珠玑古巷本体的保护规划；(二) 组织实施珠玑古巷本体的维护与修缮；(三) 珠玑古巷本体基础设施、公共设施、环境卫生等日常监督管理；(四) 搜集有关珠玑古巷历史文化资源保护的意见建议；(五) 开展珠玑古巷历史文化资源发掘、研究、交流、宣传；(六) 其他保护和管理工作。

【导读与释义】

本条是对珠玑古巷保护专门管理机构职责的规定，本条旨在明确珠玑古巷保护专门管理机构的工作职责，属立法创制性条款。

一、理顺管理体制、设立专门机构

珠玑古巷保护管理与开发利用工作是一项系统性和整体性很强的工作，需要多部门通力合作。在现有体制下，文旅局、自然资源局、住建局等相关部门均可从不同角度对珠玑古巷进行保护管理和开发利用，但在调研时发现各相关部门之间存在职责不清、相互推诿等问题，缺乏统一协调性，会给珠玑古巷保护管理与开发利用带来不利影响。《条例》设立专门机构，地方立法赋予其职责，具体明确，可操作性和可执行性强。

《条例》通过地方立法方式理顺管理体制，设立专门的珠玑古巷保护管理机构，强化保护力度。一是通过立法明确南雄市人民政府及相关职能部门在珠玑古巷保护管理中各自的法定职责，强化部门主体责任，避免部门之间推诿扯皮，共同做好珠玑古巷保护管理工作。建立市区两级政府、相关职能部门的联动工作机制，强化部门协作责任，同时，进一步细化工作流程，形成文物保护管理工作的整体合力。二是通过地方立法，明确设置珠玑古巷历史文化资源的专门管理机构，明确责任主体，强力推进珠玑古巷保护管理和开发利用工作。规定管理机构具体职责，具体负责：组织实施珠玑古巷本体的保护规划；组织实施珠玑古巷本体的维护与修缮；珠玑古巷本体基础设施、公共设施、环境卫生等日常监督管理；收集有关珠玑古巷历史文化资源保护的意见建议；开展珠玑古巷历史文化资源发掘、研究、交流、宣传等，这些工作具有现实和实践意义。

设立专门的珠玑古巷保护管理机构，性质上属于综合性的行政管理机构，该机构为珠玑古巷保护管理的唯一机构，其他部门如环境、交通部门等只能起到辅助的作用，这样有利于避免行政职权的交叉，避免多重管理的发生。设立专门的珠玑古巷保护管理机构一定程度上避免了因管理职责存在交叉，保护工作存在多头管理、职责不清等问题。

二、授权具有公共管理职能的社会组织管理权限的必然性

资本主义国家初期信奉“管得最少的政府是最好的政府”，推行自由放任的政策，国家只承担“守夜人”的角色。正如亚当·斯密所说，最好的政府，就是最廉价的、最无为而治的政府。所以，它们认为国家或政府的职能应当限制在相当狭窄的范围内，如国防、司法和公共事业。[1]受这种理念支配，资本主义国家初期的国家行政主要停留于秩序行政，国家的主要职能是维持社会秩序、国防、外交等，社会发展由被称为“看不见的手”的市场推动运行。但市场经济本身所具有的“盲目性”等缺陷，导致了“市场失灵”。政府不得不介入市场进行干预，行政机关的管理职能得到全面扩张，国家行政由消极的秩序行政逐渐走向积极的福利

〔1〕［英］亚当·斯密：《国富论》（下卷），郭大力、王亚南译，商务印书馆2014年版，第252~253页。

行政、给付行政。

给付国家或福利国家背景下，国家不仅应保障个人自由，而且还应为个人提供充分的生存条件或福利保障，以促进个人幸福。服务行政的兴起，使得国家在社会生活中充当了越来越重要的角色。福利行政、给付行政充分发展的结果导致了政府管理公共事务的范畴逐步扩大，政府职能迅速扩张，政府权力大为膨胀，行政干预社会、经济的力度得到全面加强，出现“行政国”现象。政府职能扩张也带来了一系列的负面影响，诸如政府财政困难、机构臃肿、人员繁多、效率低下等现象，即“政府失灵”。政府一方面面临民众对公共服务需求质与量的增加，另一方面面临政府财政危机等困境。

为了解决政府危机，满足民众对公共服务需求，受新公共管理理论、治理理论等影响，20 世纪 70 年代以来，英国政府率先进行公共行政改革。到 20 世纪后期，西方各国纷纷掀起一股行政改革浪潮，形成了一场持续至今的新公共管理运动，其重要价值导向之一是实现由“以政府为中心”的重管制模式向“以满足人民的需求为中心”的公共服务模式转变。这场运动以“改进公共服务质量和效率”为目标，放松管制和实行民营化策略，实现政府“瘦身运动”和“苗条国家”。

公共行政改革打破了国家行政机关垄断行政职权的局面，具有公共事务管理职能的组织可能被授予其他新兴的新型行政管理权限。原来国家行政机关所垄断的行政职能逐渐向社会转移，特定社会组织开始承担起部分公共行政职能，即社会组织履行原本只有行政机关享有的公共责任，实现公共目标。社会组织多体现为非政府组织，伴随着在公共行政改革过程中政府行政职能转变以及公民对公共管理事务的参与，公共行政的内涵发生了重大转变。国家行政机关已不是唯一的公共行政主体，各种非政府组织甚至是私人也可以成为公共行政主体。这是公共行政改革以及政府行政职能转变的必然结果，正如昂格尔所言“日益明显的是这些组织以准公共方式行使的、影响其内部成员生活的权利使人们更难保持国家行为与私人行为的区别”。[1]由于行政活动的广泛性及复杂性，法律、法规授权的组织在实践中大量且广泛地存在。

在我国，习惯用“法律、法规授权的组织”来指代行政机关以外的行使行政权的社会组织，这些社会组织行使公共管理职能，授权主体通过法律、法规、规章授权权力转移到具有公共管理职能的社会组织。法律、法规授权的组织是指依具体法律、法规授权而行使特定行政职能的非国家机关组织。所以，我国的“法律、法规授权的组织”应当被理解为“通过法律、法规授权获得权力的组织”。即授权主体制定相关法律、法规授权，“法律、法规”是授权媒介，授权社会组织行使一定的公共权力，使其享有一定的公共管理权限，具有行政主体资格。

法律、法规授权的具有管理公共事务职能的组织（以下简称“法定公共职能组织”），是我国特有的立法术语。[2]在立法规范结构中，“法律、法规授权的具有管理公共事务职能的组织”和“法律、法规授权的具有公共事务管理职能的组织”两种称谓并用，无实质差别，用以指称享有特定的行政管理权限和公法上权利义务的新型行政主体。[3]“法律、法规授权的具有管理公共事务职能的组织”最初出现在我国的《行政诉讼法》中，后来“法律、法规授权的组织”的称谓见于《国家赔偿法》和《行政诉讼法》及其司法解释以及国务院及其部门和地方政府关于行政执法资格的规范性文件中。《行政诉讼法》第2条第2款规定：“前款所称行政行为，包括法律、法规、规章授权的组织作出的行政行为。”行政法学和行政诉讼法学上的“法律、法规授权的组织”，是指依具体法律、法规授权而行使特定行政职能的非国家机关组织。在我国，“法律、

[1] [美] 昂格尔：《现代社会中的法律》，吴玉章、周汉华译，中国政法大学出版社1994年版，第118页。

[2] 于立深：《法定公共职能组织的资格、权能及其改革》，载《华东政法大学学报》2016年第6期，第49页。

[3] 于立深：《法定公共职能组织的资格、权能及其改革》，载《华东政法大学学报》2016年第6期，第49页。

法规授权的组织”不仅是学术用语，而且是法律概念，其作为一种独立的行政主体，得到了我国相关法律的承认。比如，《行政处罚法》第 19 条规定：“法律、法规授权的具有管理公共事务职能的组织可以在法定授权范围内实施行政处罚。”

三、法律、法规授权组织的内涵

社会组织很多，但不是说什么社会组织都可以通过法律、法规授权，具有公共管理职能，享有行政主体资格。法律、法规授权的组织主要有以下几种：

（1）事业组织。事业组织是指为国家创造或改善生产条件，从事为工农业生产服务活动，不以营利为目的的单位。

（2）社会团体。社会团体虽然不是行政机关，不属于行政系统，但法律、法规往往授权它们行使某些行政职能，如各种行业协会，它们有依法律、法规的授权管理本行业某些行政事务的权力。

（3）基层群众性自治组织。基层群众性自治组织是指城市和农村按居民、村民居住的地区设立的居民委员会和村民委员会。

（4）企业组织。企业组织主要是行政管理的对象，但在特定情况下，法律、法规也可授权其行使一定行政职权。

（5）各种技术检验、鉴定机构。对一些需要运用专门知识、专门技能、专门设备进行检验鉴定的事务，法律、法规通常授权一些有关的技术性机构办理。

这几种类型的组织在享有公共事务职能时具有如下四个特征：

其一，从实务经验上判断，法定公共职能组织作为被授权的行政主体须同时具备四个条件：①办公经费（主要）来自国家财政经费，并实行或者比照实施公务员编制，其人员须接受公务员纪律处分的约束。②具有管理公共事务的独立能力和独立范围，其针对的是行政机关剩余的公共事务。③有法律或法规的专门授权。④具有公共事务管理职能的组织不是行政机关或其分支机构、内设机构及派出机关或机构。市场经营组织虽然可能被授予一定的行政权，可以作为法律授权或委托组织，例如商业银行可以收缴少量假币或者被委托行政罚款，具有行政主体资格，但是这并不表明商业银行是公共职能组织，其获得的仅仅是一项特别授权而已。[1]其二，在性质上，法定公共职能组织的内涵和外延更狭窄，它是一种新型的行政管理主体，虽然其权限也来源于授权，但是其本身是独立于行政机关的公共组织。其三，法定公共职能组织排除了行政机关及其内部机构。有学者认为法律授权组织的行政职权并非来源于宪法和组织法，而是来自有权机关以法律法规或规章形式的授权，授权对象主要包括事业单位、社会团体、基层群众性自治组织、工会、共青团和妇联，还包括行政机关的内设机构和派出机构。在实务中，法律授权组织虽然是执法机构，但通常不是行政机关，也有地方政府将内设机构、分支机构和派出机构排除在授权组织之外。其四，法律授权组织通常涉及行政执法资格和行政被告身份等问题，而法定公共职能组织更具有行政组织法意义，不局限于行政执法或者诉讼法意义。法定公共职能组织是与行政机关平行的新型机构，其源于公务存在的特殊性，而法律授权组织是为了解决公务执行的便利性和便宜性。

法律、法规授权的组织是我国行政法上的概念，是指根据法律、法规的规定，可以以自己的名义从事行政管理活动、参加行政复议和行政诉讼并承担相应法律责任的非政府组织，被授权的组织享有法律、法规所授予的特定的行政职权，属于行政主体。例如，《行政处罚法》规定法律、法规授权的具有社会公共管理职能的社会组织可以在授权范围内行使行政处罚权。全国人大通过制定的基本法律授权具有社会公共管理职能的社会组织，允许特定社会组织行使行政处罚权。

这种授权，本质上是国家权力机关在配置行政权，通过法律、法规

〔1〕于立深：《法定公共职能组织的资格、权能及其改革》，载《华东政法大学学报》2016年第6期，第50页。

的形式授权特定社会组织行使公共权力，承担法律责任。“法律、法规授权的组织”所享有的权力是国家行政权，是一种国家公权力；授权主体在授权以后，就不再继续享有相同的权力，而是拥有对授权对象行使行政权行为的监督权。特定组织获得授权的方式有两种：一种是全国人大及其常委会以立法的方式进行授权；一种是其他有权机关通过制定法规、规章的方式授权。例如，《行政处罚法》第19条规定，法律、法规授权的具有管理公共事务职能的组织可以在法定的授权内实施行政处罚权。《条例》授权市人民政府设立的“三山”保护管理机构负责“三山”的日常保护和管理工作，属于地方性法规授权情形。

法律、法规授权组织的法律地位体现在以下三个方面：①被授权组织在行使法律、法规所授职权时，享有与行政机关相同的行政主体地位。②被授权组织以自己的名义行使法律、法规所授职权，并承担相应法律后果。③被授权组织在执行其被授职权以外的自身职能时，不享有行政权，不具有行政主体的地位。

这里还需要指出的是，实践中，不仅有法律、法规授权组织，还有委托组织。例如《行政处罚法》第20条规定：“行政机关依照法律、法规、规章的规定，可以在其法定权限内书面委托符合本法第二十一条规定条件的组织实施行政处罚。行政机关不得委托其他组织或者个人实施行政处罚。委托书应当载明委托的具体事项、权限、期限等内容。委托行政机关和受委托组织应当将委托书向社会公布。委托行政机关对受委托组织实施行政处罚的行为应当负责监督，并对该行为的后果承担法律责任。受委托组织在委托范围内，以委托行政机关名义实施行政处罚；不得再委托其他组织或者个人实施行政处罚。”第21条规定：“受委托组织必须符合以下条件：（一）依法成立并具有管理公共事务职能；（二）有熟悉有关法律、法规、规章和业务并取得行政执法资格的工作人员；（三）需要进行技术检查或者技术鉴定的，应当有条件组织进行相应的技术检查或者技术鉴定。”

法律、法规授权的组织和行政机关委托的组织的异同：

第一，两类组织的共同点：①都是非政府组织。不是国家机关，是国家机关以外的社会组织。②都具有管理公共事务的职能。如果这个组织不具有这个职能，就没有必要授权或者委托它行使行政权。比如读者在国家图书馆实施行政违法行为，因为国家图书馆的管理具有公共性，法律就应当授予国家图书馆一定的行政权进行干涉。如果学生在学校图书馆里面捣乱，学校可以根据学校纪律进行处理，没有必要得到行政权。

第二，两类组织的不同点：①权力来源不同。一个来源于法律、法规的授权，一个来源于行政机关的委托。②行使权力的名义不同。法律、法规授权的组织以自己的名义行使权力，行政机关委托的组织以委托机关的名义行使权力。③承担责任的主体不同。法律、法规授权的组织自己承担责任，行政机关委托的组织不承担责任，其行为由委托机关承担责任。④组织的性质不同。法律、法规授权组织既可以是企业组织，也可以是事业组织。行政机关委托的组织只能是事业组织。行政机关的公共性和企业组织的营利性是有冲突的，所以被委托的组织不能是企业组织。但是，企业组织可以被授权，这属于特定情况，比如行政机关改制为企业，遗留下来的行政权，或者是特大型企业内部有一些公共的事务。

四、《条例》授权南雄市人民政府设立的珠玑古巷管理机构的具体职责

珠玑古巷历史文化资源数量多、分布广，但存在管理体制不顺、管理机构不健全、工作制度不完善、监督管理不到位，容易出现多头管理、彼此排斥、职权不清等现象。《条例》授权南雄市人民政府设立的珠玑古巷管理机构，明确具体职责，可增强《条例》可执行性和可操作性。《条例》列举式地具体规定了珠玑古巷保护管理机构的几项职责：

（一）组织实施珠玑古巷本体的保护规划

《条例》运用地方立法的规范性与权威性来约束珠玑古巷历史文化资源各种保护行为，这个是最直接、最有力的手段。《条例》规定南雄市人民政府编制保护规划，这样，珠玑古巷历史文化资源保护可坚持统筹谋划、系统推进、合理利用、传承发展，按照真实性、完整性的保护要求，发挥历史文化遗产的社会教育作用和使用价值，不断满足人民日益增长的美好生活需要。但实际执行中，珠玑古巷历史文化资源数量多、分布广，相互存在独立性，在保护工作中通常是“一事一议”，即涉及珠玑古巷历史文化资源保护工作当中的每一项较为重要的工作，都要经过南雄市政府及其职能部门进行集体研究。如何保障珠玑古巷历史文化资源保护与城乡建设融合发展协调一致，是一个值得思考的问题。

《条例》明确授权南雄市人民政府设立珠玑古巷管理机构，作为参与保护规划编制与具体落实的机构。珠玑古巷历史文化资源保护规划，涉及多个部门，如文旅局、自然资源局、住建局等，多部门在南雄市政府领导下协调一致，编制珠玑古巷历史文化资源保护规划。《条例》赋予珠玑古巷历史文化资源保护管理机构组织实施珠玑古巷本体的保护规划，它事实上享有和履行管理珠玑古巷历史文化资源保护职能。

珠玑古巷管理机构作为一个专门的机构直接管理珠玑古巷历史文化资源，最清楚如何保护珠玑古巷历史文化资源。所以，《条例》规定，对于制定和落实保护珠玑古巷历史文化资源规划的活动，珠玑古巷历史文化资源保护管理机构享有参与编制规划和落实规划执行的权力，这样可最大限度地把主管业务部门的意见反馈到保护规划中，在实践中更好地践行保护规划，使规划更有可操作性和可执行性。

（二）组织实施珠玑古巷本体的维护与修缮

2021年9月3日，中共中央办公厅、国务院办公厅印发的《关于在城乡建设中加强历史文化保护传承的意见》指出，在城乡建设中系统保护、利用、传承好历史文化遗产，对延续历史文脉、推动城乡建设高质量发展、坚定文化自信、建设社会主义文化强国具有重要意义。《关于在城乡建设中加强历史文化保护传承的意见》以习近平新时代中国特色社会主义思想为指导，深入贯彻党的十九大和十九届二中、三中、四中、五中全会精神，紧紧围绕统筹推进“五位一体”总体布局和协调推进“四个全面”战略布局，始终把保护放在第一位，以系统完整保护传承城乡历史文化遗产和全面真实讲好中国故事、中国共产党故事为目标，本着对历史负责、对人民负责的态度，加强制度顶层设计，建立分类科学、保护有力、管理有效的城乡历史文化保护传承体系；完善制度机制政策、统筹保护利用传承，做到空间全覆盖、要素全囊括，既要保护单体建筑，也要保护街巷街区、城镇格局，还要保护好历史地段、自然景观、人文环境和非物质文化遗产，着力解决城乡建设中历史文化遗产屡遭破坏、拆除等突出问题，确保各时期重要城乡历史文化遗产得到系统性保护，为建设社会主义文化强国提供有力保障。

珠玑古巷历史文化资源历经千年，遭受风雨侵蚀，有些濒临毁灭，需要在专业技术人员的指导下进行维护与修缮。珠玑古巷历史文化资源具有公益性，很显然维护与修缮需要政府主导，《条例》设立专门机构，以地方性法规的形式赋予其具体负责珠玑古巷历史文化资源维护与修缮的职权，有利于珠玑古巷历史文化资源的保护、利用与传承。

（三）珠玑古巷本体基础设施、公共设施、环境卫生等日常监督管理

珠玑古巷历史文化资源最大的亮点就是珠玑古巷本体。珠玑古巷全长1500米，路面用鹅卵石铺就，宽约3米至4米，古驿道穿巷而过，巷内三座门楼为清初所建。巷内仍保留着不同朝代的古楼、古塔、古榕和古建筑遗址等一批文物古迹、观光景点，历史上南迁的珠玑移民现今共有180个姓分布在珠江三角洲各地，并有数以千万计的人移居国外。近几年来，随着大批珠玑古巷后裔回来寻根问祖、修建宗祠，珠玑古巷已成为韶关观光旅游的新热点。客观说，珠玑古巷本体与其所具备的名气并不匹配，无论旅游景点还是基础设施的发展都相对滞后。珠玑古巷本

体仅是1500米的巷子，游客在很短时间内就逛完了，而且生活要素配套不健全。从当前珠玑古巷本体保护工作来看，珠玑古巷本体在“吃、住、行、游、购、娱”等方面，存在商户分散、保护层次低、缺乏专业化特色等问题，特色美食、特色演出、特色旅游线路等涉及珠玑古巷本体保护核心工作的产品或服务不足。目前珠玑古巷本体景区经营管理工作以观光为主，休闲度假、养生养老、特色文化体验等不完善。同时，从珠玑古巷本体景区所处的位置来看，目前珠玑古巷本体景区周围居民居住比例相对较高，与珠玑古巷本体景区开发、珠玑古巷本体文化定位、珠玑古巷本体建筑风貌、珠玑古巷本体发展格局等协调性较差，这些均不利于珠玑古巷本体保护工作的开展。

无论是南雄市人民政府还是相关职能部门都没有关于珠玑古巷本体特色文化保护方面的专项指导意见，缺乏开发规划，日常保护管理不到位，使得珠玑古巷本体保护工作相对较为随意，日常维护没有健全的工作机制和常态化的保护管理制度。珠玑古巷本体发展受基础设施、公共设施、环境卫生等多方面制约，有些房屋破旧，甚至成为危房，年久失修。

《条例》明确珠玑古巷管理机构负责珠玑古巷本体基础设施、公共设施、环境卫生等日常监督管理，执行主体确定、责任明确，珠玑古巷管理机构要注重对《条例》的严格执行，对于在珠玑古巷本体保护过程中存在的各种违法行为，进行严格的打击与惩治，维护良好的秩序。为贯彻落实《条例》，珠玑古巷管理机构结合实际情况，进一步落实责任，珠玑古巷管理机构建立健全珠玑古巷保护的具体管理规章制度和日常巡查制度。这有利于将珠玑古巷本体保护落到实处，避免保护流于形式。

（四）收集有关珠玑古巷历史文化资源保护的意见建议

珠玑古巷历史文化资源保护离不开对珠玑特色文化的传承和挖掘，只有有效开发珠玑文化（客家文化、姓氏文化、移民文化）、特色文化、民众风情、历史文化、生活习俗等，才能为保护工作提供基础。

（五）开展珠玑古巷历史文化资源发掘、研究、交流、宣传

从珠玑古巷历史文化资源利用情况来看，由于缺乏专业的人才支持，珠玑古巷特色文化资源融合利用不充分，尤其是利用大数据、人工智能等融合静态文化和动态文化方面的复合型人才较少。娱乐体验、休闲体验、主题演艺等方面开发的产品相对较少。珠玑古巷历史文化资源很多是非物质文化遗产保护方面的，而非物质文化遗产继承人缺乏。年轻群体普遍对非物质文化遗产的兴趣不高，一些优秀的非物质文化遗产代表性项目正面临后继无人的危险。

鉴于此，珠玑古巷管理机构结合实际，建立珠玑古巷历史文化资源保护名录，对珠玑古巷历史文化资源发掘、研究、交流、宣传，与高校、科研机构建立合作关系，成立珠玑古巷历史文化资源保护研究中心、研究院等专门研究机构，打造创新研究平台，对珠玑古巷历史文化资源开展多学科交叉研究，扩大宣传，提高珠玑古巷历史文化资源知名度和影响力。

（六）其他保护和管理工作

保护珠玑古巷历史文化资源不仅是政府的责任，也是整个社会的责任，不是狭义地局限于珠玑古巷本体，而是广义的珠玑古巷历史文化资源，是一个系统工程。《条例》这一条款在前面列举具体职责的基础上，采用了兜底条款的立法技术，体现了立法的周延性与灵活性。

同时，该条也参考了兄弟地市的立法经验，具体如下：

(1)《常州市焦溪古镇保护条例》第6条：焦溪古镇保护机构（以下简称古镇保护机构）具体负责下列工作：（一）执行焦溪古镇保护规划；（二）建立古镇保护对象档案；（三）组织实施古镇维护修缮计划；（四）建立古镇保护监测系统；（五）协调配合有关部门做好古镇市政基础设施、公用设施和园林、绿化、环境卫生、河道管护、古镇容貌等监督管理工作；（六）发掘、研究、保护和传承古镇历史文化遗产；（七）开展古镇的宣传推广、展览展示和对外交流工作；（八）引导支持古镇当地

居民、民间组织等参与古镇保护；（九）开展日常巡查，及时劝阻、制止违反古镇保护规定的行为；（十）受理对违反古镇保护规定行为的投诉、举报；（十一）其他保护和管理工作。

（2）《贺州市黄姚古镇保护条例》第 5 条：市人民政府领导古镇保护和管理工作。市人民政府设置的黄姚古镇保护管理机构（以下简称古镇管理机构）具体负责古镇的规划、保护、管理和利用等工作。古镇管理机构主要履行下列职责：（一）宣传、贯彻有关法律法规和政策；（二）参与编制古镇保护详细规划，制定具体管理措施，组织实施古镇保护规划；（三）组织古镇基础设施和公共设施建设；（四）负责保护区内公共场所使用、公共安全事项的监督管理；（五）筹集保护经费，严格按照规定开支；（六）依法受委托实施行政处罚；（七）其他有关保护和管理工作。市、县人民政府有关职能部门应当按照各自职责，做好古镇的保护和管理工作。黄姚镇人民政府应当根据职责，做好古镇保护的有关工作。

第九条 【镇（街）协助】

南雄市各镇（街道）应当协助有关部门做好珠玑古巷历史文化资源保护工作，并指导村（居）民委员会组织制定珠玑古巷历史文化资源保护村规民约（居民公约）。

【导读与释义】

本条旨在规定各镇（街道）协助珠玑古巷历史文化资源保护的义务，以及指导村（居）民委员会以制定村规民约（居民公约）的形式保护珠玑古巷历史文化资源。

一、各镇（街道）协助职能部门做好珠玑古巷历史文化资源保护工作

根据当前我国现有的法律法规的相关要求及解释，基层政府主要指的是国家政权在基层的延伸。在乡村，基层政府往往指的是乡或镇政府，在城市，基层政府往往指的是镇街政府。根据《公务员法》与国务院有关地方政府的法律法规，基层政府主要负责以下事务：其一，严格执行本级人民代表大会或上级政府下发的决议或者是命令。其二，贯彻落实中央及上级政府有关国家治理的大政方针，并且确保在基层能够得到顺利的落地。其三，履行推动社会管理、教育、医疗卫生、经济社会发展、社会精神文明建设、社会治安等各类职能。

《条例》落实和加强了政府保护珠玑古巷历史文化的责任，南雄市人民政府及其职能部门主导珠玑古巷历史文化资源保护工作，通过珠玑古巷历史文化资源保护专项规划、协同发展规划、全域旅游规划等推动珠玑古巷历史文化资源保护与利用工作。但南雄市人民政府及其职能部门在各方面的支持力度相对薄弱，目前在财政资金、土地划拨、人事安排等方面均缺乏配套的政策，政策体系不健全，南雄市人民政府及其职能部门在涉及珠玑古巷历史文化资源保护方面，存在着越位、缺位等现象，而且大量的具体工作需要镇（街）政府协助执行。因此，《条例》规定珠玑古巷历史文化资源所在地镇（街）政府要协助南雄市人民政府及其职能部门，做好各项保护与利用工作。

二、各镇（街道）指导村（居）民委员会组织制定珠玑古巷历史文化资源保护村规民约（居民公约）

为进一步突出南雄市人民政府及其职能部门、镇（街）等基层政府在组织协调职能方面的充分履职，珠玑古巷历史文化资源保护工作需要借助社区、新闻媒体等，引导各类社会管理主体、群众积极投身于珠玑古巷历史文化资源保护、旅游开发等工作中去，从而为珠玑古巷历史文化资源保护工作争取广泛的社会参与和基层群众支持。

政府及其职能部门负责执行国家法律法规和上级政府的各项指示命令，因此必须接受上级政府的领导，而村民委员会是群众性自治组织，只有宣传国家法律、法规和上级政府的各项指示、命令的义务，镇（街）政府和村（居）委会之间是指导关系，而不是领导关系。指导就是对村（居）民委员会如何开展活动给予引导、指导，指导就不能强迫、命令，只能通过培训、宣传、说服、动员等方式，引导村（居）民委员会在法律法规的范围内积极开展活动予以支持和帮助，就是对村（居）民委员会依法开展自治活动给予尊重和支持。凡依法属于自治范围的事项，由村（居）民自己讨论决定，镇（街）政府不得干预依法属于村民自治范围的事项。

珠玑古巷历史文化资源丰富，数量多、分布广，更多的是分布在广大农村，日常保护与治理需要借助村（居）民委员会和广大人民群众的力量实现，而镇（街）政府又不能非法干预村（居）民委员会活动，增设义务，那么，通过指导村（居）民委员制定村规民约（居民公约）的形式，调动广大人民群众的积极性参与保护珠玑古巷历史文化资源是一个理性且实际的选择。

村规民约（居民公约）是村（居）民进行自我管理、自我服务、自我教育、自我监督的行为规范，是健全和创新党组织领导下自治、法治、德治相结合的现代基层社会治理机制的重要形式，是基层社会治理最直接、最实用、最通俗、最便捷的方式。在乡村治理的具体实践中，村规民约发挥功能的方式主要有两种：一是通过将村规民约张贴在村委会的公告栏上，将纸质打印版的规约条文或村规民约学习手册发放至各家各户，一些村庄借助广播、电视、微信公众号、QQ 等方式，将规约的具体要求展现给村民，使村民的思想观念和行为方式受到潜移默化的影响。二是通过开展村民群众喜闻乐见的文化活动，如成立道德评议会、红白理事会、村民议事会、禁毒禁赌会等组织，辅助和监督村规民约的制定和实施，展示与村规民约主题相关的活动板报，发挥乡贤的带头作用引导村民遵守村规民约，增强村民对村集体的认同感和归属感，从而激发村民参与村庄建设的热情。〔1〕

党的二十大报告强调，发展全过程人民民主，保障人民当家作主，积极发展基层民主，完善各级基层领导的基层群众自治机制，建立完备基层直接民主制度体系和工作机制。国家通过一系列文件推动各地因地制宜制定村规民约（居民公约），强化村规民约的约束作用，以期达到治理的目的。2018 年 12 月 4 日，民政部与中央组织部、中央政法委、中央文明办、司法部、农业农村部、全国妇联 7 个部门共同印发了《关于做好村规民约和居民公约工作的指导意见》，明确提出要在 2020 年在全国所有村、社区普遍制定或修订形成务实管用的村规民约（居民公约）。

村规民约（居民公约）作为一种引导村民价值观念和行为规范的特殊的非正式制度，在乡村社会发展过程中凝聚了村民的共识，是村民共

〔1〕 于彩霞：《中国村规民约问题研究》，辽宁师范大学 2020 年硕士学位论文，第 25 页。

同意志的体现。村规民约（居民公约）是乡村治理的有效组成部分。一方面，村规民约（居民公约）作为习惯法的存在形态，将人们日常生活中所默认的规范、规则加以形成文化，对国家法律具有互补作用。尽管习惯法不具有法律约束力，但却因本身为村（居）民所共同认可、成为村（居）日常生活中的习惯性存在而具有潜在的引导、规范、约束作用，使得在乡村法治中发挥维持乡村社会秩序、引导人们树立规则意识的作用。另一方面，村规民约（居民公约）具有国家法的表现形态，即村规民约（居民公约）在文本制定过程中将一些与乡村治理相关的法律法规融入其中，以此实现乡村法治。也就是说，村规民约（居民公约）在制定过程中，相关的主体会根据政府的要求和全面依法治国的需要、结合乡村对法律的需求实际选择与乡村治理实践紧密相关的法律法规加以融合，通过村规民约的具体运作实现法律的传播、法律的执行等。

珠玑古巷历史文化资源保护镇（街）政府的行政工作离不开村（居）民委员会的支持和帮助，没有村（居）民委员会的组织动员和监督实施，许多行政工作便难以开展。因此，《条例》规定了村（居）民委员会通过村规民约的形式，协助镇（街）政府做好珠玑古巷历史文化资源保护，充分动员和调动广大人民群众参与到珠玑古巷历史文化资源保护中来。村（居）委会将珠玑古巷历史文化资源保护写入村规民约（居民公约），将对珠玑古巷历史文化资源保护潜移默化地进入村（居）民心中，转化为行动。实践中，村规民约（居民公约）对珠玑古巷历史文化资源的保护作用正慢慢彰显。

本条没有直接的上位法依据，主要是根据《立法法》第 82 条第 1 款的规定："地方性法规可以就下列事项作出规定……（二）属于地方性事务需要制定地方性法规的事项。"本条结合本地实际，不同上位法相抵触，属立法创制性条款。同时，本条也参考了《梅州市客家围龙屋保护条例》第 6 条"客家围龙屋所在地村民委员会、居民委员会指导、督促村民、居民按照保护的要求合理使用客家围龙屋，配合做好客家围龙屋保护的宣传工作，协助开展客家围龙屋的火灾预防和扑救，劝阻、报告违反客家围龙屋保护规定的行为。提倡和鼓励村民委员会、居民委员会组织村民、居民制定保护客家围龙屋的村规民约、居民公约”以及《常州市焦溪古镇保护条例》第7条第1款“焦溪古镇所在地的村（居）民委员会应当教育和引导当地村（居）民遵守古镇保护规定，参与古镇保护”的规定，鼓励将古镇保护的相关内容纳入村规民约、居民公约。

第十条　【社会参与】

鼓励、支持单位和个人通过捐赠资助、提供技术、志愿服务等依法参与珠玑古巷历史文化资源保护工作。

任何单位和个人都有保护珠玑古巷历史文化资源的义务，并有权劝阻和举报破坏珠玑古巷的行为。

【导读与释义】

本条是对单位和个人参与珠玑古巷保护的规定。参与珠玑古巷保护与民生息息相关，鼓励单位和个人积极参与珠玑古巷的保护、建设和管理。

近几年，随着“寻根问祖”的兴起，珠玑古巷、梅关古道游人如织，南雄文旅产业取得了骄人成绩，南雄珠玑古巷历史文化资源受到了各界的关注。韶关市和南雄市两级政府都认识到了保护南雄珠玑古巷历史文化资源的重要性。然而，由于一些认识观念上的不清晰，一些地方开始了大拆大建，旅游在带动地方经济的同时，也使珠玑古巷历史文化资源的真实环境遭到了破坏。韶关市委、市政府高度重视，韶关市人大常委会确定了立法规划，将珠玑古巷历史文化资源保护纳入立法规划。珠玑古巷历史文化资源保护不仅是政府的事，也需要社会各界广泛参与。

一、《条例》中该条款内容指引人们的行为

党的十八届三中全会通过的中共中央《关于全面深化改革若干重大问题的决定》要求，推进法治中国建设。这要求我们要完善立法工作机制和程序，扩大公众有序参与，充分听取各方面意见，使法律准确反映经济社会发展要求，更好地协调利益关系，发挥立法的指引和推动作用。对于地方立法来说，要充分发挥地方立法在全面深化改革中的指引和推动作用。

从理论上讲，法的作用主要表现在以下几个方面：指引作用、规范作用、调节作用、保障作用、制约作用和推动作用。也就是说，任何一部法对经济社会都有指引作用、规范作用、调节作用、保障作用、制约作用和推动作用。这些作用发挥的强弱，取决于法的内容。过去，我们强调的是法的规范作用、调节作用、保障作用和制约作用，法的指引作用、推动作用发挥得不够。现阶段，强调发挥法的指引作用、推动作用，这是新形势新任务的要求，是对法治建设与经济社会发展关系认识的深化，是改进党的领导方式、全面深化改革的迫切需要，具有鲜明的时代性、针对性。强调发挥法的指引作用、推动作用，就是要让法发挥上述作用的同时，更加突出地发挥法的指引作用和推动作用。因此，我们的立法思维和立法方式要有所转变，立法的条款要强调发挥法的指引作用和推动作用。

法的指引作用是法的规范作用之一。这是指法律作为一种行为规范，为人们提供某种行为模式，是指法指导人们做出一定行为和不做一定行为的作用，指引人们可以这样行为、必须这样行为或不得这样行为，从而对行为者本人的行为产生的影响。法通过规定人们在法律上的权利和义务以及违反这种规定所承担的法律责任，来指引人们的行为。也就是说，法的指引功能（作用）是通过规定人们的权利和义务来实现的。

根据法律调整的特点，法发生指引作用的方式有两类：①确定性指引。通过命令性规范和禁止性规范，指明人们必须做出什么行为和不得做出什么行为；②选择性指引。通过授权性规范，指明人们有权决定做出一定行为。确定性指引的作用在于保证一种基本的法律秩序，选择性指引则鼓励人们在这种秩序内发挥自己的主动性、创造性。

本条规定指引人们通过积极的行为参与到珠玑古巷历史文化资源保

护活动中来，规范自己的行为，保护珠玑古巷历史文化资源。

二、政府主导、社会广泛参与

（一）政府依法履职，法律政策主导

2015年，中共中央办公厅、国务院办公厅印发的《关于推行地方各级政府工作部门权力清单制度的指导意见》明确指出责任清单侧重明确政府部门责任，厘清职责边界，做到“法定职责必须为”。权力清单侧重明确政府该做什么，做到“法无授权不可为”。对于政府部门来说，仅有责任清单没有权力清单，不利于政府部门合法合理地行使权力、提高公共服务的质量和水平；而仅有权力清单没有责任清单，则不利于约束和限制权力。

2021年，中共中央办公厅、国务院办公厅《关于在城乡建设中加强历史文化保护传承的意见》要求各地区各部门结合实际认真贯彻落实在城乡建设中系统保护、利用、传承好历史文化遗产，进一步在城乡建设中加强历史文化保护传承。保护、利用、传承好历史文化遗产是政府的一项基本职责。南雄市人民政府及其职能部门对珠玑古巷历史文化资源进行保护与管理是职责所在，必须加强履职效能，负起责任。《条例》明确了南雄市政府及其职能部门和专门管理机构的基本职责。

既然保护珠玑古巷历史文化资源是南雄市人民政府的一项基本职责，那么南雄市人民政府及其职能部门就应该利用本身的职能和公共权力来解决珠玑古巷历史文化资源保护与利用过程中可能出现的问题。《条例》在第5条到第9条明确了政府、政府职能部门、珠玑古巷专门管理机构、镇（街）等职责，可操作性强。但仅仅凭借政府一己之力还不够，历史文化资源分布广、数量多，需要广泛的社会参与。

（二）社会热情关注，积极参与保护

2021年，中共中央办公厅、国务院办公厅《关于在城乡建设中加强历史文化保护传承的意见》明确指出：坚持多方参与、形成合力。鼓励和引导社会力量广泛参与保护传承工作，充分发挥市场作用，激发人民群众参与的主动性、积极性，形成有利于城乡历史文化保护传承的体制机制和社会环境。珠玑古巷历史文化资源的保护同样离不开公众的参与，若单靠政府的力量，一是可能资金不足，二是可能单一主体缺乏相应的监督，不利于珠玑古巷历史文化资源的保护。

随着公众参与意识的不断提高，社会公众在历史文化资源的保护管理中发挥着越来越重要的作用，因此应逐步完善历史文化资源中的公众参与制度。所以，《条例》鼓励单位和个人通过捐赠资助、提供技术、志愿服务等依法参与珠玑古巷历史文化资源。

保护珠玑古巷历史文化资源是南雄市政府及其职能部门的职责，同时《条例》规定鼓励单位和个人通过捐赠资助、提供技术、志愿服务等依法参与珠玑古巷历史文化资源，实则也是指引政府“应当做什么”“不应当做什么”的法律规定。政府应该有义务、有责任鼓励单位和个人通过多种形式参与珠玑古巷历史文化资源保护。

那么，南雄市政府及其职能部门就应该建立多种路径或渠道鼓励单位和个人依法参与珠玑古巷历史文化资源保护。南雄市政府应该积极培育社会力量广泛参与。珠玑古巷历史文化资源分布广、类型多，而且与民间生活息息相关，仅仅依靠政府力量是不够的，需要自上而下和自下而上相结合的多元主体共同参与，具体包括韶关市和南雄市相关政府主管部门、镇街、社区、投资者、当地居民、专家、志愿者、设计师、高校及学生、社会媒体和乡贤共同参与珠玑古巷历史文化资源保护和活化利用，及时发现并解决相关问题。珠玑古巷历史文化资源保护应在政府主导下建立科学完善的保护修缮管理机制，政府统筹基础设施建设和文物保护单位修缮工作，同时加强宣传，激发居民自发保护和修缮传统建筑的热情，同时，搭建由专业人士、社会组织和志愿社团等群体组建的具有相当公信力的第三方专业平台，保障珠玑古巷历史文化资源利用的科学性和保护活化规划的顺利实施。

珠玑古巷历史文化资源保护是一项重要且复杂的任务，不仅需要多元主体参与，而且需要专业知识和技能。特别是在珠玑古巷历史文化资源开发过程中，技术理性和人文关怀都不可或缺，需要多学科共同介入。在珠玑古巷历史文化资源保护管理队伍方面，珠玑古巷历史文化资源管理人员中同时具备较高文化素养和管理能力的高素质人才较为缺乏，亟须一批对珠玑古巷历史文化资源保护管理工作具有领导开拓能力、专业才能的高素质人才。

三、关于任何单位和个人参与珠玑古巷历史文化资源保护的规定

我国《宪法》第 2 条明确规定："中华人民共和国的一切权力属于人民。人民行使国家权力的机关是全国人民代表大会和地方各级人民代表大会。人民依照法律规定，通过各种途径和形式，管理国家事务，管理经济和文化事业，管理社会事务。"第 27 条第 2 款更是进一步规定："一切国家机关和国家工作人员必须依靠人民的支持，经常保持同人民的密切联系，倾听人民的意见和建议、接受人民的监督，努力为人民服务。"

党的十七大报告提出要"加快推进以改善民生为重点的社会建设"，其中重要的任务之一就是"完善社会管理，维护社会安定团结"，并逐渐形成"党委领导、政府负责、社会协同、公众参与"的社会管理新格局。党的十八大报告则进一步提出要"充分发挥群众参与社会管理的基础作用""加强和创新社会管理""加快形成党委领导、政府负责、社会协同、公众参与、法治保障的社会管理体制"。

在党的十九大报告中，习近平总书记明确提出要打造共建共治共享的社会治理格局，这为我们在新的历史条件下加强和创新社会治理指明了方向、明确了路径。公众参与是人民民主的体现，是发展民主政治的必然要求，也是社会治理体系的重要一环，制度化公众参与是打造共建共治共享社会治理格局的实践基础。党的十九大首次提出了要"打造共建共治共享的社会治理格局""加强社会治理制度建设，完善党委领导、

政府负责、社会协同、公众参与、法治保障的社会治理体制，提高社会治理社会化、法治化、智能化、专业化水平”。

根据党的二十大报告，完善社会治理体系是推进国家治理体系特别是国家安全体系现代化的基础性工作，必须牢牢把握国家治理体系和治理能力现代化总要求，主动适应社会治理新的阶段性特征，坚持党的全面领导，健全共建共治共享的社会治理制度，完善党委领导、政府负责、民主协商、社会协同、公众参与、法治保障、科技支撑的社会治理体系，强化全周期动态治理、全方位依法治理、全要素智慧治理，提高社会治理社会化、法治化、智能化、专业化水平，建设人人有责、人人尽责、人人享有的社会治理共同体。完善社会治理体系是全社会的责任，必须充分发挥政府、市场、社会在社会治理中的积极作用，积极发动群团组织、社会组织、企事业单位和志愿者参与社会治理，发展壮大群防群治力量，营造见义勇为社会氛围，让大家共同承担起创造安定和谐家园的社会责任，共同建设更高水平的平安中国。

从我国宪法的规定和党的十七大报告、十八大报告、十九大报告、二十大报告的内容可以看出，人民是国家的主人，有权参与管理国家事务，管理经济和文化事业，管理社会事务，在社会管理的领域，公众参与是社会管理新格局。那么，对于国家权力的行使，国家事务的管理，经济和文化事业的管理，社会事务的管理，人民享有参与权与监督权，对于国家权力违法行使以及破坏国家事务、经济和文化事业、社会事务的管理，人民享有举报的权利。举报是公民主动向有关国家机关报告违法的线索和情况，并请求依法查处的行为，它是公民行使监督权的具体表现。

本条实际上是对公众参与珠玑古巷历史文化资源保护精神的具体落实。实践中，《条例》的指引可潜移默化地使社会公众保护珠玑古巷历史文化资源，同破坏珠玑古巷历史文化资源的人和行为做斗争。

《条例》坚持以人民为中心，坚持创造性转化、创新性发展，坚持多方参与、形成合力。鼓励和引导社会力量广泛参与保护、传承工作，充分发挥市场作用，激发人民群众参与的主动性、积极性，形成有利于城乡历史文化保护、传承的体制机制和社会环境。鼓励和推动单位与个人等多方主体在珠玑古巷历史文化资源的规划、建设、管理各环节发挥积极作用，《条例》不仅明确了珠玑古巷历史文化资源所有权人、使用人和监管人的保护责任，严格落实了保护管理要求，而且鼓励和推动单位与个人等市场主体持续投入珠玑古巷历史文化资源保护和利用工作中去。

同时《条例》参考了《梅州市客家围龙屋保护条例》第 10 条的规定：鼓励单位和个人参与客家围龙屋的保护利用工作，鼓励建立客家围龙屋民间保护组织。任何单位和个人有权举报破坏客家围龙屋的行为。市、县级人民政府对在客家围龙屋保护工作中做出显著成绩的单位和个人给予表彰和奖励。还参考了《常州市焦溪古镇保护条例》第 7 条第 2 款的规定：鼓励单位和个人通过出资、捐赠、技术支持、志愿服务、公益性宣传教育等方式参与焦溪古镇保护。

第十一条 【保护规划】

南雄市人民政府应当编制珠玑古巷历史文化资源保护规划，按照规定程序报经批准后向社会公布。

珠玑古巷历史文化资源保护规划应当包括下列内容：（一）保护原则、保护内容和保护范围；（二）保护措施、开发强度和建设控制要求；（三）传统格局和历史风貌保护要求；（四）不可移动历史文化资源的核心保护范围和建设控制地带；（五）保护规划分期实施方案。

任何单位和个人不得擅自改变珠玑古巷历史文化资源保护规划。确需对珠玑古巷历史文化资源保护规划进行调整的，应当按照原审批程序报送审批。

【导读与释义】

本条是关于《条例》保护规划的规定。

本条是对编制珠玑古巷历史文化资源保护规划程序，以及规划应当包括的内容的规定。珠玑古巷的保护缺少全面、系统的规划，至今为止，没有真正形成决策统一、资源整合统一、规划设计统一、建设标准统一、保护利用统一、管理机制统一的规划，可能使珠玑古巷利用缺乏整体的传承、修复、改造、利用、复兴，珠玑古巷保护修复碎片化，无法构成“点、线、面、片”的格局，无法产生巨大凝聚力。

本条规定南雄市人民政府应当对珠玑古巷保护规划依法编制明确规划内容，并根据保护需要依法划定保护范围和建设控制地带。编制珠玑古巷保护规划不得擅自改变，立法从程序上加以管控，确需对规划进行调整的，应当按照规定程序报原审批机关批准。

一、编制保护规划的内在需求

（一）编制保护规划具有重要意义

编制规划是政府对未来发展的一种前瞻性谋划和战略性安排。规划是我国治国理政中一项不可或缺的重要制度。2021年，中共中央办公厅、国务院办公厅《关于在城乡建设中加强历史文化保护传承的意见》明确指出：分级落实保护传承体系重点任务。建立城乡历史文化保护传承体系三级管理体制。国家、省（自治区、直辖市）分别编制全国城乡历史文化保护传承体系规划纲要及省级规划，建立国家级、省级保护对象的保护名录和分布图，明确保护范围和管控要求，与相关规划做好衔接。市县按照国家和省（自治区、直辖市）要求，落实保护传承工作属地责任，加快认定公布市、县级保护对象，及时对各类保护对象设立标志牌、开展数字化信息采集和测绘建档、编制专项保护方案，制定保护传承管理办法，做好保护传承工作。具有重要保护价值、地方长期未申报的历史文化资源可按相关标准列入保护名录。

珠玑古巷历史文化资源保护需要编制保护规划，规划有重要意义：一是通过珠玑古巷历史文化资源保护规划编制，可以广泛听取社会各界意见，在相当范围内凝聚社会共识，找准珠玑古巷历史文化资源保护的具体方式、方法、保护内容，对实践中如何操作有纲领性、指导性的规范作用。二是通过规划，指引了方向，明确了目标，相当于路线图，引导社会资源向规划认同的方向进行配置，可以通过规划明确推动珠玑古巷历史文化资源保护向规划指引的方向发展，有利于保护目标的达成。三是规划具有约束力，规划虽然不是法律，但实践中需要遵守，政府和社会主体保护、利用珠玑古巷历史文化资源都要依规划而行，不得违背规划，在这个意义上，规划是对法律的有益补充，也是约束政府行为和市场行为的准则。四是规划是行动指南。通过规划厘清珠玑古巷历史文化资源保护思路，总结什么干对了，什么干错了，要坚持什么，要改进什么。规划能明确珠玑古巷历史文化资源保护对象与内容，深入研究发掘历史文化遗产的内涵与价值，明确保护的原则和重点，有效保护和利用历史文化遗产和资源，延续历史文脉，传承与弘扬优秀传统文化。五是规划为具体实践提供了科学指导。依据珠玑古巷历史文化资源保护规划，可以具体编制珠玑古巷、梅关古道景区总体规划、控制性详细规划及重点地块修建性详细规划等，为珠玑古巷历史文化资源保护与活化利用提供了科学指导，便于珠玑古巷历史文化资源保护建设、管理和使用者，准确理解珠玑古巷历史文化资源保护和修复的理念、原则和方法，以保障修复质量和效果，使珠玑古巷历史文化资源成为展示地域文化的名片，推动乡村振兴战略的实施，促进南雄社会、经济、文化尤其是文旅产业的高质量发展。

（二）编制规划需遵循相关依据

编制好的规划经过行政程序后向社会公布，具有执行的效力。所以，编制规划是很严肃的事情，不仅需要遵守法定的行政程序还需要依据和参考上位法以及相关政策依据。具体包括：

（1）《城乡规划法》；

（2）《文物保护法》；

（3）《非物质文化遗产法》；

（4）《历史文化名城名镇名村保护条例》；

（5）《自然保护区条例》；

（6）《广东省城乡规划条例》；

（7）《“健康中国 2030”规划纲要》及《全民健身计划（2016—2020 年）》；

（8）《山地户外运动产业发展规划》；

（9）《2011—2015 年全国红色旅游发展规划纲要》；

（10）《广东省国民经济和社会发展第十三个五年规划纲要》；

（11）《广东省农村人居生态环境“十三五”规划（2016—2020 年）

（征求意见稿）》；

（12）中共广东省委办公厅、广东省人民政府办公厅《关于2277个省定贫困村创建社会主义新农村示范村的实施方案》（粤委办［2017］55号）；

（13）《广东省农村环境保护行动计划（2014—2017年）》；

（14）《关于加快农村人居环境综合整治建设美丽乡村三年行动计划》；

（15）《关于加快特色小（城）镇建设的指导意见》；

（16）《新时期相对贫困村定点扶贫工作方案》（粤扶组［2016］4号）；

（17）《广东省主体功能区规划》；

（18）《广东省城镇体系规划（2012—2020年）》；

（19）《广东省土地利用总体规划（2006—2020年）》；

（20）《广东省绿道网建设总体规划（2011—2015年）》；

（21）《中长期铁路网规划（2016年调整）》；

（22）《广东省高速公路网规划（2004-2030年）》；

（23）《广东省高速公路2015年至2017年建设计划及中远期规划》（粤办函［2015］581号）；

（24）国家、省有关规划建设的标准及规范。

二、保护规划具体内容

《条例》该条对珠玑古巷历史文化资源保护规划的制定作了具体的指引，明确了珠玑古巷历史文化资源保护规划应当包括下列内容：

（一）保护原则、保护内容和保护范围

1. 保护原则

（1）原真性原则

原真性是指文化遗产保存原状、保存现状与历史信息的真实状况。

珠玑古巷历史文化资源的保护与修复应当按照原材料、原工艺、原形制、原结构的原则进行设计和施工，其历史环境和它所反映的历史、文化、社会等相关信息应当真实可靠。审慎使用新材料、新工艺，所有的新材料和新工艺都必须经过前期试验和研究，证明是最有效的，对文物古迹是无害的或使用在隐蔽部位的，方可使用，经过修补、修复的部分应当具有可识别性。对珠玑古巷历史文化资源的保护与修复就是保证这些信息及其来源的原真性，与珠玑古巷历史文化资源相关的文化传统的延续同样也是对原真性的保护。

原真性是评估珠玑古巷历史文化资源价值和确定其保护等级的核心标准。保护与修复应当以现存的有价值的实物为主要依据，并必须保存重要事件和重要人物遗留的痕迹。一切技术措施应当不妨碍再次对原物进行保护处理，经过处理的部分既要和原物相协调，又要可识别。所有保护与修复的部分都应有详细的记录档案和永久的年代标志。保存真实的记录，包括历史的和当代的一切文献。保护的每一个程序都应当编制详细的档案。

（2）完整性原则

珠玑古巷历史文化资源是随着南北交通的古驿道而生的，古驿道是呈线状、链状分布的遗产族群，是沿线所有物质、非物质遗产的集合，珠玑古巷历史文化资源整体的价值要大于其各部分的价值之和，具有通过整体而获得文化重要性的特点。珠玑古巷历史文化资源的保护与修复是对其价值、价值载体及其环境等体现珠玑古巷历史文化资源价值各个要素的完整保护，包括珠玑古巷历史文化资源本体、附属设施、赋存环境、相关的物质文化遗存和非物质文化遗存。

完整保护是指在对珠玑古巷历史文化资源所有的历史文化遗存保存现状进行全面调查和价值评估的基础上，对珠玑古巷历史文化资源及与其遗产价值关联的自然和人文景观构成的环境统一进行保护，保护好历史遗存的真实载体和珠玑古巷历史文化资源的生态格局。要确保现有的珠玑古巷历史文化资源不遭受破损，不允许为了追求完整、华丽而改变文物原状。已经完全损毁的，原则上不在原址重建。

（3）科学性原则

珠玑古巷历史文化资源保护与修复应当注重科学性和专业性，科学研究应贯穿于保护与修复工作的全过程，所有保护与修复措施要以学术研究成果为依据。重要的保护与修复工程设计和施工过程要实行专家委员会评审制度，委员会成员应具有相应专业的高级职称和丰富的实践经验。重要的保护与修复工程要开展多学科合作，应邀请建筑师、工程师、规划师、考古学家、地理学家、历史学家、民族学家、宗教人士、经济学家、文物保护工作者、遗产地的管理者和本土居民参与。

（4）安全性原则

珠玑古巷历史文化资源的保护与修复应以安全保障为客观前提，应建立涵盖珠玑古巷历史文化资源本体和附属设施保护、安全排查、灾害预警信息发布、后期维护和事后紧急救援的全流程安全保障体系，切实保障珠玑古巷历史文化资源本体、附属设施及游客人身安全，减少安全隐患。

（5）生态性原则

珠玑古巷历史文化资源的保护与修复，应有助于维护与改善周边的自然生态环境，同时在珠玑古巷历史文化资源建设的过程中坚持原生态、再利用、再循环原则，确保最少干预原生态环境，实现生态和谐。

（6）可持续性原则

珠玑古巷历史文化资源保护与修复应采用动态管理、持续利用的机制，满足文化活动、户外活动等项目的举办要求，在保护历史文化遗存、维护其周边环境的基础上，修复设计，可根据使用功能，适当加入与珠玑古巷历史文化资源相协调、有特定地域特征或时代特征的一些建筑元素，保持珠玑古巷历史文化资源保护传承的可持续性、现代活力和时代特征。

2. 保护内容和保护范围

（1）保护内容

珠玑古巷历史文化资源是珠玑古巷本体和人们生产生活形成的古驿道、古建筑、历史建筑、文物、非物质文化遗产、南迁传说等不可移动和可移动历史文化资源的集合体。珠玑古巷历史文化资源是通过一定物质载体或非物质文化遗产体现出来的。珠玑古巷历史文化资源保护内容包括珠玑古巷本体资源、古驿道、传统村落、古建筑、历史建筑、文物、非物质文化遗产以及古树名木等这些具体载体。珠玑古巷本体是指珠玑镇珠玑村东起沙水河，西至乡道 Y028，南起驷马桥，北至凤凰桥范围内的三街四巷（珠玑街、棋盘街、马仔街和洙泗巷、黄茅巷、铁炉巷、腊巷）建筑群及其附属设施。

（2）保护范围

珠玑古巷历史文化资源的保护范围，是指对珠玑古巷历史文化资源本体及周边一定范围实施保护的区域，应结合珠玑古巷历史文化资源本体的结构特征和周边环境进行界定，确保在珠玑古巷历史文化资源本体范围内进行其他建设工程或进行挖掘、钻探、爆破等作业时，不会危及珠玑古巷历史文化资源本体及其附属设施的安全。

珠玑古巷历史文化资源的保护范围，即是为保护历史文化资源的安全、环境、历史风貌而对景观加以控制的区域。保护范围划分主要依据历史文化资源的结构特征、人的视觉标准，并结合周边自然环境进行界定，旨在确保历史文化资源环境的完整性和新建建筑物、构筑物与历史文化遗存的协调性。

（二）保护措施、开发强度和建设控制要求

保护珠玑古巷历史文化资源是保存珠玑古巷历史文化资源本体、附属设施及其环境和其他相关要素进行的全部活动，保护的目的是通过技术和管理措施真实、完整地保护其历史信息及其价值，对受到破坏的珠玑古巷历史文化资源本体和附属设施的现状进行整修和重点修复。采取保护措施要遵循保护原则，尽量保留珠玑古巷历史文化资源现状，采取保护措施也是修旧如故，原有材料、残损构件修补后仍能使用的，不必更换新材料。

保护珠玑古巷历史文化资源的目的是活化和利用，为南雄市的城镇和乡村发展注入新动能，发展文化、旅游、生态农业等产业，推动南雄市的城镇和乡村的经济发展，促进乡村振兴。以保护珠玑古巷历史文化资源为抓手，拓展为涵盖乡村建设、生态保育、体育休闲、文物保护、文化旅游、经济发展乃至精准扶贫在内的综合性项目，充分整合体育、农业、文化、旅游、生态等不同产业发展的资源要素，推动珠玑古巷历史文化资源的综合保护利用。南雄市珠玑古巷历史文化资源行政主管部门应妥善处理珠玑古巷历史文化资源管理者、经营者、居民与游客的利益关系，形成可持续性的、兼顾珠玑古巷历史文化资源旅游发展与保护的运营机制。

但对珠玑古巷历史文化资源开发的强度和保护范围内的建设应该有所控制和有所要求，利用历史文化资源得有个度，涸泽而渔不可取。珠玑古巷历史文化资源应认真贯彻“保护为主、抢救第一、合理利用、加强管理”的原则，在切实做好珠玑古巷历史文化资源保护的前提下，充分发挥珠玑古巷历史文化资源的作用，以珠玑古巷历史文化资源为依托，合理发展旅游。

（三）传统格局和历史风貌保护要求

珠玑古巷历史文化资源保护范围内的建设应当符合保护规划的要求，不得损害珠玑古巷历史文化遗产的真实性和完整性，不得对其传统格局和历史风貌造成破坏性影响。需按历史的真实性、风貌的完整性、生活的延续性的要求制定保护规划，划定保护范围和建设控制地带，严格管理建设控制地带的建筑风貌、高度和色彩。

同时，破坏珠玑古巷历史文化资源传统格局和历史风貌的行为，如开山、采石、开矿等；修建生产、储存爆炸性、易燃性、放射性、毒害性、腐蚀性物品的工厂、仓库等；修建损害珠玑古巷历史文化资源传统风貌的建筑物、构筑物和其他设施；损毁保护规划确定保护的珠玑古巷历史文化资源建筑物、构筑物及其他设施；对保护规划确定保护的珠玑古巷历史文化资源建筑物、构筑物进行改变原风貌的维修或者装饰等活动都应该被坚决禁止。

对于珠玑古巷历史文化资源的修复也要遵循原真性原则和完整性原则，按照原材料、原工艺、原形制、原结构的原则进行设计和施工，其历史环境和它所反映的历史、文化、社会等相关信息应当真实可靠；对其价值、价值载体及其环境等各个要素的完整保护要保持传统格局和历史风貌。

(四) 不可移动历史文化资源的核心保护范围和建设控制地带

《文物保护法》第29条规定："根据保护文物的实际需要，经省、自治区、直辖市人民政府批准，可以在文物保护单位的周围划出一定的建设控制地带，并予以公布。在文物保护单位的建设控制地带内进行建设工程，不得破坏文物保护单位的历史风貌；工程设计方案应当根据文物保护单位的级别和建设工程对文物保护单位历史风貌的影响程度，经国家规定的文物行政部门同意后，依法取得建设工程规划许可。"

《文物保护法》第30条规定："在文物保护单位的保护范围和建设控制地带内，不得建设污染文物保护单位及其环境的设施，不得进行可能影响文物保护单位安全及其环境的活动。对已有的污染文物保护单位及其环境的设施，依照生态环境有关法律法规的规定处理。"文物保护单位的保护范围，是指对文物保护单位本体及周围一定范围实施重点保护的区域，以确保文物保护单位的真实性和完整性。文物保护单位的建设控制地带，是指在文物保护单位的保护范围外，为保护文物保护单位的安全、环境、历史风貌而对建设项目加以限制的区域。保护范围和建设控制地带在《文物保护法实施条例》指导下，根据文物保护单位的类别、规模、内容以及周围环境的历史和现实情况进行科学合理划定，对于保护文物安全，控制和引导周边建设活动具有重要的意义。

2023 年，广东省文化和旅游厅、广东省自然资源厅、广东省住房和城乡建设厅制定了《广东省文物保护单位保护范围和建设控制地带划定办法》。

《历史文化名城保护规划规范》第 3 条第 2 款第 1 项规定：“历史文化街区应划定保护区和建设控制地带的具体界限，也可根据实际需要划定环境协调区的界线。其中历史文化街区的保护区，又称核心保护范围。”

借鉴《文物保护法》《广东省文物保护单位保护范围和建设控制地带划定办法》《历史文化名城保护规划规范》等规定，《条例》规定了珠玑古巷不可移动历史文化资源的核心保护范围和建设控制地带。该范围内不得进行新建、扩建活动，但新建、扩建必要的基础设施和公共服务设施除外。新建、扩建必要的基础设施和公共服务设施应严格控制新建建筑物、构筑物的高度、体量、强度，减少对珠玑古巷历史文化资源传统格局和历史风貌的影响。

珠玑古巷历史文化资源建筑控制地带内新建、改建、扩建建筑物、构筑物的高度、体量、色彩和风格，应当与珠玑古巷历史文化资源保护风貌相适应。对于与珠玑古巷历史文化资源传统风貌不协调或者质量较差的其他建筑，应采取逐步拆除、整治、改善等措施，使其符合历史风貌要求。

（五）保护规划分期实施方案

科学合理编制珠玑古巷历史文化资源保护规划，坚持统一规划，分步实施，按照轻重缓急有序推进，先易后难。保护规划分期实施规划方案是为了有效地管理和组织项目的分期实施工作，确保项目按照计划顺利进行。又要着眼长远，优化布局，注重发挥珠玑古巷历史文化资源整体功能，将珠玑古巷历史文化资源与实际结合起来，根据实际情况和资金等外部条件，制定近、远期计划，区分轻重缓急，完善规划，有序推进。

三、依照法定程序修改保护规划

珠玑古巷历史文化资源保护需要一个统一的、规范的保护规划，为珠玑古巷历史文化资源的保护对象、保护范围、保护措施提供一个明确的规范，《条例》通过立法形式规定编制保护规划，任务指引，南雄市人民政府按照规定程序编制珠玑古巷历史文化资源保护规划报韶关市人民政府批准，《条例》的规定明确具体，可操作性强。

编制保护规划严格按照程序，经过充分征求意见和社会参与，任何单位和个人不得擅自改变珠玑古巷历史文化资源保护规划。通过严格的程序规范保证保护规划的公正，而且保护规划需要经过市政府批准，不得随意变更或修改。但保护规划制定出来后，在实施的过程中，可能会遇到新情况、新问题，出现保护规划与实际不符，或者执行保护规划不可能的现象，这时需要对保护规划适时调整，但为了保证规划调整的公正性，应严格运用程序性规范。因此，《条例》规定确需对珠玑古巷历史文化资源保护规划进行调整的，应当按照原审批程序报送审批。

同时，本条立法也借鉴和参考了设区的市相似的立法经验。具体包括：

（1）《贺州市黄姚古镇保护条例》第 8 条："古镇管理机构应当根据保护规划，会同市城乡规划、文物等主管部门组织编制保护详细规划，报自治区人民政府住房和城乡建设主管部门审批。经批准的古镇保护规划和保护详细规划，任何单位和个人不得擅自修改。确需修改的，应当依照原审批程序办理。"

（2）《贵阳市青岩古镇保护条例》第 11 条第 1 款："花溪区人民政府应当按照规定组织编制保护规划，与城市交通、市政、绿化、消防等专项规划相协调，并按照程序报请批准。"

（3）《常州市焦溪古镇保护条例》第 8 条：“焦溪古镇保护规划应当依法编制，按照规定程序报经批准后向社会公布。任何单位和个人不得擅自改变保护规划；确需对规划进行调整的，应当按照规定程序报经批准。”

第十二条　【修缮规范】

南雄市人民政府应当制定珠玑古巷历史文化资源修缮规范，制定修缮规范应当广泛征求社会公众的意见，并向社会公布。

修缮规范应当包含修缮原则、修缮程序、修缮预警和修缮经费等内容。

【导读与释义】

本条是关于珠玑古巷历史文化资源修缮规范的规定，珠玑古巷历史文化资源修缮要遵循正当法律程序，通过法律程序规范确保修缮的正当性。

一、程序的保障功能

珠玑古巷历史文化资源由于历史久远，加之长期遭受风雨侵蚀，大部分处于高危状态。南雄市委、市政府不断谋划珠玑古巷历史文化资源提升改造，凝聚共识，深入挖掘历史文化内涵，发展文旅事业，调动村民参与改造提升的积极性和主动性，通过珠玑古巷历史文化资源改造提升带动周边新农村建设，推进实现乡村振兴。

珠玑古巷历史文化资源修缮涉及的专业技术性较强，对于一类工程，外部修缮装饰、添加设施以及改变历史建筑的结构或者使用性质的修缮工程，需要组织召开修缮设计方案专家论证会，需要进行立项、规划、修缮以及施工的审批，工程完工后需要进行竣工验收，确保修缮设计方案的科学性和合理性。二类工程不需要召开修缮设计方案专家论证会，不需要进行审批，只需要南雄市文化行政主管部门认定是否属于二类工程，工程完工后需要南雄市文化主管行政部门现场对修缮内容进行核实。

对于修缮工作的原则、职责、分类、程序都需要进行明确规定，制定修缮的规范，做到有章可循。制定修缮规范应当广泛征求社会公众的意见，并向社会公布。

征求社会公众意见并向社会公布，能从程序上保障修缮规范的正当性与公正性。程序公正是过程中所要实现的价值目标，与实体公正有密切联系，实体公正是明确实体权利义务时所要遵循的价值标准，如平等、公平、合理等，实体公正是一种结果价值，通过程序的正当性来保证结果的公正性。公正的程序是追求实体公正的手段，不公正的程序是难以实现实体公正的。通过程序确保修缮规范的公正性。

广泛征求社会公众的意见，也是落实宪法精神，社会公众享有参与权，公民、法人或者其他组织有权依法参与行政管理，提出行政管理的意见和建议。行政机关应当为公民、法人或者其他组织参与行政管理提供必要的条件，采纳其合理意见和建议。

修缮规范不仅适用于对“老旧破”的改造，还适用于活化珠玑古巷历史文化资源，延续传统古朴风貌的同时提升改造工程。通过完善旅游服务设施和打造文化旅游品牌，壮大文化旅游产业，并且不断完善城镇公共服务设施和基础设施，提升宜居环境品质。比如，珠玑古巷景区提升项目主要建设内容为停车场、环湖步道、珠玑文创（含文物非遗）孵化基地等基础和附属设施改造，新建救援观察亭、救援平台、污水收集、补水等基础设施。聚焦广府文化、姓氏文化，打造珠玑古巷新亮点、新特色，改造景区基础设施，推动文化资源价值化，突出古巷的历史文化内涵，打响文化品牌，为南雄展示历史文化增添生动色彩。

二、修缮规范具体内容

在珠玑古巷规划保护范围内维护和修缮应当符合珠玑古巷保护规划和珠玑古巷维修规范，不得影响其传统格局和历史风貌。涉及文物保护单位的，应当按照程序报文物行政主管部门批准。

珠玑古巷历史文化资源修缮最大限度地遵循“修旧如故”原则，“修旧如故”是古建筑修缮工作中最基本的标准，也是必须遵循的原则。历史文化资源的历史价值都包含在其具有的特色之中，这些都是历史的沉淀，具有历史的烙印，所以对于历史文化资源的维修工作来说，必须维持历史文化资源的原貌，特别是不同于其他历史时期和地区的特征，不能对古建筑的布局和设计有任何主观的臆想和创造。

修缮需要保留古建筑的特色。特色就是珠玑古巷历史文化资源最大的价值，另外，除不同时期珠玑古巷历史文化资源会有明显的不同以外，珠玑古巷历史文化资源的修筑还会考虑到地形、地质等多种区位因素，也就是所谓的因地制宜。所以，对于珠玑古巷历史文化资源的修缮，要尊重珠玑古巷历史文化资源当时修筑的构思和布局，不能贪图省时省力而失去了珠玑古巷历史文化资源原有的特色。

修缮需要慎重选择珠玑古巷历史文化资源维修的材料和工艺。在珠玑古巷历史文化资源的修缮工作中，最常用到的维修的材料和工艺都是现代建筑中常见的，虽然这样可以在很大程度上节省人力物力，让珠玑古巷历史文化资源的修缮工作变得简单便捷，但却不利于珠玑古巷历史文化资源的保护，从视觉上，现在的修缮材料和工艺达到了以假乱真的程度，然而在具体的质感和整体的协调性等方面都存在较大的差异。所以，一定要慎重选择珠玑古巷历史文化资源维修的材料和工艺，保持珠玑古巷历史文化资源原有的特色和价值。

修缮珠玑古巷历史文化资源，应遵循当时的修筑方式和工艺。虽然目前我国建筑的施工工艺和修筑的方式都处于历史的最高水平，但正是由于那个时代特有的施工工艺才使得珠玑古巷历史文化资源有其特殊的魅力。因此在修筑的工作中，我们应最大限度地参考当时的修筑方式和工艺，还古建筑该有的特色。

对修缮珠玑古巷历史文化资源使用的材料需要注意，珠玑古巷历史文化资源很多建筑是木质结构的，对于木制材料有着极高的要求。木质结构和框架构建的古建筑的寿命是有限的，这就需要后世不断对其进行修理和更换。珠玑古巷历史文化资源使用的木制材料无论是在木制材料的选择上还是在自然分化等众多工艺的运用中都是特别严格和谨慎的，所以这样的珠玑古巷历史文化资源质量一般都是比较好的，很少出现裂缝等问题，在自然条件下可以有效保存很长的时间。但是在如今珠玑古巷历史文化资源的修缮施工作中，由于工期和木质材料的影响，其木质结构的质量和平安性与珠玑古巷历史文化资源本身的不同，对于这一问题必须加以重视。大多数具有中国特色的古建筑都会用到砖瓦，可以说，砖瓦的使用促使我国古建筑拥有了特殊的美感和艺术价值，此外也具有了确定的使用价值，就算在今日，我国依然有一些建筑需要使用到砖瓦材料。在珠玑古巷历史文化资源的修缮中，经常需要对砖瓦进行更替，此时，施工人员常常会运用现代工艺，使用一种仿造的古代砖瓦，这主要是从成本方面考虑的结果，虽然当前对于珠玑古巷历史文化资源的修缮工作基本还原程度的要求还是极高的，但是相比于古建筑的质量和水平依旧有一些不足之处。

当然，修缮还应严格按照设计文件要求和施工组织设计要求施工，做好安全、技术、材料、质量、进度、造价、资料等方面的管理工作，及时完成设计变更和工程洽商，完成合同约定任务和修缮工程目标。修缮后，南雄市文化行政主管部门会按照《全国重点文物保护单位文物保护工程竣工验收管理暂行办法》的要求，做好初步验收和竣工验收。同时也应严格按照合同要求做好保修期阶段巡查工作，及时发现修缮工程质量缺陷，界定责任归属，解决质量问题。

南雄市文化行政主管部门可以根据基层镇、村（居）委会以及社会公众的反映，及时发现破危的珠玑古巷历史文化资源，按照修缮程序报南雄市文化行政主管部门批准。《条例》第 6 条明确规定南雄市人民政府应当根据实际情况将珠玑古巷历史文化资源保护资金列入本级财政预算，统筹解决珠玑古巷保护、管理、利用中的重大问题。《条例》第10条也规定鼓励、支持单位和个人通过捐赠资助、提供技术、志愿服务等依法参与珠玑古巷历史文化资源保护工作。

对于珠玑古巷历史文化资源修缮的规定，本条也借鉴了《苏州市古建筑保护条例》第13条“维修古建筑……不得任意改变和破坏原有建筑的布局、结构和装修，不得任意改建、扩建。除经常性保养维护和抢险加固工程外，古建筑的重点修缮，局部复原，建造保护性建筑物、构筑物等工程，应当经文物行政主管部门批准”的规定。

第十三条　【保护对象】

珠玑古巷历史文化资源保护对象主要包括：（一）珠玑古巷本体；（二）古驿道、古桥、古码头、古塔、古关隘、古楼、古巷等；（三）古祠堂；（四）传统村落；（五）古树名木；（六）具有历史价值的传统文化遗产；（七）与重要历史人物有关的遗址、遗迹；（八）其他需要保护的对象。

【导读与释义】

本条是关于珠玑古巷历史文化资源保护对象的规定。

本条使用列举式加兜底条款的立法技术，列举了珠玑古巷历史文化资源保护对象。

一、概念澄清

本条涉及多个概念需要澄清。

（一）珠玑古巷本体

《条例》第 3 条对珠玑古巷本体作了明确的界定，珠玑古巷本体指珠玑镇珠玑村东起沙水河，西至乡道 Y028，南起驷马桥，北至凤凰桥范围内的三街四巷（珠玑街、棋盘街、马仔街和洙泗巷、黄茅巷、铁炉巷、腊巷）建筑群及其附属设施。

（二）古祠堂

古祠堂是指与珠玑移民文化相联系，1949 年前建的，有一定历史、艺术、科学价值的古祠堂及其附属构造物。南雄市文物行政主管部门对珠玑古巷规划保护范围内的古祠堂登记造册，对古祠堂保护实施监督管理；各镇人民政府负责本行政区域内古祠堂保护、管理、维修的行政领导工作；村（居）民委员会协助做好古祠堂保护工作，可以在村规民约、居民公约中规定古祠堂保护相关内容。古祠堂的所有者或使用者是古祠堂保护、管理、维修的主体，应当建立健全古祠堂保护、管理制度。符合级文物保护单位的古祠堂，按照文物管理规定实施保护管理。

（三）古道

古道是指留存的古代中原与岭南地区人民交往、客家人南迁的重要陆上通道，包括乌迳古道、梅关古道等古驿道本体及驿站古亭、镇墟市、村寨古堡、残碑断垣、凉亭古树等。

古道的保护遵循属地管理原则。南雄市文物行政主管部门应当加强对古道保护和管理工作的领导，协调解决古道保护中的重大问题；沿线镇政府、街道办，负责本辖区内古道的日常保护管理工作；村（居）民委员会协助做好古道保护工作，可以在村规民约、居民公约中规定古道保护相关内容。

（四）古村落

古村落是指与珠玑古巷文化相联系，拥有较为丰富的物质和非物质文化遗产，具备一定历史、文化、社会、经济价值，具有典型地域文化特色的村落。

南雄市文物行政主管部门应当加强对古村落保护和管理工作的领导，协调解决古村落保护中的重大问题；南雄市人民政府住建、发展改革、旅游、财政、环保、自然资源、林业、农业、公安、民族宗教等部门，应当按照各自职责做好古村落保护相关工作；古村落所在地镇（街）人民政府负责本行政区域内古村落的组织实施保护规划，指导、督促村（居）民委员会做好古村落保护，依法制止违反古村落保护的行为等日常管理；古村落所在地村（居）民委员会负责对有损毁危险的古建筑进行登记，收集、保护已经坍塌、散落的传统建筑的构件，对违反古村落保护规定和要求的行为进行劝阻制止，并及时向镇人民政府报告。

对古村落应当实行整体保护，保持和延续其传统格局和历史风貌，不得改变与其相互依存的自然景观和环境。

禁止在古村落重点保护区内新建、扩建与古村落保护无关的建筑物。经有关部门批准，在古村落重点保护区内新建、翻建、改建、扩建、修缮房屋的，其色调、体量、高度、形式等应当符合整体风貌要求。

（五）姓氏文化

姓氏文化是指由于历史上的种种原因，曾有上百个中原姓氏的家族移民至珠玑古巷落脚居住，其后裔从珠玑古巷迁徙出去，遍布海内外，形成了与珠玑古巷有着深厚渊源、崇祖敬宗思想内核的特色文化。

二、珠玑古巷本体

珠玑古巷位于南雄市珠玑镇珠玑村，属于广东与江西交界古驿道——梅关古道的一段，是一条具有1100多年历史的古巷。珠玑古巷位于南雄市北9公里处，全长1500米，路面用鹅卵石铺就，宽约3米至4米，古驿道穿巷而过，巷内三座门楼为清初所建。巷内仍保留着不同朝代的古楼、古塔、古榕和古建筑遗址等一批文物古迹。

珠玑古巷环境良好，巷外是广袤的良田沃野，红冈翠岭。这里土地肥沃，沙水河蜿蜒流过，灌溉便利，宜农宜牧，而且风景优美，交通方便，是一个休养生息的好地方。在秦以前，岭南属荒蛮之地，被王朝列为疆域之外。那时的岭南，车马不通，人烟稀少，珠玑古巷一带还是一块尚未开垦的土地。公元前323年，曾一度称霸中原的越国逐渐衰弱了，继而为楚国所灭。越国人不甘当亡国奴，为逃避楚王的统治而更名改姓，“散居江南海上”。公元前223年，秦国又灭了楚国，越人因避秦又一批一批地向南迁徙。这时，大庾岭出现了一群南迁的越人。他们北望战乱不堪的中原故国，不胜嗟叹，无限悲伤，而对眼前的岭南风光却十分赞叹。于是，众人决计在大庾岭南麓，即今之梅岭——珠玑古巷走廊一带安居下来。他们发扬勇敢顽强、刻苦坚韧的民族精神，披荆斩棘，艰苦创业，使这一带得以迅速发展起来。

接着，因战乱和自然灾害，中原人又几次向岭南大迁徙。珠玑古巷成了南迁人民的一个落脚点，一批一批人北来，一批一批人南去，中原文化逐渐在珠玑古巷生根开花，并向岭南传播开去。珠玑古巷的繁华于唐宋时期达到鼎盛。唐开元四年（公元716年），张九龄奉诏开凿大庾岭路、拓宽路面，梅关古道成为古代中原通往岭南最重要的道路。而珠玑古巷就在古驿道上，是古代中原人翻越梅岭后到达岭南的第一个商业重镇。

据史书和地方志记载，珠玑古巷得名有两种说法。一说唐敬宗宝历年间，巷内有一家叫张昌的家族七代同居，朝廷特赐予珠玑绦环表彰这种孝义，为避敬宗庙谥，敬宗巷便改称珠玑巷；一说宋祥符年间有珠玑古巷，宋南渡时诸朝臣从驾入岭，至止南雄，亦号其地为“珠玑巷”。不论哪一种说法，珠玑古巷得名也有近千年历史。珠玑古巷的鼎盛期是唐宋时期，南来北往的人们都在此经过或停留，有的就在此落户，珠玑古巷便逐步发展为百姓杂居的繁荣古镇。

珠玑古巷两旁民宅祠堂、店铺商号鳞次栉比。巷道曲直有致，古朴清幽。巷内有古楼、古塔、古榕、古桥等古迹。珠玑古巷南门内有一座元代古塔，叫“胡妃塔”。这是广东有年代可考的唯一的元代古塔，建于1350年。塔高3.5米，七层八角，由17块精雕细刻的红砂岩砌成。塔旁有一古井，传说当年胡妃就是投此井自尽。

而今珠玑古巷已成为有一定规模、对外知名度很高的寻根问祖和旅游观光胜地。新建的和原有的几十幢传统古朴、风格各异的姓氏祠堂，以及祠堂里展示本族先祖史实和历代风流人物的图片资料，构成了这里独具一格的人文景观。加之保存完好的清代北、中、南三座门楼，元代“胡妃塔”矗立其中，还有古榕、青柳、池塘、古桥、园庭交相辉映，使古老的珠玑巷焕发勃勃生机，重现当年繁华之景象。

三、古驿道、古桥、古码头、古塔、古关隘、古楼、古巷、传统村落、古树名木等

乌迳古道和梅关古道连接珠江水系和长江水系，是沟通南北的重要通道，商旅频繁、中原移民不断。梅关古道位于江西大余县与广东南雄市交界处，距大余县城10公里。梅岭的得名相传是根据南迁越人首领梅绢的姓氏得来的。梅岭在岭南经济文化发展史上起了重要作用，自越人开发后，成了中原汉人南迁的落脚点。梅岭得名的另一说法是此处梅树多，故称“梅岭”。梅关古道设关始于秦朝。南雄梅关历来是南北交通要道，也是历代兵家必争之地。

梅关古道、乌迳古道从秦汉时期军事开发到唐宋时期成为商贸运输、中原移民南迁的重要通道，历经千年的过境贸易以及中原数次大规模移民潮，中原文化和岭南文化在这里交汇，过境贸易和中原移民带动了岭南开发，以古道为中心，沿着古道自发形成的商业街或者集市，或发展成村落，或形成墟市、埠头。商贸的发展沿古道呈线型展开，临近驿道陆续出现许多商铺，多为前铺后宅，承担与古道相适应的运输货物的仓储、中转和发散功能，茶楼酒肆、店家客栈鳞次栉比。以乌迳古道和梅关古道为中心，诞生了若干古驿站、古村落，以及由此衍生了古建筑、古塔、古树、古桥等不可移动的文化资源。

千年沉淀，保存了古驿道遗址以及与之相关的驿站，存有大量的文物古迹、古塔、古桥、古祠堂、古寺、古庙、古树名木以及古墓葬等遗址。古驿道沿线传统村落中古建筑、古文物、古树木、古祠堂都有其特殊的地域性表现，与中原移民文化息息相关。

南雄以粤北古驿道——梅关古道、乌迳古道以及水口—南亩古道为南北交通要道，南北货物交流，商贸发达，驿道沿途建有驿站、憩亭、古桥以及旅馆酒楼等。古驿道的纽带作用，整合串联起沿线城镇、村落的若干历史文化资源。比如，沿着梅关古道行走，现存关楼是全国重点保护文物。梅关古道两侧梅树遍布，沿线有东坡树、六祖寺、接岭桥、

诗碑廊等历史文化资源。中站村内有中站古城，始建于秦末，今存部分城基、古吊楼、古驿道。里东村的古街是保存较完好的一条宋代古街。街上有古驿道、古戏台、古榕树等古迹。另外，古驿道沿线还有聪辈村、灵潭村、里仁村等古村，具有粤北古民居传统风貌。同时，不断有中原移民因躲避北方战乱而南迁，他们或定居形成古村落，或短暂停留继续南迁。

以古道为中心，遗存诸多古建筑。古代官方不断修缮和维护古道，大量种植树木，尤其梅关古道两侧，种植了松树、梅花等。

古村落遗存了大量的古建筑、古祠堂、古树以及南迁传说、非物质文化遗产等，这些有的已经列为文物，有法律法规予以保护；有的虽然没有列为文物，但具有历史文化资源价值，亟须通过地方立法形式保护和传承下去，造福子孙。

四、与重要历史人物有关的遗址、遗迹

韩愈、文天祥、苏东坡贬岭南时都曾经过梅关古道、珠玑古巷，并留下著名的诗文和题字。巷内店铺鳞次栉比，南来北往的商贾、文人、官宦、布衣，或在镇内暂住，或在店中用餐，在民间留下佳话。

第十四条　【保护名录】

南雄市人民政府应当建立珠玑古巷历史文化资源保护名录和数字化平台，对珠玑古巷历史文化资源保护对象进行分类分级登记。对拟纳入保护名录的，应当征求所有权人及相关权利人的意见，并向社会公布。

不可移动历史文化资源的保护名录应当载明保护对象名称、类别、级别、位置、面积、建设年代和保护责任人等内容，并附保护单位四至地图。

【导读与释义】

本条是关于建立珠玑古巷历史文化资源保护名录和数字化平台的规定。

一、建立珠玑古巷历史文化资源保护名录

党的十八大以来，习近平总书记站在留住文化根脉、守住民族之魂的高度，就保护传承历史文化遗产进行了一系列重要论述，系统回答了“为何保护传承”“保护传承什么”“怎样保护传承”等方向性、根本性、战略性的问题。这些重要论述，是新时代党领导历史文化遗产保护传承工作实践经验的深刻总结，是习近平文化思想的重要组成部分，为做好新时代新征程历史文化遗产保护传承工作提供了根本遵循。习近平总书记指出：“历史文化遗产不仅生动述说着过去，也深刻影响着当下和未来；不仅属于我们，也属于子孙后代。保护好、传承好历史文化遗产是对历史负责、对人民负责。”[1]党的二十大报告提出：“加大文物和文化遗产保护力度，加强城乡建设中历史文化保护传承。”

[1] 信长星：《以敬畏之心保护传承好历史文化遗产》，载《人民日报》2024年7月24日。

历史文化遗产是不可再生、不可替代的资源，印刻着中华文明的历史渊源、发展脉络、基本走向，蕴含着中华文化的独特创造、价值理念、鲜明特色。我们要按照习近平总书记的重要指示，着眼文明传承、文化延续，切实完整保护好珠玑古巷历史文化资源。

珠玑古巷历史文化资源是珠玑古巷本体和珠玑古巷人们生产生活形成的古驿道、古建筑、历史建筑、文物、非物质文化遗产等历史文化资源的集合体。珠玑古巷历史文化资源数量多、分布广，建立保护名录，实施挂牌保护，是一项很好的制度。以习近平新时代中国特色社会主义思想为指导，深入贯彻党的二十大精神，认真贯彻落实党中央关于坚持保护第一、加强管理、挖掘价值、有效利用、让文物活起来的工作要求，为珠玑古巷本体以及古驿道、古建筑、历史建筑、文物、非物质文化遗产建立起科学的保护名录，加强整个社会保护珠玑古巷历史文化资源的意识，形成良好的氛围。建立古驿道、古建筑、历史建筑、文物、非物质文化遗产保护名录，遵循法定程序，对拟纳入保护名录的，向社会公布，征求所有权人及相关权利人的意见。

习近平总书记指出："全面保护好历史文化遗产，统筹好旅游发展、特色经营、古城保护，筑牢文物安全底线，守护好前人留给我们的宝贵财富。"[1]对列入名录的珠玑古巷历史文化资源周密组织部署，全面客观反映珠玑古巷历史文化资源的基本状况。对不可移动历史文化资源的保护名录应当载明保护对象名称、类别、级别、位置、面积、建设年代和保护责任人等内容，并附保护单位四至地图。

二、建立数字化平台，分级分类，科学管理

2020年9月28日，习近平总书记主持十九届中央政治局第二十三次集体学习时指出："考古遗迹和历史文物是历史的见证，必须保护好、利

〔1〕 曲青山：《学习习近平文化思想》，载 https://www.12371.cn/2024/05/06/ARTI1714965229312759.shtml，2025年3月1日访问。

用好。要建立健全历史文化遗产资源资产管理制度，建设国家文物资源大数据库，加强相关领域文物资源普查、名录公布的统筹指导，强化技术支撑，引导社会参与。要把历史文化遗产保护放在第一位，同时要合理利用，使其在提供公共文化服务、满足人民精神文化生活需求方面充分发挥作用。”[1]我们对于珠玑古巷历史文化资源一样需要建立数据库，充分利用现代信息化、网络化技术，实行数字化管理。

珠玑古巷历史文化资源数量众多，需要分级分类管理。我国按照历史文化遗产的历史、艺术、科学价值，对历史文化遗产划分不同的保护类别和管理层级，根据保护类别，基于历史文化遗产保护管理的需要，按照国家公约和我国法律法规的规定，可移动文物分为珍贵文物、一般文物。珍贵文物分为一级文物、二级文物、三级文物。不可移动文物大体可以分 7 个保护等级，各个保护等级的不可移动文物均需层层遴选确定。

借鉴历史文化遗产划分不同的保护类别和管理层级的模式，珠玑古巷历史文化资源保护不能一概而论，实行分级分类管理，具体分级分类由行政主管部门通过规范性文件的形式加以划分，科学管理。

珠玑古巷历史文化资源保护实行名录管理制度，充分利用现代信息化技术和手段，根据保护名录建立档案数据库平台，及时更新，强化联动保护、紧盯问题破题、压紧压实责任，力争把珠玑古巷历史文化资源保护好、管理好、利用好。

三、参考设区的市相关条文

本条参考设区的市涉及历史文化资源保护相关类似条文，具体如下：

（1）《梅州市客家围龙屋保护条例》第 16 条：市人民政府文物主管部门应当将县级人民政府申报列入保护名录的客家围龙屋提请客家围龙

〔1〕 习近平：《加强文化遗产保护传承 弘扬中华优秀传统文化》，载《求是》2024 年第 8 期，第 1 页。

屋保护专家委员会进行历史、艺术、科学、文化和社会价值评估，并由客家围龙屋保护专家委员会提出推荐意见。

市人民政府文物主管部门会同住房城乡建设主管部门根据客家围龙屋保护专家委员会的推荐意见，拟定客家围龙屋保护名录，报市人民政府确定并向社会公布。

保护名录应当明确保护对象的主体，载明名称、类别、所在位置、面积、建设年代和价值等内容，并附有明确的界址地形图。

市人民政府对列入保护名录的客家围龙屋，应当设置统一的保护标识。任务单位和个人不得擅自设置移动、涂改或者损毁保护标识。

(2)《毕节市织金古城保护条例》第17条：织金古城保护名录应当包含保留完好名单、濒危名单、毁损灭失名单和分类保护方案等。

编制、调整织金古城保护名录，由织金古城管理机构会同有关部门组织专家论证并向社会公示，报市人民政府批准后公布。

(3)《黄山市徽州古建筑保护条例》第6条：古建筑保护实行名录管理。县（区）文物主管部门负责组织专家对需列入名录的古建筑进行认定，经县（区）人民政府审核，报市人民政府批准并公布。

列入保护名录的古建筑应当建立档案，设立标志。

列入保护名录的古建筑失去保护价值，县（区）文物主管部门应当组织专家进行评估，经县（区）人民政府审核，报市人民政府核准退出名录。

(4)《毕节市织金古城保护条例》第35条：鼓励运用大数据、云计算、互联网、物联网等现代信息技术，提高织金古城保护、管理和利用水平，推动织金古城保护与现代科技融合发展。

第十五条　【保护责任人】

珠玑古巷历史文化资源保护对象的保护责任人按照下列规定确认：（一）个人所有的，所有权人为保护责任人；（二）集体所有的，集体经济组织或者村（居）民委员会为保护责任人；（三）国家所有的，管理单位为保护责任人；（四）所有权人不明晰，有实际使用人的，使用人为保护责任人；无实际使用人的，珠玑古巷保护管理机构为保护责任人。

对保护责任人有异议的，可以向南雄市人民政府授权的行政主管部门提出异议，并由其作出处理决定，书面予以回复。

【导读与释义】

本条是关于建立珠玑古巷保护区内保护责任人制度的规定。

一、根据珠玑古巷历史文化资源保护对象的产权，确定保护责任人，明确保护人的保护责任

珠玑古巷规划保护范围内古巷、古楼、古塔、古道以及历史建筑和传统风貌建筑等的保护和修缮，具体由保护责任人负责。珠玑古巷历史文化资源是历史形成的，数量多、分布广，产权存在多种形式，有的属于个人，比如历史古建筑，后代一直居住；有的属于集体，比如古祠堂；有的属于国家，比如梅关古道；还有些无人问津，呈无人管理状态，比如荒郊野外的历史古建筑遗址、古渡口等。

《文物保护法》第32条第1款规定："国有不可移动文物由使用人负责修缮、保养；非国有不可移动文物由所有人或者使用人负责修缮、保养，县级以上人民政府可以予以补助。"具体来说，不可移动文物，有保

护管理机构的，保护管理机构是文物保护和安全责任单位；属于直管公房的，管理使用机构是文物保护和安全责任单位；文物所在地块储备期间，原所有权人搬离的，土地储备机构为文物保护和安全责任单位；非国有不可移动文物，所有权人是保护和安全责任人；田野文物等无使用人或无法确定文物保护和安全责任人的不可移动文物，由所在镇街政府承担保护和安全责任；县文物部门负责对全区文物保护及安全进行监督管理。

借鉴《文物保护法》，本条对珠玑古巷历史文化资源的保护责任人，根据不同情况作了有区别的规定，保护责任人应当按照要求履行日常维护、安全管理、及时修缮等责任。

对于具体责任，《条例》没有明确规定，因为实践中比较复杂，但借鉴了《文物博物馆单位文物安全直接责任人公告公示办法（试行）》的规定。2020 年 12 月，国家文物局印发了《文物博物馆单位文物安全直接责任人公告公示办法（试行）》(以下简称《办法》)，对文物安全直接责任人的确定和主要职责等进行了明确。文物安全直接责任人承担文物安全保卫、消防安全和突发事件应急处置等重要安全职责。《办法》对各类文物博物馆单位的文物安全直接责任人分别予以明确。针对不可移动文物，其保护管理机构法定代表人或者主要负责人为文物安全直接责任人；无保护管理机构的，管理使用单位主要负责人为文物安全直接责任人；集体所有的，所属集体组织主要负责人为文物安全直接责任人；私人所有的，所有人及其管理使用人为文物安全直接责任人。《办法》要求省、市级人民政府文物行政主管部门督导文物所在地县级人民政府，按国家规定履行文物安全直接责任，县级人民政府可以指定乡（镇）人民政府或者有关单位、组织，承担具体文物安全管理责任。国家文物局督导各地全力推进实施文物安全直接责任人公告公示制度，强化责任到人和末端守护，着力解决文物安全责任落实“最后一公里”的问题。

二、保护责任人的合法权益，给予权益救济渠道

《文物保护法》已经规定了文物的国家所有权和其他主体的所有权，法律规定文物的国家所有权是必须的、可行的，尤其是在文物来源不明或者无法明确的情况下，以国家所有权的名义体现公共利益需要，由国家取得这些文物的所有权，是十分必要的。但是，文物是具体的，不是抽象的。从法律科学性的角度考虑，还必须确定具体文物的具体支配权，也就是具体的、特定的文物由谁来保管（占有），以及保管者（占有人）对这些具体文物享有什么样的权利。

《条例》借鉴和学习了《文物保护法》的规定。本条规定具体明确了珠玑古巷历史文化资源的保护责任人。保护责任人需要承担一定责任，权利和义务一致原则告诉我们，承担责任，同样其权利也应受到合法的保护。保护责任人承担一定责任，尤其是日常管理和修缮等，都需要资金的支持，所以，要充分尊重保护责任人的合法权益，《条例》也设置了救济路径。对前款明确的保护责任人有异议的，可以向南雄市人民政府授权的行政主管部门即南雄市人民政府文化主管部门提出复核申请。南雄市人民政府文化主管部门应当自受理申请之日起 5 日内决定是否调整，并书面予以回复。

三、参考了设区的市类似的相关条款

本条参考了设区的市类似的相关条款，具体如下：

（1）《常州市焦溪古镇保护条例》第 20 条：天宁区人民政府应当组织规划、文化主管部门和古镇保护机构依法明确焦溪古镇保护范围内不可移动文物、历史建筑、传统风貌建筑的保护责任人，并书面告知其保护责任和相应的权益。保护责任人应当按照要求履行日常维护、安全管理、及时修缮等责任。

（2）《黄山市徽州古建筑保护条例》第 9 条：实行古建筑保护责任人

制度。县（区）文物主管部门应当与古建筑保护责任人签订责任书。

国有古建筑，其使用人是保护责任人；使用人不明确的，古建筑所在地的乡（镇）人民政府或街道办事处是保护责任人。

非国有古建筑，其所有权人是保护责任人；所有权人不明或者房屋权属不清晰的，使用人是保护责任人。租赁房屋另有约定的除外。

第十六条　【整体保护】

珠玑古巷本体和传统村落应当实行整体保护，延续传统格局和历史风貌，保护与其相互依存的人文和自然景观。

【导读与释义】

本条是关于珠玑古巷本体和传统村落应当实行整体保护，延续传统格局和历史风貌的规定。

一、本条规定对珠玑古巷本体和传统村落实行整体保护原则

整体性保护原则是历史文化资源一种重要的保护理念，强调在保护工作中将保护对象视为一个整体和系统，而不是孤立的个体或项目。这一原则在文化遗产保护、非物质文化遗产保护、历史文物保护等多个领域中得到广泛应用，旨在确保保护工作的全面性和长期性。在历史文化资源保护利用工作中，要坚持原真性、整体性和系统性保护原则，严禁大拆大建、拆真建假、以假乱真，在充分尊重其原有传统格局、历史风貌、空间尺度与人文、自然环境等情况下，明确保护重点，防止建设性破坏。以历史文化价值为导向，按照真实性、完整性的保护要求，适应活化珠玑古巷历史文化资源的特点，全面保护好珠玑古巷本体和传统村落等历史文化遗产。

在历史文化资源和非物质文化遗产保护中，整体性保护原则要求将历史文化资源和非物质文化遗产视为一个生态系统整体进行保护，考虑其环境、构成要素以及结构功能的整体性，而不仅仅是维护具体历史文化资源和非物质文化遗产。在古村落保护中，整体性保护原则体现在科

学规划，健全监管体系，开展相关研究和保护规划编制工作，明确保护范围、要求和建设管控措施，加强与国土空间规划、乡村振兴规划等衔接。对古村落应当实行整体保护，珠玑古巷本体规划保护范围内除实施珠玑古巷保护规划项目以及建设必要的基础设施和公共服务设施外，不得进行新建、改建、扩建活动。

通过这些实践可以看出，整体性保护原则不仅是一种理念，也是一种行动指南，旨在确保保护工作的长期性和有效性。比如珠玑古巷历史文化资源中的古道保护，道路路基、路面、路石，古道沿途的古屋、古桥、古亭、古庙、古树、古关隘等古建筑，以及与古道相关的重要历史名人、事件、文学作品、典故传说等历史文化内容，都是古道的有机整体，应当严格保护，保持延续古道历史形态和风貌。

整体性保护要求对珠玑古巷本体和传统村落的保护要全面、系统地规划，真正形成决策统一、资源整合统一、规划设计统一、建设标准统一、保护利用统一、管理机制统一的保护规划，确保珠玑古巷实现整体性的传承、修复、改造、利用、复兴，珠玑古巷保护修复整体化，形成“点、线、面、片”的格局，形成巨大凝聚力。

二、珠玑古巷本体和传统村落要延续传统格局和历史风貌

《条例》规定建立珠玑古巷历史文化资源保护名录，系统梳理规划范围内的珠玑古巷历史文化资源，保护和延续传统格局和风貌，为珠玑古巷历史文化资源的活化利用提供了依据和思路。对珠玑古巷本体和传统村落的日常管理和维护，坚持“修旧如故”原则，在保持珠玑古巷历史文化资源独特魅力的基础上，融入现代商业和文化元素，打造城市新亮点，为承载着历史文化底蕴的珠玑古巷历史文化资源注入新活力。

实际执行中，严格落实《条例》的规定，禁止在古村落重点保护区内新建、扩建与古村落保护无关的建筑物。经有关部门批准，在古村落重点保护区内新建、翻建、改建、扩建、修缮房屋的，其色调、体量、

高度、形式等应当符合整体风貌要求。现有与珠玑古巷历史风貌、传统格局、建筑特色不协调的建筑物、构筑物可以逐步予以改造或者拆除，对建筑物、构筑物所有人造成损失的，应当依法给予补偿。要保持珠玑古巷本体和传统村落独具特色的传统格局、历史风貌和空间尺度，通过对珠玑古巷历史文化的保护，提升珠玑古巷本体和传统村落的文化内涵和品质，以期促进南雄经济、社会、环境的可持续发展。

三、本条规定保护与珠玑古巷历史文化资源相互依存的人文和自然景观

1968 年，美国召开“世界遗产信托”白宫会议，首次在官方层面倡议将自然与文化遗产联合保护。1972 年，联合国教科文组织通过《保护世界文化和自然遗产公约》，正式确立两者共同保护的框架。1987 年，国际古迹遗址理事会（ICOMOS）颁布《华盛顿宪章》，在《威尼斯宪章》基础上提出历史城镇保护原则，强调“一切城市、社区……都是历史上各种各样的社会的表现”，进一步拓展了遗产保护的范畴。

2008 年，我国颁布《历史文化名城名镇名村保护条例》，提出“历史文化名城、名镇、名村应当整体保护，保持传统格局、历史风貌和空间尺度，不得改变与其相互依存的自然景观和环境”。这明确了历史文化与自然景观、环境的整体保护理念，为历史文化保护区的规划编制、实施管理提供了法定依据。

综上所述，历史文化与自然环境整体保护理念的形成经历了长期的发展与演进，在历史文化遗产保护方面已获得广泛共识。

借鉴国际和国内历史文化与自然景观、环境的整体保护的理念，《条例》规定了保护与珠玑古巷历史文化资源相互依存的人文和自然景观。珠玑古巷历史文化资源具有厚重的历史文化，有着深厚的人文传承，以及相互依托的自然景观。在保护珠玑古巷历史文化资源的同时，要做好珠玑古巷历史文化资源历史文化的挖掘与保护，注重周边协调一致、相

互依存的自然景观，对自然与人文环境进行整体的风貌保护。珠玑古巷历史文化资源与自然和人文景观不分主和辅，要将珠玑古巷历史文化资源与其相互依存的自然和人文环境视为不可分割的整体一并保护。

四、借鉴和参考设区的市相关类似立法的规定

《条例》本条借鉴和参考了设区的市相关类似立法的规定，具体如下：

(1)《苏州市古村落保护条例》第3条：本条例所称古村落，是指历史久远、文物和古建筑丰富、具有地域文化特色、能较完整体现传统风貌的自然村落。本条例所称的古村落应当同时具备下列条件：（一）村落主体形成于1911年以前，能较完整体现一定时期的历史风貌；（二）村落内河道水系、地貌遗迹、街巷空间、格局形态等保存基本完整；（三）文物古迹比较丰富且较为集中；（四）拥有非物质文化遗产。

第15条：对古村落应当实行整体保护，保持和延续其传统格局和历史风貌，不得改变与其相互依存的自然景观和环境。古村落保护规划保护范围内的土地利用和各项建设，应当符合古村落保护规划的要求。古村落所在地镇人民政府应当根据当地经济社会发展水平，按照古村落保护规划，完善古村落的基础设施、公共服务设施，改善居住环境。

第16条：禁止在古村落重点保护区内新建、扩建与古村落保护无关的建（构）筑物。在古村落重点保护区内翻建、改建、修缮房屋，装饰、装修建（构）筑物，设置标识、临街广告等，应当符合古村落保护规划要求，并报规划等有关部门批准。

第17条：经规划等有关部门批准，在古村落风貌协调区内新建、翻建、改建、扩建房屋的，其色调、体量、高度、形式等应当符合整体风貌要求，并保证古村落重点保护区轮廓线和主要视线走廊不受影响。

(2)《浙江省古道保护办法》第3条：古道的保护应当遵循整体保护、合理利用、属地管理的原则，保持延续古道历史形态和风貌，不得

破坏与其相互依存的自然景观和环境。

古道的保护内容包括：古道路基、路面路石，古道附属的古亭、古桥、古驿站、关隘、人文遗迹等资源和设施，重要历史名人、事件、文学作品、典故传说等历史文化内容，以及沿途森林植被、地质景观等周边环境。

(3)《贺州市黄姚古镇保护条例》第10条：核心保护区坚持整体保护与原址保护相结合的原则，按照下列标准和措施进行保护：(一) 保持传统格局、历史风貌、空间尺度、自然景观的整体衔接；(二) 文物建筑应当完整保留；(三) 重点保护传统建筑及其街巷整体空间，包括古民居、石板街、宗祠、城墙、寨门、桥梁、古井等；(四) 各种建筑的维护、修缮和装饰应当符合保护规划的要求，保证建筑形式、体量、风格、色彩以及构造装饰与传统街区整体风格协调一致；(五) 除必要的基础设施和公共服务设施外，不得新建、扩建建筑；(六) 鼓励对传统建筑进行保护性维修和功能利用，但不得擅自改建或者拆除；(七) 与传统建筑尺度协调的新建筑可以进行整治和重新装饰；(八) 修复的建筑层数控制在两层以内，檐口高度不得超过六米，屋顶应当采用古镇传统民居青瓦坡屋顶的形式。

第十七条　【禁止建设】

禁止在珠玑古巷本体和传统村落核心保护范围内新建、扩建与保护无关的建筑物、构筑物。但是新建、扩建必要的基础设施和公共服务设施除外。

经依法批准在珠玑古巷本体和传统村落建设控制地带内新建、改建、扩建建筑物、构筑物的，其色调、风格、体量、形式等应当符合整体风貌要求。

【导读与释义】

本条是关于珠玑古巷本体和传统村落核心保护范围新建、改建、扩建建筑物、构筑物的规定。

核心保护范围是指为了保护特定区域内的自然、文化和历史遗产而划定的特定区域。这些区域通常包括重要的自然景观、历史建筑、文化遗产等，旨在确保这些资源的保护和可持续发展。在不同的地区，具体范围和要求有所不同。在核心保护范围内，通常会有严格的保护措施和限制。这些措施和限制旨在确保核心保护范围内的自然、文化和历史遗产得到有效保护，同时促进当地的可持续发展。建设控制地带，是指在文物保护单位的保护范围外，为保护文物保护单位的安全、环境、历史风貌对建设项目加以限制的区域。

《文物保护法》第29条规定：“根据保护文物的实际需要，经省、自治区、直辖市人民政府批准，可以在文物保护单位的周围划出一定的建设控制地带，并予以公布。在文物保护单位的建设控制地带内进行建设工程，不得破坏文物保护单位的历史风貌；工程设计方案应当根据文物保护单位的级别和建设工程对文物保护单位历史风貌的影响程度，经国家规定的文物行政部门同意后，依法取得建设工程规划许可。”《条例》依据和借鉴《文物保护法》的规定将珠玑古巷本体和传统村落的保护范围分区管理，具体分为核心保护范围和建设控制地带。

一、禁止在核心保护范围内新建、扩建与保护无关的建筑物、构筑物

珠玑古巷本体和传统村落的核心保护范围是指对保护本体及周围一定范围实施重点保护的区域。这是由政府划定的区域，旨在确保保护对象的安全、环境和历史风貌不受破坏。建设控制地带是指在保护对象的保护范围外，为保护对象的安全、环境、历史风貌而对建设项目加以限制的区域的。这个区域也是由政府划定的，但相对于核心保护范围，建设控制地带对建设项目的限制较为宽松，但仍需遵守相关规定，以确保对象的安全和历史风貌。

核心保护范围和建设控制地带的主要区别在于核心保护范围是重点保护区域，位于保护对象的中心，对建设项目有更严格的限制，通常不允许进行新建、扩建等活动，除非是必要的基础设施和公共服务设施。这一规定旨在保护珠玑古巷本体和传统村落，确保珠玑古巷本体和传统村落的原始风貌不被破坏。具体到实际操作中，这意味着在珠玑古巷本体和传统村落的核心保护范围内，除必要的基础设施和公共服务设施的新建、扩建活动被允许外，其他任何形式的新建、扩建活动都是不被允许的。这样的规定确保了珠玑古巷本体和传统村落的真实性和完整性，同时也体现了对历史文化和社区环境的尊重。

二、建设控制地带内新建、改建、扩建建筑物、构筑物

禁止在珠玑古巷本体和传统村落的核心保护范围内新建、扩建与保护无关的建筑物、构筑物，但建设控制地带位于核心保护范围之外，对建设项目的限制相对较少，然而建设控制地带新建、改建、扩建建筑物、

构筑物的，仍需遵守相关规定，需要办理手续，经有关部门批准，确保新建、改建、扩建的建筑物、构筑物的高度、体量、色彩和风格与文物保护单位的历史风貌相协调，符合整体风貌要求。

此外，对于与珠玑古巷本体和传统村落历史风貌、传统格局、建筑特色不协调的建筑，包括危旧房屋、简易房屋和违章建筑等，在不影响各类保护建筑要求的基础上，应根据经济社会发展需求和保护建筑的要求进行适当的处理，如改建、复建、翻建或者逐步予以拆除，以确保这些建筑的历史风貌保持一致，以保持珠玑古巷历史文化资源的整体历史风貌和文化遗产的真实性，对建筑物、构筑物所有人造成损失的，应当依法给予补偿。

三、借鉴和参考设区的市相关类似立法的规定

《条例》的本条借鉴和参考设区的市相关类似立法的规定，具体如下：《贺州市黄姚古镇保护条例》第10条：核心保护区坚持整体保护与原址保护相结合的原则，按照下列标准和措施进行保护：（一）保持传统格局、历史风貌、空间尺度、自然景观的整体衔接；（二）文物建筑应当完整保留；（三）重点保护传统建筑及其街巷整体空间，包括古民居、石板街、宗祠、城墙、寨门、桥梁、古井等；（四）各种建筑的维护、修缮和装饰应当符合保护规划的要求，保证建筑形式、体量、风格、色彩以及构造装饰与传统街区整体风格协调一致；（五）除必要的基础设施和公共服务设施外，不得新建、扩建建筑；（六）鼓励对传统建筑进行保护性维修和功能利用，但不得擅自改建或者拆除；（七）与传统建筑尺度协调的新建筑可以进行整治和重新装饰；（八）修复的建筑层数控制在两层以内，檐口高度不得超过六米，屋顶应当采用古镇传统民居青瓦坡屋顶的形式。

第十八条　【古祠堂保护】

古祠堂的所有权人或者使用权人应当建立古祠堂保护制度，履行保护职责。

鼓励和支持举办珠玑古巷姓氏文化活动，加强与粤港澳大湾区以及海内外其他珠玑古巷后裔的联系，促进珠玑姓氏文化的传播、交流与合作。

【导读与释义】

本条是关于珠玑古巷古祠堂保护的规定。

祠堂是我国传统建筑的重要组成部分。该名称最早出现于汉代，当时是封建社会里同族人供奉祖宗或生前有功之人的房屋。宋元以后，祠堂有了特殊的文化功能，兼具祭祀、法庭、教化、宗族凝聚功能，在某种意义上来说，祠堂文化可被视为宗族文化的核心。

祠堂具有重要的历史文化价值。在传统社会，祠堂不仅发挥着宗族祭祀的重要功能，而且见证着宗族群体中个体一生婚丧嫁娶的重要阶段。在农村，祠堂始终处在一个比较显赫的地位，是族人心目中的圣殿。古祠堂建筑就是历史文化的载体，它在向人们展示先辈们勤劳智慧的同时，还展示了不同的建筑理念和艺术风格。古祠堂的建造工艺以及建筑部件都留有古时鲜明的年代特征，具有极高的艺术价值，不失为一处珍贵的历史文化遗迹。同时，其承载着的血缘文化、民族文化、伦理观念、祖先崇拜、典章制度、风俗习惯、建筑艺术、地域文化等我国传统文化。在现代社会，祠堂虽然已不再发挥其传统功能，但对现代人而言，仍具有重要价值。作为传统社会最重要、建筑规格最高的公共建筑，它包含了建筑、历史、文化、宗教、风俗、民生等方面的信息，是历史留给我们的宝贵财富。

2017年1月，中共中央办公厅、国务院办公厅印发了《关于实施中华优秀传统文化传承发展工程的意见》，提出："做好传统民居、历史建筑、革命文化纪念地、农业遗产、工业遗产保护工作。"祠堂是不可多得的历史文化遗产，对其保护和利用是各级人民政府和社会各界的重要职责。《条例》所称古祠堂，是指与珠玑移民文化相联系，1949年前建的，有一定历史、艺术、科学价值的古祠堂及其附属构造物。

祠堂的建设不仅是对祖先的敬仰和怀念，也是对家族历史和文化的传承。在南雄大地上，分布着一批历史悠久、特色鲜明的古祠堂。这些祠堂不仅是供奉祖先的地方，也是家族活动的重要场所，体现了家族的团结和凝聚力。祠堂是非常常见的建筑，几乎每个村庄都有祠堂，甚至每个姓氏的族群都有自己的祠堂。祠堂作为家族祭祀的场所，承载着家族的历史和传统，是家族凝聚力和归属感的象征。祠堂成为人们了解自己家族历史、传承家族文化的重要场所。每一个宗祠都承载着世代相传的家族记忆和文化传统。在这里，人们可以感受到家族的根源和归属感。特别是珠玑古巷，被称为祠堂最多、姓氏文化最浓厚的地方，这里的祠堂数量众多，反映了南雄客家人对家族文化和传统的重视。这些古祠堂或建筑风格别具一格，或重视教育诗书传家，或打下家风家训的乡愁烙印，历经千年风雨，构筑了南雄人共同的精神家园。

珠玑古巷的建筑虽然看起来破旧，但每个门上都镶嵌着一个姓氏，展示着深厚的姓氏文化和祠堂文化。这条巷道是中华民族拓展南疆的中转地，迁徙出去的姓氏已经达到180多个，后裔繁衍至今已经超过8000万人。他们主要分布在珠江三角洲地区，还有香港、澳门以及海外华人社区。这些南迁的移民世代都保持着对宗族本源的记忆和纪念，形成了一种特殊的文化现象，即"珠玑古巷情结"。对于寻根问祖的人来说，珠玑古巷更是具有特殊的意义，代表着家族的起源和传承。

祠堂是宗族的象征，是供奉祖宗牌位的地方，是一个商议和处理宗族大事的地方。在每一位宗族成员的心中都是神圣的象征。从珠玑古巷迁移出去散居在珠江三角洲、港澳以及海外的侨胞，对家乡的感情归根到底就是对宗族发自内心的爱。因此，保护、修缮、开发和利用好古祠堂建筑，不仅能加深南雄本地宗族成员的团结，还能把广大侨胞、侨眷的感情维系在一起，具有重要意义。

祠堂是具有重要建筑价值的古建筑，有重要的保护价值，同时与其他古建筑一样，祠堂建筑具有不可再生性。随着社会的演进，祠堂文化已渐渐淡去，多数祠堂被毁坏或做封闭处理。大部分明代及清早期的古祠堂属砖木结构，防火防灾条件较差，各类基础设施较落后，安全隐患较大。加之年代久远，白蚁侵害，承重墙柱腐败、损毁比较严重，具有相对脆弱性，安全隐患堪忧，有些古祠堂甚至处于危房状态。

祠堂属于古旧建筑，需要投入大量的资金，进行长期的修缮保护。目前已经修缮或正在修缮古祠堂建筑大多由宗族成员或村委会自发完成，资金主要由村或宗族成员自发筹集，维护和修缮的资金有限。部分明清时期的老祠堂，因年久失修，损毁严重，如要修复，需较多资金。目前，总体投入的资金有限，覆盖范围较窄。实践中，古祠堂建筑的产权关系复杂，部分所有权人、使用权人因种种原因拒绝履行文物修缮责任。

古祠堂建筑及其文化是岭南文化的重要组成部分，如能得到深度的开发利用，形成文化旅游特色，就能带动周边餐饮、酒店和商业等行业，使其成为促进南雄社会经济发展的新增长点。

近些年来，农村经济、社会全面发展使得祠堂的利用形式更加多样化，部分地区的祠堂得以改造利用，它们被租借作商业场地、开辟为纪念馆、转换为村落文化活动中心等。但现实中，对古祠堂利用力度不够，仅限于商业和旅游等活动。这说明人们只看到了祠堂设计与构造的艺术价值，而忽视了其中的文化和精神价值。而且古祠堂多分布在人口密度较大的村落，周边建筑风格不协调，加之开发深度不够，手段单一，对游客吸引力较小，开发利用渠道、方法有待拓宽和改进。

因此，进一步理顺管理体制，明确产权，加强保护与合理利用古祠堂建筑，充分利用祠堂文化的优秀成分，服务于今天的社会经济发展和乡村振兴，是值得深入研究和实践的时代课题。《条例》对古祠堂保护作了明确的规定。古祠堂作为历史文化古迹，是老祖宗留给我们的珍贵遗产，是不可再生的宝贵资源。因此，首要任务是加以保护，然后才是开发和利用。

一、建立古祠堂保护制度，履行保护职责

古祠堂的所有者或使用者是古祠堂保护、管理、维修的主体，应当建立健全古祠堂保护、管理制度。符合文物保护单位标准的古祠堂，按照文物管理规定实施保护管理。

《条例》明确古祠堂的所有权人或者使用权人应当建立古祠堂保护制度，履行保护职责。地方政府可以根据法律的规定，制定落实措施，明确古祠堂的产权或使用主体，建立古祠堂保护制度，通过制度来规范，促使保护主体履行保护职责。

南雄市文物行政主管部门对古祠堂保护承担监督管理的工作，对珠玑古巷规划保护范围内的古祠堂登记造册，逐栋进行评估和鉴定，摸清底子，划分类别，建立起古建筑文物档案。对于有价值且较完整的进行挂牌，列入重点保护范围；对于保护价值不大，影响城建规划且安全隐患大的古建筑进行拆除；将一些有历史影响、能促进旅游经济发展、增加城市亮点的已毁古建筑列入规划进行恢复。村（居）民委员会需协助做好古祠堂保护工作，可以在村规民约、居民公约中规定古祠堂保护相关内容。

二、多方筹集资金，合理利用，提高保护责任人的积极性

祠堂保护和利用的资金来源主要为政府补助和民间筹集，需拓宽资

金筹集渠道：一是南雄市财政要加大对古祠堂建筑保护资金的投入力度，各镇、街财政也配套一定的资金扶持；二是要积极拓宽古祠堂建筑保护资金的来源，广泛动员宗族成员、海外侨胞侨眷、企业和社会组织等捐助古祠堂建筑的修缮保护工作；三要结合振兴乡村、美丽乡村、文明乡村建设，将古祠堂建筑保护纳入美丽乡村建设规划，整合和提升资金利用率。

创新开发和利用模式，深入挖掘古祠堂的文化内涵，促进古祠堂文化服务当今的经济社会发展。在老祠堂、老牌坊相对集中的地方，设立工作室、流动讲堂、流水餐饮，重点开展祠堂文化教育培训、旅游工艺品设计研发、游学交流和创智沙龙等活动，将古祠堂从传统意义上的宗族祭祀之地，开发为集观光、修学、聚会、娱乐等多种功能为一体的综合性文化教育场所。古祠堂是姓氏、礼仪、建筑、饮食等文化的集中载体。要深入挖掘古祠堂的历史文化内涵，通过建设姓氏文化纪念馆等形式，将古祠堂打造成南雄市地域文化的缩影，进一步增强其教育功能和审美价值。

三、促进姓氏文化的传播、交流与合作

本条所称姓氏文化，是指由于历史上的种种原因，曾有上百个中原姓氏的家族移民至珠玑古巷落脚居住，其后裔从珠玑古巷迁徙出去，遍布海内外，形成了与珠玑古巷有着深厚渊源、崇祖敬宗思想内核的特色文化。要加强对外交流与合作，鼓励和支持举办保护、传承珠玑古巷姓氏文化的活动，加强与珠江三角洲、港澳台以及海外珠玑古巷后裔姓氏文化方面的交流合作，促进珠玑文化的传播、交流与合作。

姓氏，是姓和氏的合称。在遥远的古代，这是两个完全不同的概念。古代姓氏起源于人类早期生存的原始部落之中。姓和名一样，都是代表个人及其家族的一种符号。从它的形成、发展、演变的漫长历史过程来看，它是构成中华民族文化的一个重要内容。古人认为，姓和氏不同。

姓源于母系社会，指的是母系氏族血统下诞生的标识，姓同一个姓表示同一个母系的血缘关系，上古八大姓，如姬、嬴、姞等，姓是人们血脉相承、家族延续的象征。而氏则是指父系氏族血统下诞生的标识，以父亲的姓氏命名。氏族血统是父系家族的重要纽带，代代相传，维系着家族的传统和荣誉。姓和氏的不同，体现了古人对家族血统的重视和传承，也展现了古代社会中家族关系和社会结构的特点。

随着社会生产力的发展，母系氏族制度过渡到父系氏族制度，姓改为从父，氏反为女子家族之用。后来，氏族制度逐渐被阶级社会制度所替代，赐土以命氏的治理国家的方法、手段便产生了。氏的出现表明人类历史的脚步在迈进阶级社会。姓和氏，是人类进步的两个阶段，是文明的产物。后来，在春秋战国时期，姓与氏合一，不再区分，姓与氏都是姓，是表明个人及其家族的符号。这就是我们今天理解的姓氏含义。

中国人历来有同姓聚居和联宗修谱的习俗，而且婚姻半径很小，婚娶地域相对固定，这就形成了同姓人群的分布。姓氏的分布实际上主要反映了同姓人群的分布规律。我国是一个历史悠久、民族众多的大国，汉族占绝大多数。客家先民原是中原汉民族。故汉民族的姓氏渊源包含了客家的姓氏渊源。

“姓氏节”是南雄特有的一个节日，是以弘扬伏羲文化、增强民族凝聚力、实现中华民族伟大复兴为宗旨，以姓氏为纽带，以“寻根”为主题的节日。纵观我国五千年的文明史，不管换了多少朝代，改了多少年号，姓氏一直延续着，从未间断过。

南雄是古代中原通往岭南的必经之地，追溯源流，南雄先民多是移民客家，他们以执着坚毅的开拓精神，千里跋涉来到这里寻找生活的乐土，形成一个个炊烟袅袅、同宗相聚的村落。南雄市东北部至今流传着一个独特的民间传统节日——姓氏节。以祭祖为主要内容的姓氏节，目前已成为韶关市非物质文化遗产。其历史悠久，规模盛大，影响辐射到珠三角甚至海外地区。姓氏节这一在整个岭南地区独一无二的祭祖习俗，保留了粤北地区以祖先崇拜为特点的传统民俗文化。

南雄以乌迳为中心的孔江、界址、新龙、坪田、南亩、大塘、油山等镇，盛行姓氏节。一般以该族祖先的生日或对该氏族具有重大意义的日子为姓氏节。届时，由轮值首事（头人）牵头筹办（公尝出资），设坛祭祀，抬菩萨（祖像）出行游村，请戏班日夜演戏，各户则广邀亲朋好友前来做客，为时三五七天，合家团圆，全族聚会，各姓亲朋相庆，祥和友爱，热闹非凡，比之春节、元宵节有过之无不及。一姓过节，百家联欢。姓氏节把敬祖崇先、文化娱乐、情谊交流融于一体，群众乐于参与，自古以来，盛行不衰。

当然，姓氏节的流传以及在姓氏节中举办的活动因地区不同而异，因姓氏不同而异。有的地方将姓氏节当作一个重要节日来庆祝和纪念。南雄姓氏节不仅具有浓郁的民俗特色，还有伦理价值。姓氏节来自民间，源于生活，富有乡土气息和地方特色，保留了粤北地区以祖宗信仰为特点的传统民间文化，具有丰富内容和活动形式。

南雄地处广东省北部偏东，粤赣交界，大庾岭南麓，毗邻江西，四周群山环抱，是中原与岭南之间商贸往来、族群迁徙、文化交流的重要水陆节点。据史料记载，不同历史时期尤其是南宋以来，均有北方人为躲避战乱、灾荒向岭南地区迁徙，地处交通要道上的南雄珠玑古巷则成为南迁移民的重要中转站，他们在珠玑古巷进行修整、停留、繁衍，并继续向南迁徙。特别是唐开元四年（公元716年），岭南名相张九龄奉诏开凿梅关古道，梅关古道南连浈江、北接赣江，贯通了长江、珠江两大水系，是沟通中原与岭南最便捷的通道，成为沟通五岭南北的要道以及海上丝绸之路和陆上丝绸之路的交接点，南雄由此成为沟通岭南与中原政治、经济、文化的枢纽，吸引了北方民众向南迁徙。

以梅关古道为中心，两侧形成了很多驿站，最著名的就是珠玑古巷。珠玑古巷是广东仅有的宋代古巷，有“广东第一巷”之称，是中华民族拓展南疆的中转站，是珠三角大部分氏族的祖居地，在岭南人文发展史上有着重大影响。资料显示，珠玑古巷迁徙出去的姓氏达 180 多个，后裔超过 8000 万，遍布珠江三角洲地区并且远播海外。厚重的珠玑姓氏文化使整个珠三角乃至海内外数千万珠玑古巷后裔对发祥之地有了认同感。作为“祖居地”的珠玑古巷也成为“珠玑后裔”们探寻血脉、维系乡情的原动力和共同的精神家园。

珠玑姓氏文化不但包容了中国人根深蒂固的姓氏宗族文化，而且融合了当地丰富的民俗、民情、民风和民智。近年来，随着大批珠玑古巷后裔回来寻根问祖、修建祠堂，珠玑古巷已成为寻根问祖和观光旅游的新热点，姓氏文化已经成为南雄独具特色的文化瑰宝。南雄市于 2014 年首次举办姓氏文化旅游节，广泛开展姓氏文化的研究、交流活动，打响了“中国姓氏文化名都”的品牌。姓氏文化节活动的对外宣传、交流，让人们知道了珠玑古巷是我国三大寻根地之一，是珠江三角洲姓氏的发源地。如今每年都有数百万珠玑古巷后裔到南雄寻根问祖、旅游观光、投资创业和开展慈善联谊活动。促进姓氏文化的传播、交流与合作旨在弘扬珠玑姓氏文化和珠玑人精神，扩大珠玑古巷的影响和知名度，推动南雄旅游业的进一步发展。民间各姓氏联谊会间的交流与合作，也有助于凝聚海内外数千万珠玑古巷后裔的共识，让每一位游客感受到南雄独特的姓氏文化，找到自己的“根”，增强文化自信，并将弘扬优秀传统文化内化为自觉行动，进而促进南雄社会经济文化的提质发展。

四、参考设区的市地方立法

本条古祠堂的保护参考了《黄山市徽州古建筑保护条例》中的古建筑保护，具体如下：

《黄山市徽州古建筑保护条例》第 3 条：本条例所称古建筑是指本市境内建于 1949 年以前具有历史、艺术、科学价值，能够反映历史风貌和地方特色，并列入保护名录的各类建筑物。

古建筑包括古民居、古祠堂、古牌坊、古书院、古寺庙、古戏台、古楼阁、古城墙、古码头、古水系、古塔、古桥、古坝、古亭、古道、古井等建筑物、构筑物。

古建筑构件包括天花、藻井、隔扇、门窗、隔断、斗拱、雀替、斜撑、梁柱、门罩、匾额、柱础、吻兽、抱鼓石等木构件、石构件、砖构件。

第十九条 【古驿道保护】

古驿道保护的内容包括：路肩、路面、路石，沿途的古亭、古庙、古屋、古桥、古码头、古关隘以及与古驿道相关的重要历史名人、事件、文学作品、典故传说等。

乌迳古驿道、梅关古驿道保护应当实行整体保护，保持延续历史风貌，不得破坏与其相互依存的自然景观。

【导读与释义】

本条是关于珠玑古巷古道保护内容的规定。

一、古驿道保护的内容

韶关南雄，古称“雄州”，也称“南雄州”，地处庾岭要口，毗邻江西赣南地区，自古是中原通往岭南的要道，是粤赣边境的商品集散地。其左右各有一条大致呈南北走向的古代驿道，往左为梅关古道，往右为乌迳古道。梅关古道位于南雄市东北部，南起迴澜门，北至梅关关楼，连接着长江、珠江两大水系；乌迳古道则从南雄市区溯昌水河而上后转陆路达江西省信丰县，再经水路可远至闽南、江南或中原。梅关古道、乌迳古道不仅仅是陆上驿道，还一头连着珠江分支北江的支流浈江，另一头与江西赣州市的水系相连，在空间上构成了水陆联运的交通体系。尽管两条古道都打破了空间上的限制，但两条古道却有着不尽相同的历史与功能。

（一）梅关古道的路肩、路面、路石

梅关古道是全国保存得最完整的古驿道。古道宽约6尺，路面整齐地铺着鹅卵石，道旁是繁茂的灌木丛，两侧山崖树木葱茏，层峦叠翠。

梅关古道的历史可以追溯到秦朝。公元前 221 年，秦始皇统一中原。次年，他组建了一支 50 万人的大军，兵分数路，把目光投向遥远的东南沿海，跋山涉水，挥师岭南。连绵不绝的五岭山脉，是岭南与中原之间巨大的屏障。最终，秦军在五岭之东的梅岭上，发现一处较为低矮的山谷，稍加修整后，一条在梅岭中曲折前行的军事通道初现端倪。如此重要的道路，在当时仍只是一条羊肠小道。

唐开元四年（公元 716 年），张九龄路过梅岭，见山路险峻难以通行，便向唐玄宗谏言开凿梅岭，当时因发展经济的需要，唐玄宗下诏宰相张九龄负责扩展梅岭古道。此项工程浩大，经过艰辛努力，终于完成。修建后的梅关古道真正成为沟通南北的商贸通道，从此，大唐丰饶的物产，尤其是享誉世界的丝绸、茶叶、药材、工艺品等经这里运往港口，漂洋过海走进南亚、中东乃至遥远的欧洲。与此同时，来自各国的香料药材、珠贝宝石运抵岭南后，也从这条通道驰往中原，直接推动了海上丝绸之路的繁荣。

梅关古道是我国人口南迁大动脉。早在战国时期，大批越人就迁往岭南，梅绢为首位拓荒者。位于梅关古道南的珠玑古巷是中原人往珠江三角洲迁移的关键驿站。侯景之乱，北民南迁至赣、闽、粤。南北朝时（约公元 420 年），部分人经宁都、石城入居闽粤地区。唐广明元年（公元 880 年）起，因藩镇割据，安史之乱，黄巢联合庞勋起义，再次掀开南迁狂潮。北宋末靖康之乱，大量中原及江南氏族由珠玑古巷陆续南迁，遍布珠三角、港澳及世界多个国家和地区。

古道开通之后，南北交通大为改观，广州等地客商的货物由水运北上到雄州，经古道运往岭北；由岭北南下的客商货物，则由陆路经古道运到雄州，而后转水路运往广州等地。古道上商旅络绎不绝，道旁客栈饭店、茶坊酒肆，鳞次栉比，梅关古道繁荣起来了，成为一座“南来车马北来船”“十部梨园歌吹尽”的商业城镇。近百年来，特别是粤汉铁路、雄余公路开通之后，梅关古道为现代交通线所代替，失去了南北交通通道的地位。

（二）乌迳古道路肩、路面、路石

乌迳古道的开通远早于梅关古道，至少在西晋时期，也就是1700多年前，乌迳古道就成了古代蛮荒之地北上的通衢。乌迳古道由溯昌水而上约65公里可抵乌迳，然后转陆路经田心、松木塘、鹤子坑、鸭子口、迳口圩等地达江西信丰，再从九渡圩下桃江、入章水，可远至闽南、江南、中原。得天独厚的水陆联运的交通体系通过商品的交换，把粤、赣、闽三地沟通起来，流通的大宗物品是粤盐、赣粮、闽茶。明清时期，乌迳古道成为粤盐北运的重要通道。

梅岭古道开通后，大宗货物从梅关入赣，但仍有贩夫走卒穿梭于乌迳古道之上，道旁牙行、商铺林立，繁华依旧。明清时期，乌迳古道更加繁忙，成为粤盐北运的重要通道。据史料记载，明嘉靖年间，每日来往于乌迳道的牛车约100辆，往来于南雄至乌迳新田的木帆船约500艘。直至民国时期，这里的水运还相当发达，南北客商云集乌迳，乌迳成为南雄市第一大墟市。

（三）古道沿途的遗存以及相关历史名人、事件、文学作品、典故传说等

保护梅关古道、乌迳古道，主要是保护梅关古道、乌迳古道的路肩、路面、路石，而且包括保护沿途的古亭、古庙、古屋、古桥、古码头、古关隘以及与古驿道相关的重要历史名人事件、文学作品、典故传说等。

现在，梅关—乌迳古道全长约46公里，本体遗存5.2公里，有关楼、驿站、茶亭等遗址5处，古桥、码头、碑刻等遗址13处，历史建筑25处。正在打造的梅关—乌迳古道精华段起止点为珠玑镇聪辈虎踞桥和梅关关楼，全长24公里，其中，本体有4.2公里。沿线有珠玑古巷、凤凰桥、梅关关楼与古道、里东古戏台、里东古街、灵潭驿站、角湾村、中站古城墙、来雁亭、梅岭村、梅关关楼等古村落、古建筑历史遗存，都

需要保护。

历史上不少中原仕宦、世家望族，由此道迁入岭南，灿烂的中原文化也由此道传入南粤，古驿道相关的重要历史名人事件、文学作品、典故传说等也是重要的保护内容。诸如，传播宗教文化的大雄禅寺；古道孕育的独特的“梅关古道诗”：“梅花南北路，风雨湿征衣”。后魏有陆凯的《赠范晔》，唐代有宋之问的《题大庾岭北驿》、沈佺期的《遥同杜员外审言过岭》、张九龄的《自始兴溪夜上赴岭》、刘长卿的《却赴南邑留别苏台知己》、许浑的《别表兄军倅》、苏轼的《北归度岭寄子由》等。

二、乌迳古驿道、梅关古驿道实行整体保护

在乌迳古驿道交通带动下兴起的村落、城镇不计其数，享有“西晋第一村”美誉的新田村先祖便是循着乌迳古道建村，新田村自建村至今已有1700多年的历史。近村的新田码头泊位深阔，直通新田圩河边各商行。

梅关古驿道沿线的主要文物遗存包括沿线珠玑古巷，凤凰桥，里东古村、灵潭村等古村落，雄关楼，古道，古街，“梅岭”碑刻，古树及其他古遗址、革命遗址等。其中，2013年，梅关古道被列为全国重点文物保护单位。

近年来，南雄市加大对古驿道的保护和修复力度，与沿线美丽乡村建设、文化旅游发展有机结合，通过“古驿道+文化”“古驿道+特色产业”“古驿道+旅游”等创新方式，打造古驿道文旅品牌，把乌迳古道、新田古村落与珠玑古巷、梅关古道串联起来打造为大珠玑旅游圈，对乌迳古驿道、梅关古驿道实行整体保护和利用。

2017年，南雄市提出构建“乌迳古道+梅关古道+珠玑古巷”大旅游文化发展圈；2018年，省政府工作报告指出要修复古驿道。按照省住房和城乡建设厅《关于2018年南粤古驿道重点线路选取与保护利用工作计

划》的部署，梅关—乌迳古道将作为2018年重点打造的线路之一。南雄市梅关—乌迳古驿道重点线路精华段起点为珠玑镇聪辈虎踞桥，途经、角湾村、中站古村、泰源村、梅岭村、梅关古道景区，终点为梅关关楼，全长24公里。

第二十条　【鼓励珠玑文化研究】

鼓励单位和个人设立珠玑文化研究机构，开展珠玑文化研究，对具有重要价值的珠玑古巷历史文化资源原始文献、典籍、资料进行整理、翻译、出版。

【导读与释义】

本条是关于鼓励珠玑文化研究的规定。

广东南雄“珠玑文化”是岭南文化的一份珍贵历史资源。鼓励单位和个人设立珠玑古巷文化研究机构，支持和鼓励单位和个人开展珠玑古巷文化研究。通过政府购买服务等方式，引导社会力量开展珠玑文化历史渊源、发展脉络及其传承、传播、影响、意义等方面的研究，弘扬珠玑古巷文化中的人文精神与传统美德。鼓励单位和个人对具有重要价值的珠玑文化原始文献、典籍、资料进行整理、翻译、出版。

广东南雄珠玑古巷是古代中原和江南通往岭南古驿道上的一个广府人的中转站、宋元时期北方移民迁徙岭南的集散之地，也是当今数千万广府人及海外华侨的发祥地和祖居地。在移民历史中，珠玑古巷被誉为广府人的故乡，一个很重要的因素是它是中华民族移民进入岭南拓展南疆的首站和中转站。从珠玑古巷迁播出去的姓氏至今已达180多个，其后裔繁衍达8000多万人，遍布海内外。珠玑古巷被称为广府人的祖居之地，是中国三大寻根地之一，是广府文化的发祥地。珠玑古巷的住户又再南迁到珠江三角洲地区、港澳乃至海外，形成了以粤语为语言体系的广府民系，同时也开创了灿烂的广府文化。珠玑古巷是广府人的发祥地、广东仅有的宋代古巷古道，有“广东第一巷”之美誉。珠玑古巷及其所承载的文化传统从千年前的唐宋时期一直延续至今，珠玑文化（寻根文化、姓氏文化和客家文化）在历史、民族、文化、建筑美学、社会等各方面均有重要价值。

一、鼓励开展珠玑文化研究

南雄地处广东省东北部、大庾岭南麓，毗邻江西、湖南，自古就存在两条出赣往中原、江南之通道，是粤赣边境的商品集散地。近年兴起的客家人的寻根热潮，使以移民文化为主的珠玑文化成为南雄文化的品牌文化，珠玑文化研究的深入带动了整个南雄文化的研究，并使之走向深入，意义重大。

（一）客家文化

客家，是中华民族大家庭中重要的一员，是具有显著特性的汉族民系，是汉民族中的一个地缘性群体，客家人的先民是从中原地区来的。而客家文化是这个群体在其形成与发展过程中，为适应和改造生存条件而创造出来的全部物质文化与精神文化的总和。

在我国历史上，为躲避北方战乱，大量中原汉人背井离乡南迁，尤其是南宋时期，许多中原人民和大批的皇室贵宦及商贾文人南迁。隋唐以前的南迁北人都是以平民为主的，人数居多，却缺乏文化底蕴，宋元之后的南迁北人则不同，他们除一般平民外，还有不少官宦人家、文人墨客和仁人志士，特别是宋朝，当时中原文化非常繁荣，北人南迁是随官府朝廷不断南移而进行的，他们不仅人来到南方，还带来了浓厚的中原文化。所以，隋唐之前的中原人来到南方，为客家人的数量起了壮大的作用，但因缺乏文化因素，难以形成具有自己特色的民系文化。宋元之后，一些望门贵族和文人墨客来到南方，既壮大了客家规模，又使客家提升了社会地位和文化品位，促使客家民系和客家文化的最终形成。

珠玑古巷客家人的故事始于千年以前，客家先民始于秦征岭南融百越时期，至唐、宋、元等朝代，北方汉人为躲避战乱，不断南迁。珠玑古巷位于广东省南雄市珠玑镇，自唐开元四年（公元716年）张九龄奉诏开凿梅关古道以来，便成为古代中原和江南通往岭南古驿道上的一个商业重镇，是南来北往的必经之地，是中原人民为避战祸向南迁徙的歇脚点，是中华民族拓展南疆的中转站。后来成了南迁南粤的中枢，人与物的流动都要经过这里，同时也带动了经济的繁荣，吸引了大批商人南下经商。

真正的珠玑古巷移民，应该在唐代以后才开始，大规模南迁则在宋代才开始。宋元之交，蒙古人的入侵，造成众多民众为避战乱，倾巢南下。因这里是南下的交通要道，北人南迁也带来了经济的繁荣和珠玑巷的兴旺。

珠玑文化中的客家文化由北方中原移民带来的中原传统的价值观念及思想体系，结合新的环境和南雄原有的土著文化形成。唐末安史之乱及宋末元初的战乱，使得中原人民两次沿唐代张九龄主持开凿的大庾岭新路大规模南迁，形成以“珠玑巷”为符号的移民文化。南迁的中原移民带来了中原的生产技术和文化，对岭南经济和文化的发展起到了重要作用。南迁的中原人适应了岭南地区的气候和生活习惯，重新创业，和当地土著居民经过长期共同生产生活形成了特有的珠玑文化中的客家文化。也因战乱，珠玑古巷的部分移民无法久留，只好继续南迁，散落到广东各地。他们到达珠江三角洲后，使珠江三角洲一带的农业迈开了具有开发意义的新步伐。

（二）姓氏文化

姓氏文化作为中华传统文化的一个重要组成部分，其中蕴含的“同源同根、天下一家”的人文情结，是增强中华民族凝聚力的重要力量。广府人后裔齐聚一堂，他们在寻根问祖、慎终追远的同时进一步传承和弘扬了姓氏文化。

珠玑古巷是古代中原人和中原文化向岭南迁徙的中转站，是珠江三角洲人祖先的发祥地，是广府文化与客家文化的交汇点。它对岭南人文发展史有着重大影响，它曾经接纳过 180 多个姓氏宗族的去留。人们在这里繁衍生息，构筑着美丽的家园，而后又背井离乡迁往珠江三角洲和海外各地，由此创下了中国南迁历史的辉煌，也成就了南雄今天声名远扬、意义深远的姓氏文化。南雄珠玑古巷南迁后裔广泛分布在珠江三角洲、港、澳、台以及海外，人口达数千万人。珠玑古巷被称为广府人的祖居之地，是广府文化的发祥地，被誉为“中华文化驿站，天下广府根源”。

在南雄多个古村落里，还流传着另一种独特的民俗文化，传承着来自中原望族的世家记忆，这就是姓氏节。姓氏节最早源于新田村李氏，相传唐代，其祖李金马曾官拜户部侍郎，他不畏权势，敢于犯颜直谏，屡进诤言，深受百姓爱戴，新田族人便以其生日作为永久纪念。这就成为姓氏节的雏形。看到新田李氏姓氏节的热闹场面，其他姓氏争相效仿。

（三）寻根文化

我国历代移民和姓氏迁徙大都发生于社会激烈动荡的历史时期，因而呈现出时间相对集中、数量较大、流向较为明确、地域相对固定等明显特征。因战乱或自然灾害，中原汉族曾数次向岭南大迁徙，珠玑古巷是客家人向岭南迁徙的重要中转站。珠玑古巷是全国三大寻根地之一，被誉为“中华文化驿站、天下广府根源”，也是古代中原和江南通往岭南古驿道上的一个商业重镇、广府人的中转站、广东仅有的宋代古巷古道，有“广东第一巷”之美誉，是海内外尤其是珠江三角洲共 5000 多万居民的发祥地和祖居地。珠玑古巷的住户又再南迁到珠三角地区、港澳乃至海外，从珠玑巷迁播出去的姓氏至今已达 180 多个，其后裔繁衍 8000 多万人，形成了以粤语为语言体系的广府民系，同时也开创了灿烂的广府文化，是广府人的发祥地、广东仅有的宋代古巷古道，有“广东第一巷”之美誉。

众多的族谱资料和民间传说，都反映了南雄珠玑古巷移民的历史事实。广东南雄珠玑古巷是宋元时期北方移民迁徙岭南的集散之地，是珠江三角洲众多姓氏念念不忘的发祥地。在向岭南输入中原移民的同时，珠玑古巷也让中原文化精神传遍了岭南。珠玑古巷移民对自己家族制度、观念与信仰的忠实传承，反映了数千年来中原文化的影响。每年成千上万的“珠玑后裔”到珠玑古巷“寻根”，体现出了他们对“华夏衣冠”强烈的归属意识。

珠玑后裔迁出故里后，很少再重返故地定居，他们不断寻找新的地方开枝散叶，但淳朴的乡情并未因此淡忘。广州的珠玑路、东莞的珠玑街、南海的珠玑冈、广西平南的珠玑街，都是珠玑文化流传的凭证。珠玑古巷祠堂密布，每年有大量客家人来此寻祖问根，超过六成散居珠江三角洲乃至东南亚的广府人，都将自己视为“珠玑后裔”。珠玑古巷成为旅游、观瞻、怀旧、思乡、敬祖的胜地，是民族凝聚力的磁场。

二、对有重要价值的珠玑古巷历史文化资源进行整理、翻译、出版

珠玑古巷人南迁传说源远流长，反映了中原移民历次南迁的进程，具有重要的历史文化价值。这一传说影响深远，具有强大的凝聚力，吸引着海内外几千万粤语族裔到珠玑古巷寻根问祖，同时也推动着粤北地区乃至广东省的经济、社会和文化发展。

珠玑古巷人南迁的传说主要以粤语为载体口头传承，关于珠玑古巷人南迁的传说，在广东、广西、香港、澳门及海外粤语族群中历代口传不辍。关于珠玑古巷人南迁传说的相关记载多见于历代方志、族谱、笔记、诗文等文献，还曾被改编为章回小说、粤剧、采茶戏、纪录片等，以多种艺术形式呈现出来。

近年来，由于影视等现代文化形式的冲击，曾活跃于口头的珠玑古巷人南迁的传说逐渐式微，传承者大多年逾古稀，年轻人兴趣不高。因此，亟需采取可行的保护措施，使这一重要的文化遗产能够继续传承下去。鼓励单位和个人对有重要价值的珠玑古巷历史文化资源进行整理、翻译、出版。

其中，1995年成立的广东南雄珠玑巷后裔联谊会，为弘扬珠玑文化作出了积极贡献，已成为粤北山区与珠江三角洲、港澳台、海外各地相互联系的重要纽带，为南雄、韶关乃至粤北山区的经济社会发展提供了有力支持，推动了当地经贸合作、文化教育和旅游业的发展。据悉，于1995年11月成立的广东南雄珠玑巷后裔联谊会，目前已成为一个具有深厚历史、人文、姓氏和文化底蕴基础、高层次、别具特点、在国内外有较大影响的社团组织。创会以来，联谊会高举爱国爱乡大旗，秉承“弘扬祖德、维系桑梓、增进情谊、发展经济、振兴中华、造福社会”的宗旨，以珠江三角洲和港澳等发达地区为依托，积极广泛开展各种形式的联谊活动，凝聚了遍布全球的珠玑巷后裔，为推动南雄、韶关乃至粤北山区的经济建设、文化建设和社会建设作出了巨大贡献。联谊会凝聚越来越多“珠玑后裔”参与到反哺家乡文教的事业中来。邓氏联谊会就是其中一脉。会长告诉记者，邓氏联谊会成立以来，不仅设立了“慈善教育基金”，兴建了“邓氏堂（奖学）大厦”“邓文蔚楼”，修编了《珠玑巷邓氏族史》，还组织了多种形式的宗亲联谊活动，以激发邓氏后裔爱国爱乡和支援家乡建设的热情。

第二十一条　【保护资金】

南雄市人民政府应当设立珠玑古巷历史文化资源保护资金。珠玑古巷历史文化资源保护资金由政府投入、珠玑古巷历史文化资源有偿使用费、社会捐赠以及其他收入构成，专项用于珠玑古巷历史文化资源的保护。

任何单位和个人不得截留、侵占、挪用珠玑古巷历史文化资源保护资金。

【导读与释义】

本条是关于设立珠玑古巷历史文化资源保护资金的规定。

南雄市坚持“保护为主、抢救第一、合理利用、加强管理”的工作方针，扎实推进珠玑古巷历史文化资源保护工作。南雄市将尽快打造乌迳古道、梅关古道、珠玑古巷的大旅游文化发展圈，形成“乌迳古道+梅关古道+珠玑古巷”大旅游文化发展圈建设实施方案，使乌迳古道和梅关古道结合珠玑古巷，形成一个经济社会、旅游文化发展圈。新农村建设要与历史、文化、旅游、特色产业发展相融合，共同保护、发展古村落，并通过特色产业推动古村落的发展。乌迳古道和梅关古道主要道路路面改造、古文化发掘展示、旅游线路配套完善等项目建设取得了很大成绩。

但珠玑古巷历史文化资源保护与开发利用的资金投入不够。珠玑古巷历史文化资源保护与开发利用是一项庞大的系统工程，涉及古迹恢复重建、街道风貌塑造、危旧房改造、搬迁和安置等问题。而目前文化资源的传承、保护与挖掘，出现了有心无力、有力无钱等现象。没有一定资金的保障，文化资源的保护和利用开发只能是一句空话。多年来，文化资源保护和利用主要靠南雄市政府投入这单一的投资方式，长此以往，难以为继。由于财政投入经费与实际支出差距较大，募集社会资金又渠道不畅，出现了保护修缮经费“杯水车薪”的局面。随着岁月的流逝和现代化生活方式对传统文化的冲击，很多历史文化资源有可能消失。

国家出台了《国家历史文化名城保护专项资金管理办法》《国家级风景名胜区和历史文化名城保护补助资金使用管理办法》《国家文物保护资金管理办法》等相关规章制度。《条例》在借鉴国家层面制度的基础上，也设置了设立珠玑古巷历史文化资源保护资金，同时明确保护资金的来源和规范使用，任何单位和个人不得违规使用，否则将承担法律责任。

设立珠玑古巷历史文化资源保护资金的投入需发挥政府主导和引导作用，拓宽资金投入渠道。加大对珠玑古巷历史文化资源保护的资金投入，要将珠玑古巷历史文化资源保护的管理业务经费纳入南雄市政府财政预算，并做到随着经济水平的提高而有所增长。同时要积极吸纳社会资金，在政策、措施上鼓励社会团体、企业和个人对历史文化遗产保护传承的捐赠，努力形成政府主导和社会参与相结合的经费投入机制。符合文物条件的，文物保护单位可以适当增加文物保护专项经费的申请，对国家级、市级和县（区）级三个层面的重点项目和特别项目，投入相应的专项保护经费，力争提高重点文物的保护补贴和修缮维护费，多渠道满足保护需求。

第二十二条　【保护标识】

南雄市人民政府应当设置珠玑古巷历史文化资源保护对象的保护标识，保护标识的设置应当符合相关技术标准，并与珠玑古巷风貌协调一致。

【导读与释义】

本条是关于设立珠玑古巷历史文化资源保护对象保护标识的规定。

《文物保护法》《文物保护法实施条例》明确规定要对重点文物保护设立保护标志，使其有自己的“身份证”。为了做好珠玑古巷历史文化资源保护、管理工作，《条例》规定设置保护标识。

标识是一个事物的特征，一种让人识别的标记，不但可以用特定形式来帮助记忆，也可以张扬自身的形象；但首要的意义在于“知道”“认识”，要让人熟悉、记住。标识牌的应用十分广泛，常见于生活中的各种场景，分为不同种类，比如景区标识牌、广告标识牌等。

珠玑古巷历史文化资源标识牌不仅具有历史的真实性，是有物可看、有事可述的历史遗存，而且还有较高的典型性和较强的代表性，能见证珠玑古巷历史文化某一时期重大历史事件，反映某一地区、某一时代独特的生产、生活状况和文化特点。珠玑古巷历史文化资源标识牌及时公布、有效保护和合理利用，表明了珠玑古巷历史文化资源的级别身份，加大了珠玑古巷历史文化资源保护的宣传力度，让群众了解这些珠玑古巷历史文化资源，提升了全社会的珠玑古巷历史文化资源保护意识，也是标志和警示、见证和陈述，对加强珠玑古巷历史文化资源保护具有重要意义。

标识牌可以有不同颜色、不同形状以及不同材质，制定需要有一定技术标准。这个建议由韶关市文旅局统一规范制作，保护是第一位的，应按照划定的不同保护等级范围明确保护要求。制作标识牌需要鲜明又富特色并且主题突出的珠玑古巷历史文化资源，与珠玑古巷历史文化资源相协调，充分考虑珠玑古巷历史文化资源的历史风貌和风土人情。标识牌的设置有助于整个珠玑古巷历史文化资源的形象整合和传播，要加大对人们视觉的冲击力度，提高群众的直接参与度和认同感，引导群众积极参与到保护珠玑古巷历史文化资源的活动中来，使全社会合力做好保护工作。

第二十三条　【禁止行为】

珠玑古巷历史文化资源保护规划确定的保护范围内，禁止下列行为：(一) 损毁古驿道、古楼、古塔等建筑物；(二) 砍伐、擅自迁移、损坏古树名木；(三) 在古巷、古驿道、古楼、古塔等建筑物和古树名木上涂写、刻画，擅自张贴广告、标语等宣传品；(四) 擅自设置、移动、涂改、损毁保护标识；(五) 使用高音广播喇叭或者采用其他持续反复发出高噪声的方法招揽顾客；(六) 擅自占用道路、公共场地等摆摊设点从事经营活动；(七) 其他损害珠玑古巷历史文化资源的行为。

【导读与释义】

本条是关于珠玑古巷历史文化资源保护规划确定的保护范围内禁止某些行为的规定。

一、本条采用列举式和兜底条款的立法技术

本条对珠玑古巷历史文化资源保护规划确定的保护范围内禁止行为采取列举式加兜底条款的立法模式，对禁止行为进行列举。本条归纳了实践中最可能出现的损害珠玑古巷历史文化资源的行为并进行了分类列举。但列举式立法模式的缺点在于难以穷尽社会生活中应受法律规制的行为，且难以应对随着社会发展而出现的新情况。

本条最后一款采用兜底条款。兜底条款是法律文本中常见的法律表述，主要是为了避免法律的不周延性以及社会情势变迁。法律一经制定出来，因自身具有的固定性就随之具有了相对滞后性，立法者也受主观认识能力等方面的局限，无法准确预知法律所要规范的所有可能与情形。

因此，通过这些兜底性条款，尽量减少人类主观认识能力不足所带来的法律缺陷以及保持法律的相对稳定性，使执法者可以依据法律的精神和原则，适应社会情势的客观需要，将一些新情况通过这个兜底条款来予以适用解决，而无需修改法律。这种立法技术在我国的法律中非常普遍，是常用的立法技术。

兜底条款这种立法技术一般与列举式立法技术配合使用，两者往往联系密切，同时在一个法条中出现，用来弥补列举式立法的漏洞。列举式立法技术是指一一列举具体的情况，列举式立法的功能是使法律规范趋于明晰，明确指引人们的行为。法律具有相对稳定性，绝不能朝令夕改，否则，就会失去法的权威性和安全性。但是，这样与之相应的是调整社会关系的法律可能无法应对日新月异的社会情势。于是，兜底性条款出现了，以弥补列举式立法模式的不足。

二、禁止行为是遵守公共管理秩序的需要

珠玑古巷历史文化资源是历史文化遗产，每个单位和个人都有爱护的义务。本条分类列举了若干损坏珠玑古巷历史文化资源的行为被禁止，也是营造珠玑古巷历史文化资源良好公共管理秩序的需要。

公众遵守公共管理秩序是一种道德素养，也是一种行为习惯，更是一种担当精神，是城市文明的缩影。良好的公共管理秩序需要人们遵循一定的行为规范，从而调整一系列的利益关系，建立正常的社会关系。社会作为一种群体是由个人组成的，所谓个人，就是现实生活中具有自己的意志、利益、需要和行为的个体。而群体是由具有共同目的和保持协作关系的个人组成的社会系统。在社会活动中，个人与群体的关系、个人与个人之间的关系，实质上是一种利益关系。正确处理人与人及个人与群体的利益关系就需要行为规范发挥协调作用。

行为规范，是社会群体或个人在参与社会活动中所遵循的规则、准则的总称，是社会认可和人们普遍接受的具有一般约束力的行为标准。

行为规范是调节人际交往、实现社会控制、维持社会秩序的工具，它来自主体和客体相互作用的交往经验，是人们说话、做事所依据的标准，也是社会成员都应遵守的行为。没有规矩不成方圆，没有规范就没有秩序。规范、标准缺失，不仅会冲击正常社会秩序，使人们无所适从，乱了方寸，还会影响到社会的发展和生存质量。公众的行为要遵循一定的规范，所谓规范，就是规则和标准。

遵守公共秩序对于一个社会的发展是非常重要的。首先，它是维系社会生活正常化的基本保证。随着社会生活的复杂化和多样化，公共场所已成为人们共同生活、娱乐必不可少的地方，如居民区、影剧院、体育场馆、公园、商店等。这些场所秩序良好，会给人们的生活带来极大的愉快。其次，它是社会文明的标志。良好的社会公共秩序，是衡量一个地方管理水平和文明程度的显著标志。它是衡量一个人精神道德风貌和文明素养的重要尺度。在公共场所自觉约束自己、方便他人、维护秩序，是做人的起码原则。所以，作为公民，每个人都有遵守社会公共秩序的义务。

作为公民，每个人都有遵守社会公共秩序的义务，这是公民应履行的法定义务，有利于维护社会稳定，因为这样人们才可以友好地生活，不发生争斗，使生活井井有条，这是我们的生活、学习和工作正常有序地进行的保证。

本条禁止损坏珠玑古巷历史文化资源是一个行为规范，有利于营造一种良好的公共秩序，同时以法规形式明确规定，具有刚性，每个单位和个人都有爱护历史文化遗产的义务。

三、本条借鉴了设区的市地方立法经验

本条借鉴了设区的市地方立法条款，具体是：

(1)《襄阳古城保护条例》第 32 条：襄阳古城保护范围内禁止下列行为：（一）损坏、擅自拆除列入保护名录的不可移动文物、建（构）

筑物；（二）破坏、擅自占用传统民居、古碑刻、古井及其他具有历史文化价值的遗址遗迹、纪念性设施；（三）在文物、历史建筑等保护对象上乱贴、乱刻、乱画或者擅自移动、拆除其保护标志；（四）改变历史街巷宽度、走向，擅自挖掘地下空间；（五）砍伐、损毁古树名木；（六）擅自改造沿街建筑外立面；（七）生产、储存易燃易爆危险物品；（八）违反相关规划和技术规范铺设、改造、延伸水、电、气、网络通信等管道和设施；（九）使用高音广播喇叭或者其他发出高噪声的方法招揽生意；（十）法律、法规禁止的其他行为。

（2）《常州市焦溪古镇保护条例》第 15 条：在焦溪古镇保护范围内禁止以下行为：（一）破坏不可移动文物、历史建筑和传统风貌建筑；（二）擅自占用、填堵、围垦河道；（三）擅自新建、改建、扩建建（构）筑物；（四）擅自拆除具有历史文化价值的建（构）筑物门窗、装饰构件等；（五）擅自设置、移动、涂改、损毁保护标志；（六）生产、储存爆炸性、易燃性、放射性、毒害性、腐蚀性物品；（七）私拉乱接电气线路；（八）燃放烟花爆竹；（九）在非指定区域摆摊设点；（十）随意倾倒垃圾、排放污水或者丢弃其他废弃物；（十一）在主要街道两侧和公共场地随意吊挂、晾晒、堆放物品；（十二）法律、法规规定的其他影响古镇保护的行为。

第二十四条　【合理利用】

南雄市人民政府应当支持利用珠玑古巷历史文化街区、传统村落、历史建筑、古祠堂等历史文化资源开展文化旅游活动，发展文化旅游产业。

【导读与释义】

本条是关于利用珠玑古巷历史文化资源开展文化旅游活动的规定。

党的十八大以来，以习近平同志为核心的党中央高度重视历史文化遗产的保护和传承，积极推进历史文化遗产资源的重点保护、合理开发、适度利用，让更多历史文化遗产“活起来”。2022年1月27日，习近平总书记考察调研世界文化遗产山西平遥古城，就保护历史文化遗产、传承弘扬中华优秀传统文化发表了重要讲话。习近平总书记指出：“历史文化遗产承载着中华民族的基因和血脉，不仅属于我们这一代人，也属于子孙万代。要敬畏历史、敬畏文化、敬畏生态，全面保护好历史文化遗产，统筹好旅游发展、特色经营、古城保护，筑牢文物安全底线，守护好前人留给我们的宝贵财富。”这次重要讲话与党的十八大以来习近平总书记关于历史文化遗产保护的重要论述和重要指示批示精神一脉相承，体现了以习近平同志为核心的党中央对历史文化遗产保护的高度重视。习近平总书记关于加强历史文化遗产保护重要论述和重要指示，内涵深刻、思想精深、论述精辟，为新时代文物事业改革发展指明了前进方向，提供了根本遵循。[1]

历史文化遗产是不可再生、不可替代的资源，印刻着中华文明的历

〔1〕 张毅等：《保护好中华民族精神生生不息的根脉——习近平总书记关于加强历史文化遗产保护重要论述综述》，载《人民日报》2022年3月20日。

史渊源、发展脉络、基本走向，蕴含着中华文化的独特创造、价值理念、鲜明特色。我们要按照习近平总书记的重要指示，着眼文明传承、文化延续，切实完整保护好各时期重要的历史文化遗产，努力让城市留下记忆、让人们记住乡愁。

习近平总书记强调“要把历史文化遗产保护放在第一位，同时要合理利用”“切实做到在保护中发展、在发展中保护”。〔1〕历史文化遗产延续着中华民族的精神和根脉，既要薪火相传、代代守护，又要与时俱进、勇于创新。我们要按照习近平总书记的重要指示，正确处理好传统与现代、保护与发展的辩证关系，充分挖掘并利用历史文化遗产的多重价值，以改革创新精神推动历史文化遗产创造性转化、创新性发展，让收藏在博物馆里的文物、陈列在广阔大地上的遗产、书写在古籍里的文字活起来，在新时代熠熠生辉。

2022 年月，中共中央宣传部、文化和旅游部、国家文物局印发了《关于学习贯彻习近平总书记重要讲话精神　全面加强历史文化遗产保护的通知》，要求认真学习贯彻习近平总书记重要讲话精神，做好当前和今后一个时期历史文化遗产保护工作。这一通知对当下推动历史文化遗产保护发挥了重要的作用，特别是对全社会进一步加强和树立文化遗产保护意识，具有十分重要的意义。

2024 年第 8 期《求是》刊发了习近平总书记重要文章《加强文化遗产保护传承　弘扬中华优秀传统文化》。习近平总书记关于加强历史文化遗产保护传承的重要论述和指示，阐明了保护传承历史文化遗产的重大意义、基本方针和实践要求，为进一步保护历史文化遗产、更好传承历史文脉提供了总纲领、总遵循、总依据、总指引。

历史文化遗产是不可再生、不可替代的宝贵资源，必须始终把保护

〔1〕《保护好中华民族精神生生不息的根脉——习近平总书记关于加强历史文化遗产保护重要论述综述》，载 https://www.12371.cn/2022/03/20/ARTI1647738059473979.shtml，2025 年 3 月 1 日访问。

放在第一位。现代化进程中，如何处理好传统与现代、继承与发展的关系？这是文化遗产保护必须直面的问题。习近平总书记要求："处理好城市改造开发和历史文化遗产保护利用的关系，切实做到在保护中发展、在发展中保护。"[1]习近平总书记强调："要持续加强文化和自然遗产传承、利用工作，使其在新时代焕发新活力、绽放新光彩，更好满足人民群众的美好生活需求。"[2]

《条例》深刻领悟、贯彻和落实习近平总书记关于历史文化遗产的重要讲话精神，对珠玑古巷历史文化资源坚持保护第一，同时，在合理利用中推动守正创新。统筹协调好珠玑古巷历史文化资源保护与城乡建设、经济发展、旅游开发之间的关系。

珠玑古巷历史文化资源包括珠玑古巷历史文化街区、传统村落、历史建筑、古祠堂等多个类型的历史文化资源。近年来，南雄市借助良好的历史、人文、自然旅游资源，以传承和弘扬珠玑文化传统为出发点，围绕姓氏文化、客家文化、恳亲文化，着力打造"大珠玑"旅游圈，通过修复古建筑、完善配套设施、举办姓氏文化旅游节、发展非遗项目等一系列举措，推动珠玑古巷成为寻根问祖和观光旅游的新热点。为发挥"广府之源、姓氏名都"品牌优势，南雄市通过了《南雄全域旅游发展总体规划（2020—2030年）》，进一步推进省级全域旅游示范区的创建。

立足南雄深厚的姓氏文化底蕴和丰富的旅游资源，南雄市充分挖掘姓氏文化内涵，把特色文化资源优势转化为发展优势，将"广府之源，姓氏名都"作为一项战略深入实施，每年至少举办一届姓氏文化旅游节，擦亮"姓氏文化名都"品牌。珠玑古巷是广东仅有的宋代古巷古道，是广府文化发祥地、广府人祖居地，有"广东第一巷"之美誉。举办非遗民俗表演、后裔宗亲交流、姓氏文化研讨、祭祖恳亲、旅游观光、媒体

[1]《留住历史根脉　传承中华文明——习近平总书记关心历史文物保护工作纪实》，载https://news.12371.cn/2015/01/09/ARTI1420782710208395.shtml，2025年3月1日访问。

[2]《习近平对加强文化和自然遗产保护传承利用工作作出重要指示》，载https://www.12371.cn/2024/08/06/ARTI1722917558755993.shtml，2025年3月1日访问。

采风、商贸洽谈和广府美食、粤剧展演等活动，能大力弘扬中华优秀传统文化，全力提升南雄“中国姓氏文化名都”品牌。通过举办姓氏文化旅游节，团结海内外珠玑古巷后裔和各姓氏宗亲及乡贤等社会各界力量，以此提升南雄文化旅游的影响力，促进南雄文化的大繁荣、经济的大发展。

被誉为“广东第一巷”的南雄珠玑古巷是我国三大著名寻根地之一，是当今数千万广府人及海外华侨的发祥地和祖居地，在岭南人文发展史上有着十分重大的影响。在当今寻根问祖的热潮中，南雄珠玑古巷是海内外珠玑古巷南迁后裔观瞻、怀旧、思乡、敬祖的地方。南雄市抢抓历史机遇，加快发展文化旅游，每届珠玑寻根之旅都有诸多来自美国、澳大利亚、新加坡等国家的海外后裔宗亲来参加世界恳亲大会。

恳亲大会规模较大、规格较高、内容较丰富，以加强与省内外和海内外宗亲的联系与联谊为宗旨，意在通过文化交流、旅游观光、经济合作，进一步增进海内外各地宗亲了解南雄，认识南雄，推动南雄各项事业的发展。通过恳亲大会等多种形式联谊，让海内外8000多万从珠玑古巷走出去的广府人，特别是年轻一代的华侨华人世世代代记着他们“根在珠玑”，吸引和凝聚更多的广府人为珠玑古巷所在地南雄的经济发展作出贡献。

第二十五条　【规范经营活动】

利用珠玑古巷历史文化资源开展影视拍摄和公益性、群众性等大型户外活动，应当制定活动方案，防止损害珠玑古巷历史文化资源，并依照有关法律、法规的规定办理相关手续。

【导读与释义】

本条是关于利用珠玑古巷历史文化资源进行大型户外活动的规定。

要加强对珠玑古巷历史文化资源的保护，同时，也要进一步挖掘、整合和合理利用珠玑古巷历史文化资源。2016 年 3 月 23 日，习近平总书记对文物工作作出重要指示："各级党委和政府要增强对历史文物的敬畏之心，树立保护文物也是政绩的科学理念，统筹好文物保护与经济社会发展，全面贯彻'保护为主、抢救第一、合理利用、加强管理'的工作方针，切实加大文物保护力度，推进文物合理适度利用，使文物保护成果更多惠及人民群众。各级文物部门要不辱使命，守土尽责，提高素质能力和依法管理水平，广泛动员社会力量参与，努力走出一条符合国情的文物保护利用之路，为实现'两个一百年'奋斗目标、实现中华民族伟大复兴的中国梦作出更大贡献。"〔1〕

深刻领悟习近平总书记对文物工作作出重要指示的精神，《条例》本条坚持保护为主、合理利用、加强管理的原则，《条例》的本条规定是对利用珠玑古巷历史文化资源开展影视拍摄和公益性、群众性等大型户外活动的规定，对珠玑古巷历史文化资源保护利用应当与其历史、艺术、

〔1〕 张毅等：《保护好中华民族精神生生不息的根脉——习近平总书记关于加强历史文化遗产保护重要论述综述》，载《人民日报》2022 年 3 月 20 日。

科学、文化和社会价值相适应，同时兼顾经济效益，实现保护、利用与传承相协调。

珠玑古巷是古代五岭南北梅关古道的必经之路，是中原人移居岭南的重要聚居地，也是珠江三角洲居民的发祥地和海外无数华侨的祖居。珠玑古巷风貌犹存，保留着不同朝代的古楼、古塔、古榕和古建筑遗址等一批文物古迹、观光景点，当年的古镇风貌依稀可辨。近年来，南雄市大力弘扬中华优秀传统文化，推动珠玑传统文化的创造性转化和创新性发展，推出姓氏文化旅游节；南雄市珠玑古巷作为广府人的发源地，由此走出去的广府人后裔已有 8000 多万，遍布世界 45 个国家，近些年来，随着大批珠玑古巷后裔回来寻根问祖，南雄市人民政府组织了世界恳亲大会；南雄市营造浓厚的非遗保护氛围，在珠玑古巷举办了盛大的端午节庆巡游，迎游茅船、唱龙船歌、扛太子菩萨及珠玑“飘色”等多种特色民俗表演等活动，数不胜数。

利用珠玑古巷历史文化资源开展影视拍摄和公益性、群众性等大型户外活动，应当制定活动方案，规范和指引公众在利用珠玑古巷历史文化资源时的行为，防止损害珠玑古巷历史文化资源，法律、法规规定需要办理审批手续的，应当依法办理审批手续。

第二十六条　【鼓励利用行为】

鼓励和支持社会资本利用珠玑古巷历史文化资源开展下列活动：（一）设立主题博物馆、纪念馆、展览馆等；（二）研发文化产品；（三）开展崇祖敬宗联谊；（四）经营发展餐饮、民宿等旅游服务项目；（五）其他传承、利用珠玑古巷历史文化资源的活动。

【导读与释义】

本条是关于鼓励和支持社会资本利用珠玑古巷历史文化资源开展活动的规定。

一、鼓励和支持社会资本利用珠玑古巷历史文化资源开展活动

习近平总书记强调："全面贯彻'保护为主、抢救第一、合理利用、加强管理'的工作方针，切实加大文物保护力度，推进文物合理适度利用，使文物保护成果更多惠及人民群众。"[1]习近平总书记关于保护历史文化遗产的一系列重要论述，体现了马克思主义历史观，宣示了我们党对待民族历史文化的基本态度，更深刻启迪我们只有保护好、传承好、利用好老祖宗留下的宝贵历史文化财富，才能让中华文脉绵延赓续、文明薪火代代相传。文物保护离不开社会力量的积极参与，我们要健全社会参与机制，调动社会力量参与文化遗产保护的积极性，鼓励引导社会力量投入文化遗产保护。

---

〔1〕 曲青山：《学习习近平文化思想》，载 https://www.12371.cn/2024/05/06/ARTI1714965229312759.shtml，2025 年 3 月 1 日访问。

二、鼓励和支持利用珠玑古巷历史文化资源对外交流与合作

鼓励和支持举办保护、传承珠玑古巷姓氏文化的活动，加强与珠三角、港澳台以及海外珠玑古巷后裔姓氏文化方面的交流合作，促进珠玑文化的传播、交流与合作。

珠玑古巷的形成，源于千年以来，在多个历史时期，众多中原和江南氏族为躲避战乱灾祸或谋求更广阔生存空间的南迁。据文献记载，仅唐、宋、元三个时期，中原氏族经珠玑古巷大规模南迁的就有三次，较小规模的则达上百次。珠玑古巷是广东与江西交界梅关古道的一段，是岭南与中原地区联系的最主要通道，成为中原人民南迁进入岭南的第一个驿站。曾有上百个姓氏的家族移民至此地落脚居住，其后裔达数千万人，遍及珠江三角洲及海外。在移民历史中，珠玑古巷被誉为广府人的故乡，一个很重要的因素是它是中原向广东迁徙的必由之地，是移民进入岭南的首站和中转站。在珠玑古巷居住及迁徙出去的姓氏已达 180 多个，繁衍后裔 8000 多万人，遍布海内外。至今许多岭南人家的族谱里都有将家族的源流指向珠玑古巷的记载，逾六成广府人都将自己视为珠玑后裔。

姓氏文化不但包含了中国人传统的本根文化意识和用姓氏团结家族的理念，而且融合了丰富的民俗、民情、民风和民智。珠玑古巷成了岭南传承中原文化的起点，对岭南经济文化的发展产生了巨大的影响。珠玑古巷人独特的姓氏文化与其移民历史息息相关，众多氏族因谋求生存、家族绵延南迁而来，在珠玑古巷休养生息，又继续南迁。千年的历史进程，多元文化在此交流融合，凝聚成“异姓一家、同舟共济、勤劳勇敢、开拓创新”的珠玑古巷人精神，孕育了独特的姓氏文化。姓氏节便是传承姓氏文化的独特节日，是宝贵的文化遗产，群众广泛参与，几百年来盛行不衰。

中国人特别重视乡土之情、依恋本源，讲究重生报本、尊祖敬宗。如今远在世界各地的华人后裔纷纷回归祖国故土寻根祭祖，正是中华文

化、民族血缘强大凝聚力的体现。一直以来，南雄珠玑古巷，都是千百万珠玑巷后裔魂牵梦萦之地，珠玑古巷这个有着千年中华人文历史、宗族情怀的大磁场，正生生不息地续写着她的不老神话。

姓氏文化作为中华传统文化的一个重要组成部分，内涵十分丰富且深厚，它所蕴含的“同源同根、天下一家”的人文情结，是增强中华民族凝聚力的重要力量，是推动和谐社会建设的重要基础，绝大部分的家训中都包含“孝父母、和兄弟、睦宗族、和乡邻”的内容。而南雄独特的姓氏节，正是传承和发扬中国姓氏文化的一个生动体现。如今，根植于南雄大地的姓氏节已成为韶关市非物质文化遗产，以该族祖先的生日或对该氏族具有重大意义的日子为节日，其间举行丰富多彩的活动。千百年来，世世代代的南雄人坚守这一传统习俗，还保持了南雄采茶文化、饮食文化等众多民间艺术的原生形态，传承着各种传统的礼俗礼节和艺术形式。

中华民族历来重视“姓氏”文化传统，姓氏里含有家族文化的内涵，当今同样倡导注重家庭、注重家教、注重家风的家文化。自 2014 年开始，南雄市政府以南雄珠玑古巷联谊会为平台，每年举办一届姓氏文化旅游节，打响“姓氏文化名都”品牌，大力弘扬中华民族优秀的传统文化，着力提升南雄姓氏文化的影响力，以促进南雄文化的大繁荣、经济的大发展。通过姓氏文化节，珠玑古巷的后裔们开启了自己的南雄寻根之旅。姓氏文化节吸引海内外珠玑古巷后裔参加，激发了广大珠玑古巷后裔爱国爱家爱乡、参与南雄建设的热情，促进了南雄的发展。

姓氏文化是南雄独特的文化资源，《条例》规定加强姓氏文化的对外合作与交流，鼓励和支持举办保护、传承珠玑古巷姓氏文化的活动，加强与珠江三角洲、港澳台以及海外珠玑古巷后裔的交流合作，把南雄这一独具特色的姓氏文化传承好、发扬好，有助于将南雄姓氏文化资源优势转化为地方经济社会发展优势。

三、借鉴设区的市立法经验

本条规定借鉴和参考了：

(1)《常州市焦溪古镇保护条例》第28条：鼓励、支持单位和个人在焦溪古镇开展下列活动：(一) 开办博物馆、陈列馆、纪念馆等；(二) 举办民俗、民间曲艺等表演活动；(三) 展示、经营传统手工业；(四) 经营传统特色食品、民宿客栈等；(五) 进行风俗民情、传统技艺等方面的研究发掘；(六) 其他保护性利用活动。鼓励通过文化创意等产品的设计开发，展示焦溪古镇独特的遗产价值和文化内涵。

(2)《乳源瑶族自治县文化遗产保护条例》第26条：自治县人民政府加强建立与上级人民政府有关部门、高等院校、科研院所等机构的长期合作机制，健全文化遗产保护的人才引进和培育机制。

自治县人民政府应当加强与红色文化遗产有关的理论 与应用研究，收集、整理、编纂和出版红色文化遗产相关资料，深入挖掘和展示红色文化遗产的内涵和历史价值。

第二十七条　【鼓励社会参与】

鼓励公民、法人和非法人组织传承、利用珠玑古巷历史文化资源。

【导读与释义】

本条是关于鼓励公民、法人和非法人组织传承、利用珠玑古巷历史文化资源的规定。

习近平总书记强调要“持续加强文化和自然遗产传承、利用工作，使其在新时代焕发新活力、绽放新光彩”。[1]党的十八大以来，我国在文化遗产保护传承工作方面取得了显著进展。2017 年，中共中央办公厅、国务院办公厅发布《关于实施中华优秀传统文化传承发展工程的意见》，对中华优秀传统文化传承发展工作作出了系统部署。2021 年 9 月，中共中央办公厅、国务院办公厅印发了《关于在城乡建设中加强历史文化保护传承的意见》，指出：“在城乡建设中系统保护、利用、传承好历史文化遗产，对延续历史文脉、推动城乡建设高质量发展、坚定文化自信、建设社会主义文化强国具有重要意义”。该意见强调推动多方参与历史文化保护传承。鼓励各方主体在城乡历史文化保护传承的规划、建设、管理各环节发挥积极作用。明确所有权人、使用人和监管人的保护责任，严格落实保护管理要求。简化审批手续，制定优惠政策，稳定市场预期，鼓励市场主体持续投入历史文化保护传承工作。鼓励地方政府研究制定奖补政策，通过以奖代补、资金补助等方式支持城乡历史文化保护传承工作。开展绩效跟踪评价，及时总结各地保护传承工作中的好经验好做

---

〔1〕《习近平对加强文化和自然遗产保护传承利用工作作出重要指示》，载 https://www.12371.cn/2024/08/06/ARTI1722917558755993.shtml，2025 年 3 月 1 日访问。

法，对保护传承工作成效显著、群众普遍反映良好的，予以宣传推广。对在保护传承工作中作出突出贡献的组织和个人，按照国家有关规定予以表彰、奖励。

《非物质文化遗产法》明文规定国家鼓励和支持公民、法人和其他组织依法设立非物质文化遗产展示场所和传承场所，展示和传承非物质文化遗产代表性项目。其第 9 条规定：国家鼓励和支持公民、法人和其他组织参与非物质文化遗产保护工作。第 10 条规定：对在非物质文化遗产保护工作中做出显著贡献的组织和个人，按照国家有关规定予以表彰、奖励。第 14 条规定：公民、法人和其他组织可以依法进行非物质文化遗产调查。第 30 条规定：县级以上人民政府文化主管部门根据需要，采取下列措施，支持非物质文化遗产代表性项目的代表性传承人开展传承、传播活动：①提供必要的传承场所；②提供必要的经费资助其开展授徒、传艺、交流等活动；③支持其参与社会公益性活动；④支持其开展传承、传播活动的其他措施。

《非物质文化遗产法》第 36 条明确指出了国家对公民、法人和其他组织设立非物质文化遗产展示场所和传承场所的支持和鼓励。这些场所的设立旨在促进非物质文化遗产的保护和传承，确保这些珍贵的文化遗产得以延续和发展。此外，《非物质文化遗产法》还强调了非物质文化遗产的重要性，并提供了相应的法律保障，以促进全社会对非物质文化遗产保护的意识和参与。这一法律措施不仅体现了国家对非物质文化遗产保护的重视，也为公民、法人和其他组织提供了参与非物质文化遗产保护的途径，通过设立展示和传承场所，让更多的人了解和参与到非物质文化遗产的保护中来，从而确保这些独特的文化元素得以保存和传承。

根据习近平总书记关于历史文化遗产的重要讲话精神、党中央的相关政策以及《非物质文化遗产法》的相关规定，《条例》健全了保护传承工作，鼓励公民、法人和非法人组织传承、利用珠玑古巷历史文化资源，加强珠玑古巷历史文化资源保护力度。

鼓励公民、法人和非法人组织传承、利用历史文化资源是促进文化产业健康持续发展的重要举措之一。通过科学规划、严格管理和合理利用历史文化资源，可以有效保护和传承珠玑古巷等重要的文化遗产，同时推动文化产业与旅游业的深度融合，提升旅游业的文化内涵。通过这些措施，可以有效鼓励公民、法人和非法人组织积极参与珠玑古巷历史文化资源的传承和利用。

《条例》对公民、法人和非法人组织参与珠玑古巷历史文化资源传承、利用提供了立法指引，以《条例》的规定为契机，我们要深入挖掘、继承、传承、利用珠玑古巷历史文化资源，充分挖掘珠玑古巷历史文化资源中客家文化、移民文化、姓氏文化的历史文化资源，加大对珠玑古巷、古村落、古建筑、古驿道、古祠堂等的保护力度，深入挖掘民间艺术、戏曲曲艺、手工技艺、民族服饰、民俗活动等非物质文化遗产。要把珠玑古巷历史文化资源保护、传承和开发利用有机结合起来，赋予其新的时代内涵，让珠玑古巷历史传统文化生生不息，服务于南雄市乃至韶关市的社会经济发展。

本条借鉴和参考了《乳源瑶族自治县文化遗产保护条例》第 26 条“自治县人民政府加强建立与上级人民政府有关部门、高等院校、科研院所等机构的长期合作机制，健全文化遗产保护的人才引进和培育机制。自治县人民政府应当加强与红色文化遗产有关的理论与应用研究，收集、整理、编纂和出版红色文化遗产相关资料，深入挖掘和展示红色文化遗产的内涵和历史价值”的规定。

第二十八条　【管理部门及其工作人员责任】

违反本条例规定，南雄市人民政府及其有关部门的工作人员有下列情形之一的，对负有责任的主管人员和其他直接责任人员，依法给予处分；构成犯罪的，依法追究刑事责任：(一) 不依法履行监督管理职责的；(二) 发现违法行为不依法查处的；(三) 擅自调整、修改保护规划的；(四) 截留、侵占、挪用珠玑古巷历史文化资源保护资金的；(五) 其他玩忽职守、滥用职权、徇私舞弊等行为的。

【导读与释义】

本条是针对南雄市人民政府及其有关部门的工作人员在珠玑古巷历史文化资源保护工作中不履行相关职责、滥用职权、玩忽职守、徇私舞弊，对直接负责的主管人员和其他直接责任人员依法给予处分的规定。

《条例》中南雄市人民政府及其有关部门的工作人员在珠玑古巷历史文化资源保护工作中不履行相关职责、滥用职权、玩忽职守、徇私舞弊可能出现的行为主要包括：①不依法履行监督管理职责的；②发现违法行为不依法查处的；③擅自调整、修改保护规划的；④截留、侵占、挪用珠玑古巷历史文化资源保护资金的；⑤其他玩忽职守、滥用职权、徇私舞弊等行为的。

法律责任是指行为人由于违法行为、违约行为或者由于法律规定而应承受的某种不利的法律后果。法律责任是社会责任的一种，与其他社会责任相比，具有国家强制性。产生法律责任的原因主要有三类，即违法行为、违约行为和法律规定。法律责任的目的是通过惩罚、救济和预防三个功能的发挥来实现的。法律责任主要包括刑事责任、民事责任、行政责任。刑事责任是指行为人因其犯罪行为所必须承受的，由司法机关代表国家所确定的否定性法律后果。它是犯罪人向国家所负的一种法律责任，追究刑事责任的唯一法律依据是刑事法律。刑事责任是一种惩罚性的责任，是所有法律责任中最严厉的一种。民事责任是指行为人由于违反民事法律、违约或者由于民法规定所应承担的一种法律责任。民事责任主要是一种救济责任，其功能主要在于救济当事人的权利，赔偿或补偿当事人的损失。当然，民事责任也具有惩罚的功能。民事责任主要是一方当事人对另一方当事人的责任，在法律允许的情况下，民事责任可以由当事人协商解决。行政责任是指因违反行政法规定或因行政法规定而应承担的法律责任。承担行政责任的主体是行政主体和行政相对人。产生行政责任的原因是行为人的行政违法行为或法律法规的规定。行政责任的承担方式较为多样化。

法律责任主体的构成要件包括以下五个方面：①责任主体：因违反法律、约定或法律规定的事由而承担法律责任的人，包括自然人、法人和其他社会组织。②违法行为或违约行为：违反法律规定的义务或超越权利界限行使权利的行为。③损害结果：违法行为或违约行为所导致的损失和伤害。④因果关系：违法行为与损害结果之间的必然联系。⑤主观过错：行为人实施违法行为时的主观心理状态，包括故意和过失。

从法律责任主体的构成要件可以看出，法律责任主体是指，因法定或约定的原因而承担了一定的法定义务或约定义务，需要对其义务行为负责时而没有尽到责任而应当承担不利法律后果的个人或单位。可见，法律责任主体既包括个人，也包括单位。我国民法、行政法和刑法都将单位作为其法律责任主体，也就是说，对于单位的违法行为，将根据其所违反的法律关系性质，分别追究其民事责任、行政责任和刑事责任。

本条规定的法律责任主体有两个，即南雄市人民政府及其有关部门的工作人员，规定了两者的责任形式，即行政处分和刑事责任。行政处分是我国行政法规定的行政责任形式，而刑事责任受我国刑法规制。南雄市人民政府及其有关部门的工作人员因违反《条例》的规定，其行为如果触犯了行政法，就按照行政法的规定给予相应的行政法制裁；其行为如果构成犯罪，触犯了刑法，则应当追究其相应的刑事责任。

根据“权责统一”的法律原则，有职权或职责，才有不履行职权或职责的不利的法律后果，无职权或职责，就谈不上不履行职权或职责，也就没有相应的法律责任承担。国家行政机关享有广泛的行政职权，同时也负有相应的行政职责。在行政管理的过程中，行政机关不仅要对自己违法行使行政职权或者不依法履行行政职责的行为负责，而且还要在一定范围和程度上对行政机关工作人员以及受其委托的组织和个人实施的违法行政行为的后果承担责任。在这种情况下，行政机关工作人员的违法或不当行政行为同时引发了两种责任，即行政公务人员个人的责任和其所属的行政机关的责任。“责任自负”原则要求行政机关和行政公务人员各自承担自己的责任。一方面，行政机关应对其工作人员的职务行为承担责任；另一方面，行政机关工作人员自己也要承担责任。

本条是关于南雄市人民政府及其有关部门的工作人员的责任。执法中，行政执法者以两个主体身份出现：一是以行政主体的身份执法，这里的行政主体包括国家行政机关和法律、法规授权的组织；二是以行政机关工作人员的身份执法。无论以哪一种身份执法，都是行政执法者有效主体身份的体现。两种执法主体在执法中都有可能发生侵害行政管理相对人合法权益的情况，因此，从承担违法责任的主体来看，行政机关及其工作人员都可以成为行政执法者违法责任的承担者。

随着依法行政的纵深推进，行政机关工作人员的违法执法问题越来越被人们所关注，强调行政执法责任制，有法必依、执法必严、违法必究。根据责任产生的原因，行政机关工作人员的责任分为两种：一是违法或不当行使权力的责任；二是因不履行其法定职责而承担的不作为责任。行政执法责任制作为一种管理和监督制度，其目的在于为行政权力套上责任的枷锁，促使各级国家行政机关和行政公务人员依法行政。行政执法责任制要求行政公务人员在享有与其职位相适应的权力的同时，还要承担与这种权力相适应的责任。

党的十八届四中全会通过的中共中央《关于全面推进依法治国若干重大问题的决定》明确指出："行政机关要坚持法定职责必须为、法无授权不可为，勇于负责，敢于担当，坚决纠正不作为、乱作为，坚决克服懒政、怠政，坚决惩处失职、渎职。"根据有关法律规定，国家机关及其工作人员在执行公务时，滥用职权、玩忽职守、徇私舞弊的，应当承担刑事责任、行政责任。

一、明确责任主体

本条说的法律责任主体是指南雄市人民政府及其有关部门的工作人员。南雄市人民政府及其有关部门的工作人员在行使珠玑古巷保护管理职能的过程中有过错的，可以对直接负责的主管人员和其他直接责任人员依法给予行政处分。但在具体过错责任认定中，应该从过错的性质出发，结合整个案件的办理过程，追究问题到底出在哪个环节。直接负责案件的主管人员可以认定为该单位的分管副职，也可以认定为业务科室长；而直接责任人，一般的是行政案件的经办人员，或者是造成过错最直接的科室长或具体工作人员。

二、处分的原因

南雄市人民政府及其有关部门的工作人员受到处分是因为在珠玑古巷保护工作中不依法履行监督管理职责，发现违法行为不依法查处，擅自调整、修改保护规划，截留、侵占、挪用珠玑古巷历史文化资源保护资金，其他玩忽职守、滥用职权、徇私舞弊等行为，使珠玑古巷历史文化资源遭受损失。

本条规定的是从事珠玑古巷保护的南雄市人民政府及其有关部门的工作人员滥用职权、玩忽职守、徇私舞弊，情节轻微，尚不构成犯罪的，依法给予行政处分，具体行政处分参照《公务员法》等，不包括刑事处分，地方性法规不能规定刑事处分。

如果从事珠玑古巷保护的南雄市人民政府及其有关部门的工作人员滥用职权，玩忽职守、徇私舞弊构成犯罪的，依法追究刑事责任。《刑法》第397条规定："国家机关工作人员滥用职权或者玩忽职守，致使公共财产、国家和人民利益遭受重大损失的，处三年以下有期徒刑或者拘役；情节特别严重的，处三年以上七年以下有期徒刑。本法另有规定的，依照规定。国家机关工作人员徇私舞弊，犯前款罪的，处五年以下有期徒刑或者拘役；情节特别严重的，处五年以上十年以下有期徒刑。本法另有规定的，依照规定。"

三、处分的种类

本条的处分是指行政处分。行政处分，是指国家行政机关依照行政隶属关系对有违法失职行为的国家机关公务人员的一种惩罚措施，包括警告、记过、记大过、降级、撤职、开除。根据《公务员法》第62条的规定，具体内容为：①警告。对违反行政纪律的行为主体提出告诫，使之认识到应负的行政责任，提高警惕，使其注意并改正错误，不再犯此类错误。这种处分适用于违反行政纪律行为轻微的人员。②记过。记载或者登记过错，以示惩处之意。这种处分，适用于违反行政纪律行为比较轻微的人员。③记大过。记载或登记较大或较严重的过错，以示严重惩处。这种处分，适用于违反行政纪律行为比较严重，给国家和人民造成一定损失的人员。④降级。降低其工资等级。这种处分，适用于违反行政纪律，使国家和人民的利益受一定损失，但仍然可以继续担任现任职务的人员。⑤撤职。撤销现任职务。这种处分适用于违反行政纪律行为严重，已不适宜担任现任职务的人员。⑥开除。取消其公职。这种处分适用于犯有严重错误并已丧失国家工作人员基本条件的人员。

行政处分属于内部行政行为，由行政主体基于行政隶属关系依法作出。《公务员法》第63条明确规定："对公务员的处分，应当事实清楚、证据确凿、定性准确、处理恰当、程序合法、手续完备。公务员违纪违法的，应当由处分决定机关决定对公务员违纪违法的情况进行调查，并将调查认定的事实以及拟给予处分的依据告知公务员本人。公务员有权进行陈述和申辩；处分决定机关不得因公务员申辩而加重处分。处分决定机关认为对公务员应当给予处分的，应当在规定的期限内，按照管理权限和规定的程序作出处分决定。处分决定应当以书面形式通知公务员本人。"

行政处分具有强烈的约束力，管理相对人不服，行政主体可以强制执行。但因其不受司法审查，受到处分的行政机关公务员对处分决定不服的，依照《公务员法》等有关规定，可以申请复核或者申诉。复核、申诉期间不停止处分的执行。行政机关公务员不因提出复核、申诉而被加重处分。情节严重的还有双开处罚，即开除党籍、开除职务。

四、处分的变化

我国行政法上的行政处分，属于行政法上的内部行政行为，是指国家行政机关对其系统内部违法失职的公务员实施的一种惩戒措施。[1]《监察法》颁布实施之前，处分的依据主要是《公务员法》《行政监察法》和《事业单位工作人员处分暂行规定》。

《公务员法》规定行政纪律处分有警告、记过、记大过、降级、撤职、开除六种，属于行政机关工作人员的内部惩戒措施。《事业单位工作人员处分暂行规定》将事业单位工作人员纪律处分规范化，规定事业单位工作人员的违法违纪行为，应当追究纪律责任的，依照该规定予以处分。从《公务员法》开始，法律一般不使用行政处分的概念，而使用纪律处分的概念。

---

〔1〕 罗豪才主编：《行政法学》（新编本），北京大学出版社1996年版，第202页。

根据《监察法》第15条，监察机关的监察对象是公职人员，对这些公职人员的职务违法行为的处分，不宜用行政处分涵盖，而公职人员的职务行为均属于广义上的政务，所以以政务处分代替行政处分更加符合监察机关的职能定位。《监察法》第11条赋予监察机关依法履行监督、调查、处置的职责，第3项规定监察委员会有权对违法的公职人员依法作出政务处分决定。《监察法》第45条第1款第2项规定，政务处分决定分为警告、记过、记大过、降级、撤职、开除六种。依《监察法》之规定，政务处分是监察机关对公职人员的职务违法行为作出的处置决定，从《监察法》的规定来看，政务处分已经代替行政处分，成为监察机关追究公职人员职务违法责任的行政惩戒措施。[1]

2020年颁布的《公职人员政务处分法》加强了对所有行使公权力的公职人员的监督，进一步细化了警告、记过、记大过、降级、撤职、开除六类处分，依法给予违法的公职人员政务处分。《公职人员政务处分法》第3条第2项、第3项规定，公职人员任免机关、单位应当按照管理权限，加强对公职人员的教育、管理、监督，依法给予违法的公职人员处分。监察机关发现公职人员任免机关、单位应当给予处分而未给予，或者给予的处分违法、不当的，应当及时提出监察建议。政务处分直接涉及公职人员的职务、职级、级别、薪酬待遇等重要事项，对公职人员具有重要影响。

---

[1] 朱福惠：《国家监察法对公职人员纪律处分体制的重构》，载《行政法学研究》2018年第4期，第28页。

第二十九条　【违反禁止建设的法律责任】

违反本条例第十七条第一款规定的，由南雄市人民政府有关行政主管部门依照《中华人民共和国城乡规划法》等有关法律法规规定处理。

【导读与释义】

本条是关于禁止在珠玑古巷本体和传统村落核心保护范围内新建、扩建与保护无关的建筑物、构筑物的规定，新建、扩建必要的基础设施和公共服务设施除外。

在核心保护范围内新建、扩建与保护无关的建筑物、构筑物是不被允许的。根据相关法规和条例，对于不同类型的保护区域，如洱海保护管理范围、历史文化街区、风景名胜区等，都有明确的规定禁止在核心保护范围内进行与保护无关的建设活动。例如，《云南省大理白族自治州洱海保护管理条例》明确规定了洱海最高运行水位和最低运行水位，以及水质保护标准，强调实施生态补水工程补入洱海的水质应当达到《地表水环境质量标准》（GB 3838—2002）Ⅱ类水以上标准。此外，对于历史文化街区和历史建筑的保护，也有明确的要求，强调不得新建无关项目，并要求加大保护力度，坚决制止各类破坏历史文化街区和历史建筑的行为。

风景名胜区的核心景区管理办法同样有明确规定，禁止在核心景区内新建、扩建与保护无关的建筑物、构筑物。例如，禁止新建宾馆、度假村、饭店等餐饮住宿场所以及住宅，历史遗留的上述场所及住宅应按计划逐步迁出核心景区。原有村民不得翻建、扩建和新建居住设施，确需新建的，应当按规划在核心景区外另行选址。

这些规定旨在确保保护区域的生态环境和历史文化遗产得到有效保护，防止因不当建设活动对环境和历史遗迹造成破坏。因此，任何单位和个人在核心保护范围内进行建设活动时，都必须遵守相关法律法规，确保建设活动与保护目标相协调，不进行与保护无关的建设活动。

住房和城乡建设部办公厅2021年发布的《关于进一步加强历史文化街区和历史建筑保护工作的通知》显示，任何单位和个人不得损坏或者擅自迁移、拆除经认定公布的历史建筑，不得随意拆除和损坏历史文化街区中具有保护价值的老建筑。不得假借“必要的基础设施和公共服务设施”的名义，在历史文化街区内新建、扩建与街区保护无关的项目。

《条例》这里针对珠玑古巷历史文化资源借鉴国家相关政策及其他法律法规的相关做法，对在珠玑古巷历史文化资源核心保护范围内禁止新建、扩建与保护无关的建筑物、构筑物作了明确的规定。《城乡规划法》《广东省城乡规划条例》都对核心保护范围内新建、扩建与保护无关的建筑物、构筑物作了规范。

《城乡规划法》第2条规定：“制定和实施城乡规划，在规划区内进行建设活动，必须遵守本法。本法所称城乡规划，包括城镇体系规划、城市规划、镇规划、乡规划和村庄规划。城市规划、镇规划分为总体规划和详细规划。详细规划分为控制性详细规划和修建性详细规划。本法所称规划区，是指城市、镇和村庄的建成区以及因城乡建设和发展需要，必须实行规划控制的区域。规划区的具体范围由有关人民政府在组织编制的城市总体规划、镇总体规划、乡规划和村庄规划中，根据城乡经济社会发展水平和统筹城乡发展的需要划定。”第3条第1款规定：“城市和镇应当依照本法制定城市规划和镇规划。城市、镇规划区内的建设活动应当符合规划要求。”

《广东省城乡规划条例》第60条规定：“对纳入保护名录的保护对象，在其核心保护范围内，不得进行与保护无关的建设活动。但新建、扩建必要的基础设施和公益性公共服务设施除外。在保护对象建设控制地带进行新建、扩建、改建活动，应当符合保护规划或者保护措施的要求，不得破坏传统格局和历史风貌。在保护对象核心保护范围和建设控制地带内进行新建、扩建、改建活动，建设单位或者个人在申请办理规划许可时，应当同时提交历史文化保护的具体方案。城乡规划主管部门在作出规划许可前，应当征求文物主管部门的书面意见，必要时应组织专家论证和征求公众意见。”第 61 条规定：“在保护对象核心保护范围和建设控制地带内禁止进行下列活动：（一）开山、采石、开矿等破坏传统格局和历史风貌的活动；（二）占用保护规划确定保留的园林绿地、河湖水系、道路等；（三）修建生产和储存爆炸性、易燃性、放射性、毒害性、腐蚀性物品的工厂、仓库等；（四）在历史建筑上刻划、涂污；（五）对保护对象可能造成破坏性影响的其他活动。”

《城乡规划法》《广东省城乡规划条例》对规划以及核心保护范围内新建、扩建与保护无关的建筑物、构筑物作了规范，本条对在核心保护范围内新建、扩建与保护无关的建筑物、构筑物，没有设置罚则，而是规定由南雄市人民政府有关行政主管部门依照《城乡规划法》等有关法律法规的规定处理。

第三十条　【违反禁止行为法律责任】

违反本条例第二十三条第一项规定的，由南雄市城乡规划行政主管部门责令停止违法行为，限期恢复原状或者采取其他补救措施；有违法所得的，没收违法所得；造成严重后果的，对单位并处二十万元以上五十万元以下罚款，对个人并处十万元以上二十万元以下罚款；造成损失的，依法承担赔偿责任；构成犯罪的，依法追究刑事责任。

违反本条例第二十三条第二项、第三项规定，砍伐、擅自迁移、损坏古树名木或者在古树名木上涂写、刻画，擅自张贴广告、标语等宣传品的，由南雄市古树名木行政主管部门依照《广东省森林保护管理条例》的有关规定处理。

违反本条例第二十三条第三项规定，在古巷、古驿道、古楼、古塔等建筑物上涂写、刻画，擅自张贴广告、标语等宣传品的，由南雄市人民政府确定的行政主管部门责令恢复原状或者采取其他补救措施，处五十元罚款。

违反本条例第二十三条第四项规定的，由南雄市城乡规划行政主管部门责令限期改正；逾期不改正的，对单位处一万元以上五万元以下罚款，对个人处一千元以上一万元以下罚款。

违反本条例第二十三条第五项规定的，由南雄市人民政府确定的行政主管部门依照《中华人民共和国噪声污染防治法》的有关规定处理。

违反本条例第二十三条第六项规定的，由南雄市市容环境卫生行政主管部门责令改正；拒不改正的，处五十元以上二百元以下罚款。

【导读与释义】

本条是关于珠玑古巷历史文化资源保护规划确定的保护范围内违反

禁止行为法律责任的规定。

《条例》第23条明确指引了珠玑古巷历史文化资源保护规划确定的保护范围内的禁止行为，本条是对违反《条例》第23条规定的法律责任。也就是说，《条例》第23条的规定和本条的规定是法律行为与法律责任之间的关系，共同构成法律规范。这里涉及一组概念，法律规范、法律行为、法律关系、法律责任，这一组概念构成一个完整的逻辑关系。

法律规范，就是由国家立法机构创制的或者经其认可的一系列行为准则，它是用来判断某一行为正当、合法与否，应受到何种法律制裁的标准和尺度。法律规范主要包括条件假设、行为模式和后果归结：①条件假设（或称“条件假定”）是指法律规范中适用法律规范的条件或情况的部分。②行为模式指法律规范所规定的行为规则部分。③后果是指法律规范规定的、人们在作出符合或者违反规范行为时，会带来什么法律后果的部分。

法律行为，是法律事实的一种，指能引起法律关系产生、变更和消灭的人的活动（行为）。同法律事件不同之处在于它以人的意志为转移，是人们有意识地自觉活动的结果。包括作为（即积极的行为）和不作为（即消极的行为）。法律行为的成立必须具有下列条件：①必须是出于人们自觉的作为和不作为。无意识能力的幼儿、精神病患者，以及一般人在暴力胁迫下的作为和不作为，都不能被视为法律行为。②必须是基于当事人的意思而具有外部表现的举动，单纯心理上的活动不产生法律上的后果，如虽有犯罪意思而无犯罪行为的，不能被视为犯罪，也不能被视为法律行为。③必须为法律规范所确认而发生法律上效力的行为。不由法律调整、不发生法律效力的，如通常的社交、恋爱等不是法律行为。

法律关系，是因行为人一定的法律行为而产生的行为人和相对人双方之间的权利义务关系，是在法律规范调整社会关系的过程中所形成的人们之间的权利和义务关系。

法律责任，是因行为人的法律行为侵犯一定的法律关系，违反法律规范所应承担的不利后果。法律责任同违法行为紧密相连，只有实施某种违法行为的人（包括法人），才承担相应的法律责任。具体特点包括：在法律上有明确具体的规定；由国家强制力保证其执行，由国家授权的机关依法追究法律责任，实施法律制裁，其他组织和个人无权行使此项权力。法律责任分为：刑事法律责任、民事法律责任、行政法律责任、经济法律责任、违宪法律责任。

从上面的概念我们可以看出，创制法律规范是国家立法机构创制的或者经其认可的一系列行为准则，它是用来判断某一行为正当、合法与否的准则，是行为人承担法律责任的法律依据。法律规范、法律行为、法律关系、法律责任这四个范畴之间的逻辑关系为法律行为引起法律关系的出现，法律关系的出现就代表着相关的权利义务的出现，同时法律规则明确了这些权利义务对应的法律后果。如果主体都按照法律规则履行了法律义务或者享受了法律权利就没有法律责任，反之则有法律责任。四者的发生顺序是：法律规范、法律行为、法律关系、法律责任。

《条例》第 23 条规定了珠玑古巷历史文化资源保护规划确定的保护范围内禁止行为，第 30 条是违反第 23 条的法律责任。如果行为人出现违反第 23 条规定的法律行为就有可能承担第 30 条所规定的法律责任。《条例》第 23 条和第 30 条共同构成一个完整的法律规范。

《条例》第 30 条规定违反《条例》第 23 条，在珠玑古巷历史文化资源保护规划确定的保护范围内从事破坏珠玑古巷历史文化资源活动的，由南雄市有关行政主管部门责令停止违法行为、限期恢复原状或者采取其他补救措施，没收违法所得，责令停止违法行为，限期恢复原状或者采取其他补救措施；有违法所得的，没收违法所得；造成严重后果的，并处罚款。这是一个典型的地方性法规设定行政处罚的条款，符合现行法律和地方性法规设定行政处罚的设置条件。

《行政处罚法》第 12 条第 1 款、第 2 款规定："地方性法规可以设定除限制人身自由、吊销营业执照以外的行政处罚。法律、行政法规对违法行为已经作出行政处罚规定，地方性法规需要作出具体规定的，必须在法律、行政法规规定的给予行政处罚的行为、种类和幅度的范围内规定。”即地方性法规可以设定的行政处罚种类有：警告；罚款；责令停产停业；暂扣或者吊销许可证、暂扣或者吊销除企业营业执照外的其他执照；没收违法所得、没收非法财物的行政处罚，但不能够设定限制人身自由、吊销企业营业执照的行政处罚。

《条例》通过地方性法规授权的形式，赋予了南雄市有关行政主管部门（实践中主要包括南雄市城乡规划行政主管部门、南雄市文旅行政主管部门、南雄市古树名木行政主管部门等）行政主体资格，享有行政处罚权。具体的处罚种类和权限是责令停止违法行为、限期恢复原状或者采取其他补救措施，没收违法所得，并处一定数额的罚款。对处罚不服的当事人可以在法定期限内，提出行政复议或行政诉讼，寻求权利救济。

“责令改正”“责令限期改正”“责令停止违法行为”“责令停产停业”等行政责令行为是我国法律法规中频繁出现的法律概念，也是行政机关执法过程中经常实施的具体行政行为，行政责令的直接目的在于通过制止违法行为达到限制违法行为的效果或者通过相对人的作为义务修补受到威胁或者破坏的法律关系，将受损的法律关系恢复如初，达到维护行政管理的秩序[1]的目的。虽然其他行政行为也有维护行政管理秩序的目的，但并无行政责令那么直接干脆，如行政处罚的直接目的在于制裁，对违法行为人产生心理干涉，预防其再次违法，而不是对本次违法行为的直接纠正。

但是责令改正是一个包容性很强的概念，不同的违法行为、不同的违法形态有不同的改正方式，因而责令改正有不同的表现形式。除“责令改正”和“限期改正”两种表现形式外，根据现有法律、法规和规章的规定，责令改正还有多种“变体”形式，例如责令停止发布广告、限期清除、责令停止侵权、限期完善设施等，它们在表述上均有责令改正

〔1〕 李孝猛：《责令改正的法律属性及其适用》，载《法学》2005年第2期，第57页。

的形式。[1]而且，责令在具体实施过程中也具有非排他性，责令既可以单独适用，也可以和其他行政行为选择适用或者并用。在实施行政处罚时，还在进行处罚的同时要求违法行为人改正。所以，责令改正是当前社会管理中大量采用的手段，但它的行为性质却难以认定，常被认为属于行政处罚、行政强制措施乃至行政指导。[2]“责令改正”的法律属性究竟如何，行政法学界和行政实务界均无一致的看法。[3]主要集中在责令行为的性质属于什么样的行政行为，包括行政处罚说、行政命令说、综合考虑说等。

行政处罚说认为责令行为本质上是一种独立的行政行为，而且属于行政处罚中的行为罚，即限制或者剥夺行政相对人特定行为能力的处罚。一是就行为的独立性而言，行政责令行为具有自身的意思内容和法律效果，能够不依赖于其他行政处罚措施而独立存在。行政命令说认为责令行为是改变传统行政管理方式，改变以处罚为中心的执法局面的契机，重视行政责令也是重视现代行政法治的一部分。如《生态环境行政处罚办法》第9条第1项规定：“生态环境主管部门实施行政处罚时，应当责令当事人改正或者限期改正违法行为。”综合考虑说认为责令行为作为一种行政管理手段在不同领域有不同的表现形式，对其性质的认定应在对被责令改正的具体内容类型化分析的基础上，根据对被责令人产生的最终影响综合考量。若被责令停止的行为是违法行为本身及被责令消除的违法状态可予以独立消除时，该决定在性质上属行政命令；若被责令停止的行为属于正在进行的违法行为的延伸范围及被责令消除的状态属于因与违法状态不可分而被共同消除时，该决定在性质上应属行政处罚。

〔1〕李孝猛：《责令改正的法律属性及其适用》，载《法学》2005年第2期，第54页。
〔2〕夏雨：《责令改正之行为性质研究》，载《行政法学研究》2013年第3期，第37页。
〔3〕李孝猛：《责令改正的法律属性及其适用》，载《法学》2005年第2期，第54页。

第三十一条　【生效实施时间】

本条例自2024年10月1日起施行。

【导读与释义】

本章是附则内容，本条是关于本条例生效日期的规定。

一、本条属于附则内容

所谓附则，一般是一部法律的附属部分，附在法律、法规后面的规则，也是一部法律的最后一部分。从立法的实践来看，那些放在总则和分则中都不合适的内容，就放在附则中。这部分通常不对实体性内容作出规定，即不对权利与义务作出规定。

附则尽管位于法律、法规的最后，但属于法律、法规的组成部分，与法律、法规的其他组成部分具有同等的法律效力；而附件则属于法律条文之外的内容。从立法实践来看，附则作为法律的附带条款，主要可以对以下内容作出规定：一是关于名词、术语的定义。对法律、法规中的专（行）业名词、术语和需要定性、定量的名词、术语进行必要的解释，可以使有关规定更加准确，便于人们理解和贯彻执行。这种解释，一般出现在附则中，当然，也可以放在总则或在需要解释的内容出现时随即加以说明，还可以由实施细则（或办法）去解释。二是法律、法规的适用范围。适用范围一般放在总则中，但也有少数放在附则中，经常放在附则中的是一些有关“参照适用”“比照适用”的规定。三是关于解释权的规定，即在附则中明确规定有权解释该法律、法规的机关。从近年的立法实践来看，解释权一般在法律、行政法规中不写。四是关于授权制定实施细则或具体办法的规定，即在附则中明确有权制定实施细则或具体办法的机关。五是关于制定变通或者补充规定的授权规定。六是关于与有关国际公约、条约关系的规定以及与其他法律、法规的关系的规定。七是关于实施时间的规定。所有的法律、法规不论是否设立了附则一章，都有实施时间的规定，并且只要设有附则一章，其实施时间一般都放在附则中规定。八是其他不适合在总则和分则中规定的内容。由于我国目前对附则的内容没有统一的规定，因此上述内容并不是每个法律、法规的附则都必须予以一一规定的，对哪些内容进行规定应当根据实际需要确定。

附则未必是所有的法都需要的一个组成部分，但一般来说绝大多数法都需要有附则内容存在。在我国地方立法实践活动中，关于附则的使用因人而异、因法而异。有些法规设有附则部分，有些法规没有附则部分。从颁布的多数法律规定来看，附则主要是就一部法律的一些专门术语的解释，有关解释权的规定，法规生效的日期，关于施行问题的规定，过去有关法律、法规的废止等作出规定。

二、本条是关于本条例生效日期的规定

法律的生效日期，是指一部法律制定出来以后从何时开始起正式实施，也就是说从何时起正式具有法律效力。法律的生效日期，主要涉及两个问题：

(1) 生效日期的确定问题。一部法律从何时开始生效，取决于这部法律对生效日期是如何进行规定的。正确地理解法律的生效时间，是运用法律不可缺少的条件。法律从何时开始生效，一般根据该项法律的性质和实际需要来决定。

在我国以前制定的法律中，对生效日期的规定，一般根据该项法律的性质和实际需要来决定。大体上可以分为以下三种情况：其一，直接在法律中规定“本法自 x 年 x 月 x 日起施行”。其二，法律公布后，并不

立即生效施行，经过一定时期后才开始施行，法条中明确规定生效施行的日期。因为该法的实施，需要一段时间的宣传和准备工作。其三，规定一部法律的生效日期取决于另一部法律的生效日期。

《条例》的生效日期，属于上述第一种情况，即直接规定了“本条例自2024年10月1日起施行”。

（2）溯及力的问题。法律的溯及力问题，是指法律生效以后能否适用于生效以前的行为和事件，如果适用，就表明有溯及力。如果不能适用，就表明没有溯及力。如果适用，就是具有溯及力；如果不适用就是不具有溯及力。如果具有溯及力，法律要明确规定适用原则，如“从旧兼从轻”的原则。《条例》对溯及力问题没有作出规定，表明《条例》没有溯及力，即不能适用于本法生效以前的行为和事件。

第二部分

附　录

附录一

关于《韶关市珠玑古巷保护条例》（送审稿）的起草说明

现将《韶关市珠玑古巷保护条例（草案）》（以下简称《条例（草案）》）起草情况说明如下：

一、关于《条例（草案）》立法的背景和过程

（一）《条例（草案）》起草背景

广东南雄珠玑巷是古代中原和江南通往岭南古驿道上的一个广府人的中转站，宋元时期北方移民迁徙岭南的集散之地，也是当今数千万广府人及海外华侨的发祥地和祖居地。在移民历史中，珠玑巷被誉为广府人的故乡，有一个很重要的因素，是因为它是中华民族移民进入岭南拓展南疆的首站和中转站。从珠玑巷迁播出去的姓氏至今已达180多个，其后裔繁衍达8000多万人，遍布海内外。珠玑巷被称为广府人的祖居之地，是中国三大寻根地之一，是广府文化的发祥地。珠玑巷的住户又再次南迁到珠江三角洲地区乃至港澳及海外，形成了以粤语为语言体系的广府民系，同时也开创了灿烂的广府文化。珠玑古巷是广府人的发祥地、广东仅有的宋代古巷古道，有“广东第一巷”之美誉。

珠玑古巷及其所承载的文化传统从千年前的唐宋时期一直延续至今的珠玑文化（寻根文化、姓氏文化和客家文化），珠玑古巷在历史、民族、文化、建筑美学、社会等各方面均有重要价值。对珠玑古巷保护和利用，有重要的历史意义和现实意义。近年来，为了保护珠玑古巷，韶关市和南雄市做出许多尝试和努力，结合旅游开发等形式来保护和开发珠玑古巷。

由于历史原因和城镇化的快速发展，珠玑古巷基础设施建设、文物权属、管理体制机制等问题日益突出，尤其近年来，到访珠玑古巷的游客激增，游客“井喷”的同时，也带来了景区承载压力，历史文化遗产保护和合理开发利用之间不断产生新的矛盾。同时，珠玑古巷因长期遭受风雨侵蚀，缺乏日常维护修缮，日渐老化消亡，加强对珠玑古巷的保护已刻不容缓。

如何做好珠玑古巷的管理、开发、保护和利用，让盲目建设、无序发展的情况变得有章可循，通过立法的形式来破解存在的问题，促进韶关市珠玑古巷的法治保障和文化旅游产业发展，激发各界人士保护、利用、开发珠玑古巷的积极性，形成良好氛围，以立法形式规范珠玑古巷保护行为，是保障珠玑古巷可持续发展的法治手段。

（二）《条例（草案）》起草过程

2022 年，韶关市人大常委会已将《条例（草案）》列为本年度立法工作计划和立法工作任务。韶关市人大常委会多次组织开展《条例（草案）》起草的调研工作，领导同志带队深入到全市各地开展立法调研。

《条例（草案）》具有充分的合法性和可行性。制定《条例（草案）》是韶关市取得立法权以来制定的首个历史文化保护方面的地方性法规，标志着韶关市历史文化保护工作迈入新的法治轨道。未来《条例》的公布实施，也将为珠玑古巷的保护、管理和利用提供了“量身”的法律遵循，极大激发珠玑古巷文化活力，进一步促进南雄市市域经济和全域旅游发展。

《条例（草案）》具体起草由韶关市文化广电旅游体育局通过公开招标的形式确定，签订立法起草项目委托协议，具体由韶关市地方立法中心课题组承担该项目的立法起草工作。立法起草项目委托协议后，韶关市人大常委会牵头，市文化广电旅游体育局、市司法局、地方立法中心课题组等有关部门成立立法工作小组，负责条例草案起草、修改、论证等各环节相关工作。

韶关市地方立法中心课题组系统收集和整理了学界关于珠玑古巷保护研究的理论成果以及国内有关珠玑古巷保护的法律、法规、规章和政策，根据调研情况和有关文件起草了《条例（草案）》专家建议稿。

二、制定《条例（草案）》的必要性

珠玑古巷是岭南人寻根问祖的源头，广府文化的重要体现和传承载体，承载着岭南移民的历史文化传统，具有重要的历史文化价值。珠玑古巷不应该在现代化的进程中逐渐退出历史舞台，而是应该加强传统文化和精神的弘扬与保护。

近年来，由于城镇化进程推进和缺乏日常维护修缮等原因，珠玑古巷正日渐老化消亡，对珠玑古巷进行立法保护极具紧迫性、必要性，通过立法将激发各界人士保护、利用、开发珠玑古巷积极性，积极有效运用法治思维和法治方式促进珠玑古巷的保护管理，更好地引领、推动和实现珠玑古巷历史文化的保护、传承、利用与发展，具有十分重要的意义。

（一）为保护、传承优秀历史文化遗产提供法治保障的需要

珠玑古巷历史文化遗产丰富，有体现古街、古巷、古村落、历史建筑、古驿道等和珠玑人南迁有关的诸多历史建（构）筑物和历史文化遗址，传承了许多民间习俗文化，通过地方立法，珠玑古巷保护有法可依，为保护、传承、利用历史文化遗产、保护珠玑古巷传统风貌提供法治保障。

《条例（草案）》从珠玑古巷的定义、政府职责、珠玑古巷保护规划和利用与传承以及有关行为的法律责任等方面进行明确，意味着珠玑古巷的保护正式纳入法治轨道，这是韶关运用地方立法权保护珠玑古巷迈出的重要一步，对珠玑古巷的保护范围更广、力度更大。

（二）积极有效解决珠玑古巷保护管理存在问题的迫切需要

长期以来，珠玑古巷保护管理主要存在以下方面的问题：一是对珠

玑古巷的理解仅限于狭义上的珠玑古巷，没有站在历史和全局的视野理解，将南雄市境内和珠玑文化相关的都纳入保护范围。二是珠玑古巷保护管理缺少专门的机构统一管理、职责不明确。三是保护规划实施效果不理想，保护范围内与珠玑古巷风貌不协调的违法建设和拆除活动时有发生，珠玑古巷开发利用不合理因素仍然存在，相应措施不完善。四是珠玑古巷保护对象底数不清，缺乏完整性、系统性，编制保护对象清单、建立档案的制度不完善。五是因珠玑古巷历史建筑、传统风貌建筑的权属存在多样性，维护修缮责任不明确，不利于保护管理。六是珠玑古巷承载力与其开发利用的矛盾突出，尤其是珠玑古巷被评为国家4A级景区后，旅游人数迅猛增长，在带来经济效益的同时，珠玑古巷景区承载的压力也不断加大，需要进一步规范和强化保护管理的措施和力度。七是现有执法力量不能满足珠玑古巷保护管理的实际执法需求，需要依法赋予珠玑古巷管理机构相应行政处罚权。为有效解决这些问题，有必要通过地方立法进行规范。

（三）细化、补充上位法规定，增强珠玑古巷保护规范的针对性和可操作性

珠玑古巷保护管理涉及的上位法主要有城乡规划、文物保护、历史文化名城名镇名村保护、消防、环境保护等方面的法律法规，但珠玑古巷保护没有直接的上位法，相关联的有《文物保护法》《历史文化名城名镇名村保护条例》《城乡规划法》《广东省城乡规划条例》。其中有的规定较为原则，操作性不够强，结合珠玑古巷存在问题和保护管理的实际，在保护范围划分、珠玑古巷历史格局和传统风貌保护、历史建筑和传统风貌建筑维护修缮、火灾预防、环境容貌秩序、交通秩序、珠玑古巷开发利用等方面的保护管理措施、行为规范、责任主体等，都需要通过地方立法进行补充、细化，进一步增强有关规范的针对性、可操作性，确保上位法的各项规定真正落到实处。

三、制定《条例（草案）》主要法律依据

制定《条例（草案）》的主要立法依据有：《文物保护法》《历史文化名城名镇名村保护条例》《城乡规划法》《广东省城乡规划条例》等。

同时，《条例（草案）》参考和借鉴了其他设区的地级市的相关方面的地方性法规，诸如：2022 年《南宁市扬美古镇保护管理条例》，2021 年修正的《梅州市客家围龙屋保护条例》，2021 年的《宜宾市李庄古镇保护条例》，2021 年的《常州市焦溪古镇保护条例》，2021 年的《保山市和顺古镇保护条例》，2021 年的《晋中市静升古镇保护条例》，2020 年的《吕梁市碛口古镇保护条例》，2019 年的《贵阳市青岩古镇保护条例》，2019 年的《襄阳古城保护条例》，2019 年的《毕节市织金古城保护条例》，2017 年的《贺州市黄姚古镇保护条例》，等等。

也参考和借鉴了相关规章，如 2022 年的《无锡市江南水乡古镇保护办法》，2020 年的《嘉兴市江南水乡古镇保护办法》，2018 年的《苏州市江南水乡古镇保护办法》等规章。

四、关于《条例（草案）》的主要内容

《条例（草案）》内容包括总则、规划与保护、维护与修缮、传承与利用、法律责任、附则六章共第 55 条。主要内容包括：

第一章为总则性规定，主要包括立法目的和依据、适用范围、珠玑古巷的界定、保护原则、分区管理、政府部门职责分工、设置专门管理机构职责、专家咨询委员会的职责、公众监督与参与等；第二章为规划与保护，主要包括规划编制、规划实施、分区管理、保护对象、经营活动规范、经费保证、保护标识、人大监督、保护名录、数字化管理、禁止行为等具体规划与保护制度措施；第三章为维护与修缮，主要包括维护与修缮原则、保护责任人制度、维修规范、维修预警、维修程序、维修方案、维修费用、维修要求、危情应对等具体维护与修缮制度架构；

第四章为传承与利用，主要包括合理利用、利用措施、多方式利用、社会参与利用、鼓励利用行为、交流与合作、引导和示范；第五章为法律责任；第六章为附则。

五、需要说明的问题

（一）关于适用范围和定义

《条例（草案）》规定，南雄市行政区域内的珠玑古巷保护，适用本条例，明确适用范围是南雄市行政区域内。

同时，将珠玑古巷界定为由珠玑古巷本体，以及南雄市行政区域内，历代珠玑人南迁形成的古村落、历史建筑、古驿道等和珠玑人南迁有关的其他有历史文化研究价值的可移动和不可移动资源集合体。

（二）关于珠玑古巷分区管理

鉴于珠玑古巷是古代中原和江南通往岭南古驿道上形成的历史建筑和传统文化，对于珠玑古巷保护不仅局限于狭义的珠玑古巷本体，而是南雄市行政区域内的古代中原和江南通往岭南历代珠玑人南迁形成的资源集合体，分布范围广、数量众多、相对分散。《条例（草案）》采用有重点、有区别的保护策略。

（三）关于珠玑古巷专门管理机构、职责和专家咨询委员会

珠玑古巷涉及古街、古巷、古建筑等数量化众多。《条例（草案）》南雄市人民政府文化主管部门为珠玑古巷保护主管职能部门，并明确其具体职责，赋予其一定的行政处罚权，增强《条例（草案）》的可执行性和可操作性。

同时，《条例（草案）》规定由市人民政府设立珠玑古巷保护专家咨询委员会，日常工作由珠玑古巷专门管理机构负责，为珠玑古巷保护规划、保护名录编制、调整，珠玑古巷修缮以及建设管理等重大事项进行评估论证，提供咨询、论证和专业指导。

（四）关于保护责任人制度

珠玑古巷保护区内建筑物主体存在多元化，国有、非国有以及主体

不明确的，根据不同情况，条例设置不同的管理主体。同时，《条例（草案）》明确保护责任主体的职责，尤其是维护和修缮职责，增强条例的可操作性和可执行性。

以上说明和《条例（草案）》，请予审议。

附录二

《韶关市珠玑古巷保护条例》（全文）

（2023 年 11 月 2 日韶关市第十五届人民代表大会常务委员会第十六次会议通过 2024 年 3 月 29 日广东省第十四届人民代表大会常务委员会第九次会议批准）

目　录

第一章　总　则

第一条　为了加强珠玑古巷历史文化资源保护，保持传统历史风貌，正确处理经济社会发展和历史文化资源保护的关系，根据《中华人民共和国文物保护法》《历史文化名城名镇名村保护条例》等法律法规的规定，结合本市实际，制定本条例。

第二条　本条例适用于珠玑古巷历史文化资源的保护、管理、利用等活动。

涉及历史建筑、历史文化街区、文物、非物质文化遗产以及古树名木等，其保护利用已有相关法律法规规定的，从其规定。

第三条　本条例所称珠玑古巷是指南雄市行政区域内，由珠玑古巷本体和珠玑古巷人生产生活形成的古驿道、古建筑、历史建筑、文物、非物质文化遗产等历史文化资源的集合体。

珠玑古巷本体是指珠玑镇珠玑村东起沙水河，西至乡道 Y028，南起驷马桥，北至凤凰桥范围内的三街四巷（珠玑街、棋盘街、马仔街和洙泗巷、黄茅巷、铁炉巷、腊巷）建筑群及其附属设施。

第四条　珠玑古巷历史文化资源保护应当遵循科学规划、严格管理、合理利用的原则。

第五条　韶关市人民政府及有关行政主管部门应当在其职责范围内对珠玑古巷历史文化资源保护、管理、利用等工作进行指导和监督。

第六条　南雄市人民政府应当根据实际情况将珠玑古巷历史文化资源保护资金列入本级财政预算，统筹解决珠玑古巷保护、管理、利用中的重大问题。

第七条　南雄市住房和城乡建设行政主管部门负责珠玑古巷历史文化资源相关的历史文化街区、历史文化名镇、历史文化名村、传统村落、古建筑、历史建筑、古驿道以及附属建筑（构筑）物的保护工作。

南雄市文化旅游行政主管部门负责珠玑古巷历史文化资源相关的文物和非物质文化遗产的保护工作，制定珠玑古巷历史文化资源旅游利用规划，监督指导文化旅游活动。

南雄市林业行政主管部门负责珠玑古巷历史文化资源相关的古树名木保护工作。

南雄市发展改革、教育、工业和信息化、民族宗教、公安、财政、自然资源、生态环境、交通运输、水务、农业农村、应急管理、市场监督管理、地方志等行政主管部门以及消防救援机构履行珠玑古巷历史文化资源保护相关职责。

第八条　南雄市人民政府设立的珠玑古巷管理机构，具体负责下列工作：

（一）组织实施珠玑古巷本体的保护规划；

（二）组织实施珠玑古巷本体的维护与修缮；

（三）珠玑古巷本体基础设施、公共设施、环境卫生等日常监督管理；

（四）搜集有关珠玑古巷历史文化资源保护的意见建议；

（五）开展珠玑古巷历史文化资源发掘、研究、交流、宣传；

（六）其他保护和管理工作。

第九条 南雄市各镇（街道）应当协助有关部门做好珠玑古巷历史文化资源保护工作，并指导村（居）民委员会组织制定珠玑古巷历史文化资源保护村规民约（居民公约）。

第十条 鼓励、支持单位和个人通过捐赠资助、提供技术、志愿服务等依法参与珠玑古巷历史文化资源保护工作。

任何单位和个人都有保护珠玑古巷历史文化资源的义务，并有权劝阻和举报破坏珠玑古巷的行为。

第二章 规划与保护

第十一条 南雄市人民政府应当编制珠玑古巷历史文化资源保护规划，按照规定程序报经批准后向社会公布。

珠玑古巷历史文化资源保护规划应当包括下列内容：

（一）保护原则、保护内容和保护范围；

（二）保护措施、开发强度和建设控制要求；

（三）传统格局和历史风貌保护要求；

（四）不可移动历史文化资源的核心保护范围和建设控制地带；

（五）保护规划分期实施方案。

任何单位和个人不得擅自改变珠玑古巷历史文化资源保护规划。确需对珠玑古巷历史文化资源保护规划进行调整的，应当按照原审批程序报送审批。

第十二条 南雄市人民政府应当制定珠玑古巷历史文化资源修缮规

范，制定修缮规范应当广泛征求社会公众的意见，并向社会公布。

修缮规范应当包含修缮原则、修缮程序、修缮预警和修缮经费等内容。

第十三条　珠玑古巷历史文化资源保护对象主要包括：

（一）珠玑古巷本体；

（二）古驿道、古桥、古码头、古塔、古关隘、古楼、古巷等；

（三）古祠堂；

（四）传统村落；

（五）古树名木；

（六）具有历史价值的传统文化遗产；

（七）与重要历史人物有关的遗址、遗迹；

（八）其他需要保护的对象。

第十四条　南雄市人民政府应当建立珠玑古巷历史文化资源保护名录和数字化平台，对珠玑古巷历史文化资源保护对象进行分类分级登记。对拟纳入保护名录的，应当征求所有权人及相关权利人的意见，并向社会公布。

不可移动历史文化资源的保护名录应当载明保护对象名称、类别、级别、位置、面积、建设年代和保护责任人等内容，并附保护单位四至地图。

第十五条　珠玑古巷历史文化资源保护对象的保护责任人按照下列规定确认：

（一）个人所有的，所有权人为保护责任人；

（二）集体所有的，集体经济组织或者村（居）民委员会为保护责任人；

（三）国家所有的，管理单位为保护责任人；

（四）所有权人不明晰，有实际使用人的，使用人为保护责任人；无实际使用人的，珠玑古巷保护管理机构为保护责任人。

对保护责任人有异议的，可以向南雄市人民政府授权的行政主管部门提出异议，并由其作出处理决定，书面予以回复。

第十六条 珠玑古巷本体和传统村落应当实行整体保护，延续传统格局和历史风貌，保护与其相互依存的人文和自然景观。

第十七条 禁止在珠玑古巷本体和传统村落核心保护范围内新建、扩建与保护无关的建筑物、构筑物。但是新建、扩建必要的基础设施和公共服务设施除外。

经依法批准在珠玑古巷本体和传统村落建设控制地带内新建、改建、扩建建筑物、构筑物的，其色调、风格、体量、形式等应当符合整体风貌要求。

第十八条 古祠堂的所有权人或者使用权人应当建立古祠堂保护制度，履行保护职责。

鼓励和支持举办珠玑古巷姓氏文化活动，加强与粤港澳大湾区以及海内外其他珠玑古巷后裔的联系，促进珠玑姓氏文化的传播、交流与合作。

第十九条 古驿道保护的内容包括：路肩、路面、路石，沿途的古亭、古庙、古屋、古桥、古码头、古关隘以及与古驿道相关的重要历史名人、事件、文学作品、典故传说等。

乌迳古驿道、梅关古驿道保护应当实行整体保护，保持延续历史风貌，不得破坏与其相互依存的自然景观。

第二十条 鼓励单位和个人设立珠玑文化研究机构，开展珠玑文化研究，对具有重要价值的珠玑古巷历史文化资源原始文献、典籍、资料进行整理、翻译、出版。

第二十一条 南雄市人民政府应当设立珠玑古巷历史文化资源保护资金。珠玑古巷历史文化资源保护资金由政府投入、珠玑古巷历史文化资源有偿使用费、社会捐赠以及其他收入构成，专项用于珠玑古巷历史文化资源的保护。

任何单位和个人不得截留、侵占、挪用珠玑古巷历史文化资源保护资金。

第二十二条　南雄市人民政府应当设置珠玑古巷历史文化资源保护对象的保护标识，保护标识的设置应当符合相关技术标准，并与珠玑古巷风貌协调一致。

第二十三条　珠玑古巷历史文化资源保护规划确定的保护范围内，禁止下列行为：

（一）损毁古驿道、古楼、古塔等建筑物；

（二）砍伐、擅自迁移、损坏古树名木；

（三）在古巷、古驿道、古楼、古塔等建筑物和古树名木上涂写、刻画，擅自张贴广告、标语等宣传品；

（四）擅自设置、移动、涂改、损毁保护标识；

（五）使用高音广播喇叭或者采用其他持续反复发出高噪声的方法招揽顾客；

（六）擅自占用道路、公共场地等摆摊设点从事经营活动；

（七）其他损害珠玑古巷历史文化资源的行为。

第三章　管理与利用

第二十四条　南雄市人民政府应当支持利用珠玑古巷历史文化街区、传统村落、历史建筑、古祠堂等历史文化资源开展文化旅游活动，发展文化旅游产业。

第二十五条　利用珠玑古巷历史文化资源开展影视拍摄和公益性、群众性等大型户外活动，应当制定活动方案，防止损害珠玑古巷历史文化资源，并依照有关法律、法规的规定办理相关手续。

第二十六条　鼓励和支持社会资本利用珠玑古巷历史文化资源开展下列活动：

（一）设立主题博物馆、纪念馆、展览馆等；

（二）研发文化产品；

（三）开展崇祖敬宗联谊；

（四）经营发展餐饮、民宿等旅游服务项目；

（五）其他传承、利用珠玑古巷历史文化资源的活动。

第二十七条 鼓励公民、法人和非法人组织传承、利用珠玑古巷历史文化资源。

第四章 法律责任

第二十八条 违反本条例规定，南雄市人民政府及其有关部门的工作人员有下列情形之一的，对负有责任的主管人员和其他直接责任人员，依法给予处分；构成犯罪的，依法追究刑事责任：

（一）不依法履行监督管理职责的；

（二）发现违法行为不依法查处的；

（三）擅自调整、修改保护规划的；

（四）截留、侵占、挪用珠玑古巷历史文化资源保护资金的；

（五）其他玩忽职守、滥用职权、徇私舞弊等行为的。

第二十九条 违反本条例第十七条第一款规定的，由南雄市人民政府有关行政主管部门依照《中华人民共和国城乡规划法》等有关法律法规规定处理。

第三十条 违反本条例第二十三条第一项规定的，由南雄市城乡规划行政主管部门责令停止违法行为，限期恢复原状或者采取其他补救措施；有违法所得的，没收违法所得；造成严重后果的，对单位并处二十万元以上五十万元以下罚款，对个人并处十万元以上二十万元以下罚款；造成损失的，依法承担赔偿责任；构成犯罪的，依法追究刑事责任。

违反本条例第二十三条第二项、第三项规定，砍伐、擅自迁移、损坏古树名木或者在古树名木上涂写、刻画，擅自张贴广告、标语等宣传品的，由南雄市古树名木行政主管部门依照《广东省森林保护管理条例》

的有关规定处理。

违反本条例第二十三条第三项规定，在古巷、古驿道、古楼、古塔等建筑物上涂写、刻画，擅自张贴广告、标语等宣传品的，由南雄市人民政府确定的行政主管部门责令恢复原状或者采取其他补救措施，处五十元罚款。

违反本条例第二十三条第四项规定的，由南雄市城乡规划行政主管部门责令限期改正；逾期不改正的，对单位处一万元以上五万元以下罚款，对个人处一千元以上一万元以下罚款。

违反本条例第二十三条第五项规定的，由南雄市人民政府确定的行政主管部门依照《中华人民共和国噪声污染防治法》的有关规定处理。

违反本条例第二十三条第六项规定的，由南雄市市容环境卫生行政主管部门责令改正；拒不改正的，处五十元以上二百元以下罚款。

第五章　附　则

第三十一条　本条例自 2024 年 10 月 1 日起施行。

附录三

立法文本注释稿
韶关市珠玑古巷保护条例

目　录

第一章　总　则

第一条　【立法的目的和依据】为了加强珠玑古巷历史文化资源保护，保持传统历史风貌，正确处理经济社会发展和历史文化资源保护的关系，根据《中华人民共和国文物保护法》《历史文化名城名镇名村保护条例》等法律法规的规定，结合本市实际，制定本条例。

【注释】：本条是对立法目的和立法依据的规定。

珠玑古巷是中原与岭南地区交往、客家人南迁的重要陆上通道，以丰富且保存完好的古建筑以及古老的姓氏文化和民俗著称，被称为“广东第一巷”。千百年来，珠玑古巷在岭南地区人口迁徙过程中扮演了极为重要的角色。珠玑先民南迁的后裔，散布在珠江三角洲、港澳及海外的就多达数千万人。珠玑古巷是广府文化的重要体现和传承载体，具有重要的历史文化价值。珠玑古巷承载着岭南移民的历史文化传统，是岭南人寻根问祖的源头，不应该在现代化的进程中逐渐退出历史舞台，而是应该加强传统文化和精神的弘扬与保护。

近年，在珠玑古巷旅游资源开发和经济社会发展的过程中，违规建设、拆旧建新、私搭乱建等行为时有发生，对珠玑古巷文物保护、传统风貌维持和社会经济发展造成不利影响。加之珠玑古巷保护资金来源单一、数量有限，部分村民自有但较具价值的历史建筑维护修缮工作推进艰难。而且，珠玑古巷知名度和游客数量的不断攀升，对珠玑古巷保护和合理利用提出了新的更高要求，客观上需要进一步建规立矩、细化措施，把多年以来保护珠玑古巷的宝贵经验和成果进行固化，切实解决当前保护工作面临的突出问题。

珠玑古巷保护和合理利用的现实需求，需要制定一部地方性法规对珠玑古巷发展进行规范和促进。《韶关市珠玑古巷保护条例》的制定的目的和出发点就是要进一步筑牢保护意识、规范政府和社会行为，弘扬和传承传统文化，为保护和管理提供坚实法制支撑。制定《韶关市珠玑古巷保护条例》符合相应的立法要求，且立法需求较为迫切，符合韶关市实际需要。随着城镇化进程加快，以法律形式规范珠玑古巷的保护、管理和利用，将极大激发珠玑古巷文化活力，进一步促进南雄市市域经济和全域旅游发展。

【立法依据】：《文物保护法》第一条　为了加强对文物的保护，传承中华民族优秀历史文化遗产，促进科学研究工作，进行爱国主义和革命传统教育，增加历史自觉、坚定文化自信，建设社会主义精神文明和物质文明，根据宪法，制定本法。

《城乡规划法》第一条　为了加强城乡规划管理，协调城乡空间布局，改善人居环境，促进城乡经济社会全面协调可持续发展，制定本法。

《历史文化名城名镇名村保护条例》第一条　为了加强历史文化名城、名镇、名村的保护与管理，继承中华民族优秀历史文化遗产，制定本条例。

【立法参考】：《梅州市客家围龙屋保护条例》第一条　为了加强客家围龙屋保护，传承客家优秀传统文化，根据《中华人民共和国文物保护法》《中华人民共和国城乡规划法》《历史文化名城名镇名村保护条例》等法律法规，结合本市实际，制定本条例。

第二条　【适用范围】本条例适用于珠玑古巷历史文化资源的保护、管理、利用等活动。

涉及历史建筑、历史文化街区、文物、非物质文化遗产以及古树名木等，其保护利用已有相关法律法规规定的，从其规定。

【注释】：本条是对珠玑古巷历史文化资源的保护、管理、利用适用范围的规定。

【立法依据】：《立法法》第八十二条第一款规定："地方性法规可以就下列事项作出规定：……（二）属于地方性事务需要制定地方性法规的事项。"结合本地实际，不同上位法抵触，属立法创制性条款。

【立法参考】：1.《贺州市黄姚古镇保护条例》第二条　古镇的规划、保护、管理和利用，适用本条例。

2.《保山市和顺古镇保护条例》第二条　本条例适用于和顺古镇的规划、建设、保护和管理等活动。

3.《贵阳市青岩古镇保护条例》第二条　本条例适用于青岩古镇的保护、管理及其相关活动。涉及文物、非物质文化遗产和古树名木的保护和管理，按照有关法律、法规的规定执行。

第三条　【珠玑古巷的界定】本条例所称珠玑古巷是指南雄市行政区域内，由珠玑古巷本体和珠玑古巷人生产生活形成的古驿道、古建筑、历史建筑、文物、非物质文化遗产等历史文化资源的集合体。

珠玑古巷本体是指珠玑镇珠玑村东起沙水河，西至乡道 Y028，南起驷马桥，北至凤凰桥范围内的三街四巷（珠玑街、棋盘街、马仔街和洙泗巷、黄茅巷、铁炉巷、腊巷）建筑群及其附属设施。

【注释】：本条是对珠玑古巷的界定，明确立法适用的空间范围，明确珠玑古巷的概念，包括哪些，突出法规的针对性、特色性和可操作性具体范围。

【立法依据】：《立法法》第八十二条第一款　地方性法规可以就下列事项作出规定：

（一）为执行法律、行政法规的规定，需要根据本行政区域的实际情况作具体规定的事项；

（二）属于地方性事务需要制定地方性法规的事项。

【立法参考】：《梅州市客家围龙屋保护条例》第二条　本条例适用于本市行政区域内客家围龙屋的保护。

本条例所称客家围龙屋，是指建筑主体前部分由堂屋与横屋构成方形，后部分由化胎与围屋构成半圆形，形态呈前方后圆，与建筑主体前的禾坪和半圆形水塘构成整体为椭圆形的以及因历史、地形、地势等原因造成半圆形水塘缺失的建筑物、构筑物。

第四条　【保护原则】珠玑古巷历史文化资源保护应当遵循科学规划、严格管理、合理利用的原则。

【注释】：本条是关于珠玑古巷历史文化资源保护原则的规定。

历代珠玑人南迁形成的古村落、历史建筑、古驿道数量众多，具体数量尚不完全清楚，部分古树权属也不完全明晰，尤其是等级认定不够精准，标牌悬挂不够规范，保护管理责任和修缮责任没有得到全面落实，一些历史建筑濒临损毁、灭世状态。

对于珠玑古巷的保护缺少一部全面、系统的规划，至今为止，没有真正形成决策统一、资源整合统一、规划设计统一、建设标准统一、保护利用统一、管理机制统一，直接导致珠玑古巷利用缺乏整体的传承、修复、改造、利用、复兴，珠玑古巷保护修复碎片化，无法构成“点、线、面、片”的格局，无法产生巨大凝聚力。

编制珠玑古巷保护规划、划定并公布保护范围、设置核心保护范围标志牌外，还重点规定了具体的保护措施。一是针对保护对象底数不清、制度不完善等问题，对保护对象实行名录、标志牌管理制度，并对普查历史文化遗产、编制保护名录、制作标志牌、监督管理的责任主体、程序、内容、方式、时限及相关要求进行了详细规定。二是为确保历史建筑和传统风貌建筑的真实性，编制珠玑古巷风貌保护和民居外部修缮装饰、添加设施导则的责任主体、程序、重点内容，为历史建筑、传统风貌建筑的维护、修缮提供具体的技术规范指导。三是针对珠玑古巷房屋产权的多元性，以及保护、修缮责任不明晰等问题，立法对保护、修缮责任主体划分，保护、修缮的原则、方式、程序、指导、监督、服务等相关要求，修缮经费补助机制的建立实施等进行详细规定。

【立法依据】：《立法法》第八十二条第一款地方性法规可以就下列事项作出规定：

（一）为执行法律、行政法规的规定，需要根据本行政区域的实际情况作具体规定的事项；

（二）属于地方性事务需要制定地方性法规的事项。

【立法参考】：1.《梅州市客家围龙屋保护条例》第三条　客家围龙屋保护遵循保护为主、科学规划、分类管理、合理利用的原则，维护客家围龙屋的真实性、完整性和可持续性。2.《贺州市黄姚古镇保护条例》第三条 古镇保护应当遵循科学规划、保护优先、统一管理、合理利用的原则。3.《贵阳市青岩古镇保护条例》第三条　青岩古镇保护应当遵循规划统筹、严格保护、合理利用、科学管理的原则。4.《保山市和顺古镇保护条例》第三条　和顺古镇保护工作应当遵循科学规划、综合管理、严格保护、合理利用的原则。

第五条　【韶关市政府及部门职责分工】韶关市人民政府及有关行政主管部门应当在其职责范围内对珠玑古巷历史文化资源保护、管理、利用等工作进行指导和监督。

【注释】：本条是对政府职责及相关职能部门分工的规定。本条对政府职责的规定旨在明确韶关市人民政府、南雄市人民政府及其相关工作部门在珠玑古巷保护、管理和利用工作中的具体职责。

通过地方立法，理顺管理体制，强化保护力度。通过立法明确南雄市人民政府及相关职能部门在珠玑古巷保护管理中的各自法定职责，强化部门主体责任，避免部门之间推诿扯皮，共同做好珠玑古巷保护管理工作。

【立法依据】：1.《文物保护法》第九条 国务院文物行政部门主管全国文物保护工作。

地方各级人民政府负责本行政区域内的文物保护工作。县级以上地方人民政府文物行政部门对本行政区域内的文物保护实施监督管理。

县级以上人民政府有关行政部门在各自的职责范围内，负责有关的文物保护工作。

第九条 文物是不可再生的文化资源。各级人民政府应当重视文物保护，正确处理经济建设、社会发展与文物保护的关系，确保文物安全。

基本建设、旅游发展必须把文物保护放在第一位，严格落实文物保护与安全管理规定，防止建设性破坏和过度商业化。

2.《广东省实施〈中华人民共和国文物保护法〉办法》第五条 各级人民政府负责本行政区域内的文物保护工作。

县级以上人民政府文物行政主管部门对本行政区域内的文物保护实施监督管理。

县级以上人民政府有关行政部门在各自职责范围内，负责有关的文物保护工作。

【立法参考】：1.《梅州市客家围龙屋保护条例》第四条 市、县级人民政府负责本行政区域内客家围龙屋的保护工作，将客家围龙屋保护纳入本级国民经济和社会发展规划，建立客家围龙屋保护工作责任制和联动工作机制，统筹做好城乡建设发展中客家围龙屋保护工作。

市、县级人民政府文物主管部门会同住房城乡建设、自然资源主管部门做好客家围龙屋的调查认定、规划编制、监督管理等工作。

应急管理及消防救援机构，公安机关、发展改革、财政、城市综合执法、生态环境、教育、旅游、农业农村、林业、水务、交通运输、市场监督管理、工业和信息化等主管部门按照各自的职责，做好客家围龙屋保护的相关工作。

2.《黄山市徽州古建筑保护条例》第五条　市、县（区）人民政府应当加强古建筑保护工作，将其纳入国民经济和社会发展规划，所需专项资金列入本级财政预算；组织文化、文物、旅游、公安、国土、住建、规划、林业、工商等部门建立古建筑保护利用工作沟通协调机制。

市、县（区）人民政府文物主管部门负责本行政区域内古建筑保护利用的监督管理。政府有关行政部门应当在各自的职责范围内，依法履行对古建筑保护管理职责。

乡（镇）人民政府、街道办事处负责古建筑的日常巡查并配合有关部门做好古建筑的保护管理工作。

古建筑所在地村民委员会或者居民委员会应当制定古建筑保护村规民约，自觉开展古建筑保护。

每年六月的第二周为古建筑保护宣传活动周。

3.《韶关市红色资源保护条例）第六条　市、县（市、区）文化行政主管部门负责本行政区域内红色资源保护利用的监督指导……市、县（市、区）住房和城乡建设行政主管部门负责本行政区域内……。

第六条　【预算保障】南雄市人民政府应当根据实际情况将珠玑古巷历史文化资源保护资金列入本级财政预算，统筹解决珠玑古巷保护、管理、利用中的重大问题。

【注释】：本条是对立珠玑古巷保护对象经费保障的规定。

目前，国家级、省级对历史遗址、古镇等都有相应的专项资金进行扶持，韶关市和南雄市也为珠玑古巷保护积极筹措资金，但由于韶关市级和南雄市财力不足，而且有些经费且使用名目不明确，有时需从其他项目调剂解决，存在多项目共用一笔经费的窘况。缺少经费，成为制约珠玑古巷保护保护和发展工作的一大难题。

珠玑古巷保护范围广，且传统历史风貌、格局破坏严重，修复、重建再现的工程量大，虽然韶关市政府和南雄市政府高度重视珠玑古巷保护和利用，但每年投入维修经费、日常保护办公经费有限，且项目修复手续繁琐、批复时间长，一些亟待修缮的建筑未能及时得到维修。调研过程中发现，目前珠玑古巷有些明、清代民居等建筑破残损毁严重，由于年代久远、年久失修瓦面漏雨，木构架已出现不同程度的腐烂现象。但迄今为止还没有安排专项资金进行修缮，通过立法的形式保障珠玑古巷保护经费。

【立法依据】：《中华人民共和国立法法》第八十二条第一款规定："地方性法规可以就下列事项作出规定：……（二）属于地方性事务需要制定地方性法规的事项。"结合本地实际，不同上位法抵触，属立法创制性条款。

【立法参考】：《梅州市客家围龙屋保护条例》第三十五条　市人民政府应当为客家围龙屋保护提供必要的资金保障，县级人民政府应当将客家围龙屋保护经费列入财政预算。客家围龙屋保护资金来源包括：（一）上级专项补助的资金；（二）市级财政提供的资金；（三）县级财政预算安排的资金；（四）社会各界捐赠的资金；（五）其他依法筹集的资金。

第七条　【南雄市政府及部门职责分工】南雄市住房和城乡建设行政主管部门负责珠玑古巷历史文化资源相关的历史文化街区、历史文化名镇、历史文化名村、传统村落、古建筑、历史建筑、古驿道以及附属建筑（构筑）物的保护工作。

南雄市文化旅游行政主管部门负责珠玑古巷历史文化资源相关的文物和非物质文化遗产的保护工作，制定珠玑古巷历史文化资源旅游利用规划，监督指导文化旅游活动。

南雄市林业行政主管部门负责珠玑古巷历史文化资源相关的古树名木保护工作。

南雄市发展改革、教育、工业和信息化、民族宗教、公安、财政、自然资源、生态环境、交通运输、水务、农业农村、应急管理、市场监督管理、地方志等行政主管部门以及消防救援机构履行珠玑古巷历史文化资源保护相关职责。

【注释】：本条是对政府职责及相关职能部门分工的规定。本条对政府职责的规定旨在明确韶关市人民政府、南雄市人民政府及其相关工作部门在珠玑古巷保护、管理和利用工作中的具体职责。

通过地方立法，理顺管理体制，强化保护力度。通过立法明确南雄市人民政府及相关职能部门在珠玑古巷保护管理中的各自法定职责，强化部门主体责任，避免部门之间推诿扯皮，共同做好珠玑古巷保护管理工作。

【立法依据】：《地方各级人民代表大会和地方各级人民政府组织法》第七十三条规定："县级以上的地方各级人民政府行使下列职权：（一）执行本级人民代表大会及其常务委员会的决议，以及上级国家行政机关的决定和命令，规定行政措施，发布决定和命令；（二）领导所属各工作部门和下级人民政府的工作；（三）改变或者撤销所属各工作部门的不适当的命令、指示和下级人民政府的不适当的决定、命令；（四）依照法律的规定任免、培训、考核和奖惩国家行政机关工作人员；（五）编制和执行国民经济和社会发展规划纲要、计划和预算，管理本行政区域内的经济、教育、科学、文化、卫生、体育、城乡建设等事业和生态环境保护、自然资源、财政、民政、社会保障、公安、民族事务、司法行政、人口与计划生育等行政工作；（六）保护社会主义的全民所有的财产和劳动群众集体所有的财产，保护公民私人所有的合法财产，维护社会秩序，保障公民的人身权利、民主权利和其他权利；（七）履行国有资产管理职责；（八）保护各种经济组织的合法权益；（九）铸牢中华民族共同体意识，

促进各民族广泛交往交流交融，保障少数民族的合法权利和利益，保障少数民族保持或者改革自己的风俗习惯的自由，帮助本行政区域内的民族自治地方依照宪法和法律实行区域自治，帮助各少数民族发展政治、经济和文化的建设事业；（十）保障宪法和法律赋予妇女的男女平等、同工同酬和婚姻自由等各项权利；（十一）办理上级国家行政机关交办的其他事项。”

【立法参考】：1.《梅州市客家围龙屋保护条例》第四条　市、县级人民政府负责本行政区域内客家围龙屋的保护工作，将客家围龙屋保护纳入本级国民经济和社会发展规划，建立客家围龙屋保护工作责任制和联动工作机制，统筹做好城乡建设发展中客家围龙屋保护工作。

市、县级人民政府文物主管部门会同住房城乡建设、自然资源主管部门做好客家围龙屋的调查认定、规划编制、监督管理等工作。

应急管理及消防救援机构，公安机关、发展改革、财政、城市综合执法、生态环境、教育、旅游、农业农村、林业、水务、交通运输、市场监督管理、工业和信息化等主管部门按照各自的职责，做好客家围龙屋保护的相关工作。

2.《黄山市徽州古建筑保护条例》第五条　市、县（区）人民政府应当加强古建筑保护工作，将其纳入国民经济和社会发展规划，所需专项资金列入本级财政预算；组织文化、文物、旅游、公安、国土、住建、规划、林业、工商等部门建立古建筑保护利用工作沟通协调机制。

市、县（区）人民政府文物主管部门负责本行政区域内古建筑保护利用的监督管理。政府有关行政部门应当在各自的职责范围内，依法履行对古建筑保护管理职责。

乡（镇）人民政府、街道办事处负责古建筑的日常巡查并配合有关部门做好古建筑的保护管理工作。

古建筑所在地村民委员会或者居民委员会应当制定古建筑保护村规民约，自觉开展古建筑保护。

每年六月的第二周为古建筑保护宣传活动周。

第八条 【管理机构职责】南雄市人民政府设立的珠玑古巷管理机构，具体负责下列工作：(一) 组织实施珠玑古巷本体的保护规划；(二) 组织实施珠玑古巷本体的维护与修缮；(三) 珠玑古巷本体基础设施、公共设施、环境卫生等日常监督管理；(四) 搜集有关珠玑古巷历史文化资源保护的意见建议；(五) 开展珠玑古巷历史文化资源发掘、研究、交流、宣传；(六) 其他保护和管理工作。

【注释】：本条是对珠玑古巷保护专门管理机构职责的规定，本条旨在明确珠玑古巷保护专门管理机构的工作职责。

珠玑古巷保护管理与开发利用工作是一项系统性和整体性很强的工作，需要多部门通力合作。在现有体制下，文旅局、自然资源局、住建局等相关部门均可从不同角度对珠玑古巷保护管理和开发利用，但在调研时发现各相关部门之间存在职责不清、相互推诿等问题，缺乏统一协调性，给珠玑古巷保护管理与开发利用带来不利影响。设立专门机构，地方立法赋予职责，具体明确，可操作性可执行性强。

【立法依据】：《立法法》第八十二条第一款规定："地方性法规可以就下列事项作出规定：……（二）属于地方性事务需要制定地方性法规的事项。"结合本地实际，不同上位法抵触，属立法创制性条款。

【立法参考】：1.《常州市焦溪古镇保护条例》第六条　焦溪古镇保护机构（以下简称古镇保护机构）具体负责下列工作：（一）执行焦溪古镇保护规划；（二）建立古镇保护对象档案；（三）组织实施古镇维护修缮计划；（四）建立古镇保护监测系统；（五）协调配合有关部门做好古镇市政基础设施、公用设施和园林、绿化、环境卫生、河道管护、古镇容貌等监督管理工作；（六）发掘、研究、保护和传承古镇历史文化遗产；（七）开展古镇的宣传推广、展览展示和对外交流工作；（八）引导支持古镇当地居民、民间组织等参与古镇保护；（九）开展日常巡查，及时劝阻、制止违反古镇保护规定的行为；（十）受理对违反古镇保护规定行为的投诉、举报；(十一) 其他保护和管理工作。

2.《贺州市黄姚古镇保护条例》第五条　市人民政府领导古镇保护和管理工作。市人民政府设置的黄姚古镇保护管理机构（以下简称古镇管理机构）具体负责古镇的规划、保护、管理和利用等工作。古镇管理机构主要履行下列职责：(一) 宣传、贯彻有关法律法规和政策；(二) 参与编制古镇保护详细规划，制定具体管理措施，组织实施古镇保护规划；(三) 组织古镇基础设施和公共设施建设；(四) 负责保护区内公共场所使用、公共安全事项的监督管理；(五) 筹集保护经费，严格按照规定开支；(六) 依法受委托实施行政处罚；(七) 其他有关保护和管理工作。市、县人民政府有关职能部门应当按照各自职责，做好古镇的保护和管理工作。黄姚镇人民政府应当根据职责，做好古镇保护的有关工作。

第九条　【镇（街道）协助】南雄市各镇（街道）应当协助有关部门做好珠玑古巷历史文化资源保护工作，并指导村（居）民委员会组织制定珠玑古巷历史文化资源保护村规民约（居民公约）。

【注释】：本条是对各镇（街道）应当协助有关部门做好珠玑古巷历史文化资源保护工作，并指导村（居）民委员会组织制定珠玑古巷历史文化资源保护村规民约（居民公约）的规定。

【主要依据】：《立法法》第八十二条第一款规定："地方性法规可以就下列事项作出规定：……（二）属于地方性事务需要制定地方性法规的事项。"结合本地实际，不同上位法抵触，属立法创制性条款。

【立法参考】：1.《梅州市客家围龙屋保护条例》第六条　客家围龙屋所在地村民委员会、居民委员会指导、督促村民、居民按照保护的要求合理使用客家围龙屋，配合做好客家围龙屋保护的宣传工作，协助开展客家围龙屋的火灾预防和扑救，劝阻、报告违反客家围龙屋保护规定的行为。提倡和鼓励村民委员会、居民委员会组织村民、居民制定保护客家围龙屋的村规民约、居民公约。

2.《常州市焦溪古镇保护条例》第七条第一款　焦溪古镇所在地的

村（居）民委员会应当教育和引导当地村（居）民遵守古镇保护规定，参与古镇保护。鼓励将古镇保护的相关内容纳入村规民约、居民公约。

第十条 【社会参与】鼓励、支持单位和个人通过捐赠资助、提供技术、志愿服务等依法参与珠玑古巷历史文化资源保护工作。

任何单位和个人都有保护珠玑古巷历史文化资源的义务，并有权劝阻和举报破坏珠玑古巷的行为。

【注释】：本条是对单位和个人参与珠玑古巷保护、对破坏珠玑古巷的行为监督举报的规定。参与珠玑古巷保护与民生息息相关，鼓励单位和个人积极参与珠玑古巷保护、建设和管理。

【主要依据】：《立法法》第八十二条第一款规定："地方性法规可以就下列事项作出规定：……（二）属于地方性事务需要制定地方性法规的事项。"结合本地实际，不同上位法抵触，属立法创制性条款。

【立法参考】：1.《梅州市客家围龙屋保护条例》第十条 鼓励单位和个人参与客家围龙屋的保护利用工作，鼓励建立客家围龙屋民间保护组织。

任何单位和个人有权举报破坏客家围龙屋的行为。

市、县级人民政府对在客家围龙屋保护工作中做出显著成绩的单位和个人给予表彰和奖励。

2.《常州市焦溪古镇保护条例》第七条第二款 鼓励单位和个人通过出资、捐赠、技术支持、志愿服务、公益性宣传教育等方式参与焦溪古镇保护。

3.《贺州市黄姚古镇保护条例》第六条 古镇保护经费通过下列渠道筹集：（一）财政拨款；（二）社会捐赠；（三）景区（点）门票收入；（四）其他渠道筹集的款项。

第二章 规划与保护

第十一条 【保护规划】南雄市人民政府应当编制珠玑古巷历史文

化资源保护规划，按照规定程序报经批准后向社会公布。

珠玑古巷历史文化资源保护规划应当包括下列内容：（一）保护原则、保护内容和保护范围；（二）保护措施、开发强度和建设控制要求；（三）传统格局和历史风貌保护要求；（四）不可移动历史文化资源的核心保护范围和建设控制地带；（五）保护规划分期实施方案。

任何单位和个人不得擅自改变珠玑古巷历史文化资源保护规划。确需对珠玑古巷历史文化资源保护规划进行调整的，应当按照原审批程序报送审批。

【注释】：本条是对编制珠玑古巷保护规划的规定。

本条规定南雄市人民政府应当对珠玑古巷保护规划依法编制明确规划内容，并根据保护需要依法划定保护范围和建设控制地带。编制珠玑古巷保护规划不得擅自改变，立法从程序上加以管控，确需对规划进行调整的，应当按照规定程序报原审批机关批准。

【主要依据】：1.《立法法》第八十二条第一款规定：“地方性法规可以就下列事项作出规定：……（二）属于地方性事务需要制定地方性法规的事项。”结合本地实际，不同上位法抵触，属立法创制性条款。

2.《历史文化名城名镇名村保护条例》第十三条　历史文化名城批准公布后，历史文化名城人民政府应当组织编制历史文化名城保护规划。

历史文化名镇、名村批准公布后，所在地县级人民政府应当组织编制历史文化名镇、名村保护规划。

保护规划应当自历史文化名城、名镇、名村批准公布之日起1年内编制完成。

【立法参考】：1.《贺州市黄姚古镇保护条例》第八条 古镇管理机构应当根据保护规划，会同市城乡规划、文物等主管部门组织编制保护详细规划，报自治区人民政府住房和城乡建设主管部门审批。

经批准的古镇保护规划和保护详细规划，任何单位和个人不得擅自修改。确需修改的，应当依照原审批程序办理。

2.《贵阳市青岩古镇保护条例》第十一条　花溪区人民政府应当按照规定组织编制保护规划，与城市交通、市政、绿化、消防等专项规划相协调，并按照程序报请批准。

3.《常州市焦溪古镇保护条例》第八条　焦溪古镇保护规划应当依法编制，按照规定程序报经批准后向社会公布。任何单位和个人不得擅自改变保护规划；确需对规划进行调整的，应当按照规定程序报经批准。

第十二条　【修缮规范】 南雄市人民政府应当制定珠玑古巷历史文化资源修缮规范，制定修缮规范应当广泛征求社会公众的意见，并向社会公布。修缮规范应当包含修缮原则、修缮程序、修缮预警和修缮经费等内容。

【注释】：本条是关于珠玑古巷维护与修缮规范的规定。

【立法依据】：《历史文化名城名镇名村保护条例》第二十八条　在历史文化街区、名镇、名村核心保护范围内，不得进行新建、扩建活动。但是，新建、扩建必要的基础设施和公共服务设施除外。

在历史文化街区、名镇、名村核心保护范围内，新建、扩建必要的基础设施和公共服务设施的，城市、县人民政府城乡规划主管部门核发建设工程规划许可证、乡村建设规划许可证前，应当征求同级文物主管部门的意见。

在历史文化街区、名镇、名村核心保护范围内，拆除历史建筑以外的建筑物、构筑物或者其他设施的，应当经城市、县人民政府城乡规划主管部门会同同级文物主管部门批准。

第二十九条　审批本条例第二十八条规定的建设活动，审批机关应当组织专家论证，并将审批事项予以公示，征求公众意见，告知利害关系人有要求举行听证的权利。公示时间不得少于20日。

利害关系人要求听证的，应当在公示期间提出，审批机关应当在公示期满后及时举行听证。

第三十五条　对历史建筑进行外部修缮装饰、添加设施以及改变历

史建筑的结构或者使用性质的，应当经城市、县人民政府城乡规划主管部门会同同级文物主管部门批准，并依照有关法律、法规的规定办理相关手续。

第三十六条　在历史文化名城、名镇、名村保护范围内涉及文物保护的，应当执行文物保护法律、法规的规定。

【立法参考】：1.《常州市焦溪古镇保护条例》第十九条　在焦溪古镇保护范围内开展维护修缮活动，应当符合古镇保护规划要求，不得改变其传统格局和历史风貌，不得损害历史文化遗产的真实性和完整性。

不可移动文物的维护修缮，按照文物保护的有关法律、法规执行。

修缮历史建筑、传统风貌建筑以及传统驳岸、桥梁、水埠、码头、道路，应当采用原工艺、原材料，延续传统风貌。无法使用原工艺、原材料修缮的，应当标注或者记录修缮信息。

第二十一条 古镇保护机构应当在规划、住房和城乡建设、文化等主管部门的指导下，根据焦溪古镇保护规划的要求，组织编制古镇保护范围内建（构）筑物的修缮导则，明确具体修缮要求，经专家论证后公布。

保护责任人应当按照修缮导则的要求进行修缮、装饰，古镇保护机构应当根据修缮导则对修缮、装饰活动进行指导。

第二十二条　在焦溪古镇保护范围内对建（构）筑物进行修缮、装饰，应当提前书面告知古镇保护机构；需要办理审批手续的，应当依法办理。

2.《苏州市古建筑保护条例》第十三条　修缮古建筑应当遵守不改变原状原则，不得任意改变和破坏原有建筑的布局、结构，不得任意改建、扩建。

除经常性保养维护和抢险加固工程外，古建筑的重点修缮，局部复原，建造保护性建筑物、构筑物等工程，必须经文物行政主管部门批准。

3.《常州市焦溪古镇保护条例》第二十二条　在焦溪古镇保护范围内对建（构）筑物进行修缮、装饰，应当提前书面告知古镇保护机构；

需要办理审批手续的，应当依法办理。

4.《梅州市客家围龙屋保护条例》第二十六条 对列入保护名录的客家围龙屋进行维护修缮，除按照有关法律法规的规定履行批准手续外，应该符合消防安全技术标准要求，保持原有传统格局和历史风貌，并应当符合以下要求：（一）属于第一类客家围龙屋的，遵守修旧如故、不改变原状的原则，其中属于文物保护单位的，应当由依法取得相应文物保护工程资质证书的单位进行修缮；（二）属于第二类客家围龙屋的，在保持整体传统格局和历史风貌的基础上，不改变外立面、屋面等主体结构，可以对建筑内部进行适当的、可逆的改造；（三）属于第三类客家围龙屋的，可以兼顾适度利用进行基础设施改造，根据需要添加适合生活要求的必要设备和设施。

本市各级人民政府根据需要培训古民居建筑工匠，积极培育和引进传统建筑保护专业人才，鼓励客家围龙屋传统修缮技艺的传承与创新。

第十三条 【保护对象】珠玑古巷历史文化资源保护对象主要包括：（一）珠玑古巷本体；（二）古驿道、古桥、古码头、古塔、古关隘、古楼、古巷等；（三）古祠堂；（四）传统村落；（五）古树名木；（六）具有历史价值的传统文化遗产；（七）与重要历史人物有关的遗址、遗迹；（八）其他需要保护的对象。

【注释】：本条是对珠玑古巷保护对象的列举式规定

【主要依据】：《立法法》第八十二条第一款规定："地方性法规可以就下列事项作出规定：……（二）属于地方性事务需要制定地方性法规的事项。"结合本地实际，不同上位法抵触，属立法创制性条款。

【立法参考】：《乳源瑶族自治县文化遗产保护条例》第二条 本条例所称文化遗产包括：（一）自治县境内西京古道、观澜书院等文物保护单位，尚未列入文物保护单位名录但具有历史、艺术、科学价值的古文化遗址、古墓葬与古建筑，以及历史上各时代重要实物等可移动文物；（二）乐富村农民协会旧址、铁龙头村等与重大历史事件、革命运动或者著名人物有关的以及具有重要纪念意义、教育意义或者史料价值的红色革命遗址、遗迹、代表性建筑、纪念设施、文献资料和可移动实物；（三）大桥镇大桥村、深源村等中国传统村落，尚未列入中国历史文化名镇名村名单、中国传统村落名录等但具有保护价值的村落；（四）自治县境内的非物质文化遗产包括传说故事、瑶族民歌、客家山歌、瑶族舞蹈等传统文学、音乐、舞蹈、曲艺以及作为其载体的民族语言，瑶族盘王节、瑶族双朝节、瑶族服饰、客家圣祖祭、客家契娭生日等民俗，武操惊狮等传统体育、游艺与杂技，瑶族刺绣、苦爽酒酿造等传统技艺，瑶族传统医药；（五）其他文化遗产。

第十四条 【保护名录】南雄市人民政府应当建立珠玑古巷历史文化资源保护名录和数字化平台，对珠玑古巷历史文化资源保护对象进行分类分级登记。对拟纳入保护名录的，应当征求所有权人及相关权利人的意见，并向社会公布。

不可移动历史文化资源的保护名录应当载明保护对象名称、类别、级别、位置、面积、建设年代和保护责任人等内容，并附保护单位四至地图。

【注释】：本条是利用现代科技，建立保护名录和数字化平台，科学保护珠玑古巷的规定。

【立法依据】：《立法法》第八十二条第一款规定："地方性法规可以就下列事项作出规定：……（二）属于地方性事务需要制定地方性法规的事项。"结合本地实际，不同上位法抵触，属立法创制性条款。

【立法参考】：《毕节市织金古城保护条例》第三十五条 鼓励运用大数据、云计算、互联网、物联网等现代信息技术，提高织金古城保护、管理和利用水平，推动织金古城保护与现代科技融合发展。

第十五条 【保护责任人】珠玑古巷历史文化资源保护对象的保护责任人按照下列规定确认：（一）个人所有的，所有权人为保护责任人；（二）集体所有的，集体经济组织或者村（居）民委员会为保护责任人；

（三）国家所有的，管理单位为保护责任人；（四）所有权人不明晰，有实际使用人的，使用人为保护责任人；无实际使用人的，珠玑古巷保护管理机构为保护责任人。

对保护责任人有异议的，可以向南雄市人民政府授权的行政主管部门提出异议，并由其作出处理决定，书面予以回复。

【注释】：本条是关于建立珠玑古巷保护区内保护责任人制度的规定。

【主要依据】：1.《文物保护法》第三十二条　国有不可移动文物由使用人负责修缮、保养；非国有不可移动文物由所有人负责修缮、保养，县级以上人民政府可以予以补助。不可移动文物有损毁危险，所有人或者使用人不具备修缮能力的，县级以上人民政府可以给予帮助；所有人或者使用人具备修缮能力但拒不依法履行修缮义务的，县级以上人民政府可以给予抢救修缮，所需费用由所有人或者使用人承担。

对文物保护单位进行修缮，应当根据文物保护单位的级别报相应的文物行政部门批准；对未定级不可移动文物进行修缮，应当报县级人民政府文物行政部门批准。

文物保护单位的修缮、迁移、重建，由取得文物保护工程资质证书的单位承担。

……

2.《历史文化名城名镇名村保护条例》第三十三条　历史建筑的所有权人应当按照保护规划的要求，负责历史建筑的维护和修缮。

县级以上地方人民政府可以从保护资金中对历史建筑的维护和修缮给予补助。

历史建筑有损毁危险，所有权人不具备维护和修缮能力的，当地人民政府应当采取措施进行保护。

任何单位或者个人不得损坏或者擅自迁移、拆除历史建筑。

【立法参考】：1.《常州市焦溪古镇保护条例》第二十条　天宁区人民政府应当组织规划、文化主管部门和古镇保护机构依法明确焦溪古镇保护范围内不可移动文物、历史建筑、传统风貌建筑的保护责任人，并书面告知其保护责任和相应的权益。保护责任人应当按照要求履行日常维护、安全管理、及时修缮等责任。

2.《黄山市徽州古建筑保护条例》第九条　实行古建筑保护责任人制度。县（区）文物主管部门应当与古建筑保护责任人签订责任书。

国有古建筑，其使用人是保护责任人；使用人不明确的，古建筑所在地的乡（镇）人民政府或街道办事处是保护责任人。

非国有古建筑，其所有权人是保护责任人；所有权人不明或者房屋权属不清晰的，使用人是保护责任人。租赁房屋另有约定的除外。

第十六条　【整体保护】珠玑古巷本体和传统村落应当实行整体保护，延续传统格局和历史风貌，保护与其相互依存的人文和自然景观。

【注释】：本条是对珠玑古巷本体和传统村落实行整体保护，延续传统格局和历史风貌，保护与其相互依存的人文和自然景观的规定。

【主要依据】：《历史文化名城名镇名村保护条例》第二十一条　历史文化名城、名镇、名村应当整体保护，保持传统格局、历史风貌和空间尺度，不得改变与其相互依存的自然景观和环境。

【立法参考】：1.《贺州市黄姚古镇保护条例》第十条　核心保护区坚持整体保护与原址保护相结合的原则，按照下列标准和措施进行保护：

（一）保持传统格局、历史风貌、空间尺度、自然景观的整体衔接；

（二）文物建筑应当完整保留；

（三）重点保护传统建筑及其街巷整体空间，包括古民居、石板街、宗祠、城墙、寨门、桥梁、古井等；

（四）各种建筑的维护、修缮和装饰应当符合保护规划的要求，保证建筑形式、体量、风格、色彩以及构造装饰与传统街区整体风格协调一致；

（五）除必要的基础设施和公共服务设施外，不得新建、扩建建筑；

（六）鼓励对传统建筑进行保护性维修和功能利用，但不得擅自改建或者拆除；

（七）与传统建筑尺度协调的新建筑可以进行整治和重新装饰；

（八）修复的建筑层数控制在两层以内，檐口高度不得超过六米，屋顶应当采用古镇传统民居青瓦坡屋顶的形式。

2.《常州市焦溪古镇保护条例》第十七条　在焦溪古镇保护范围内不得新设架空线路。设置招牌、广告设施、霓虹灯，安装空调、太阳能设备、遮雨棚等，应当与古镇历史风貌相协调。

3.《吕梁市碛口古镇保护条例》第八条　在古镇内从事建设、维护和修缮等活动的单位和个人，应当依法办理有关审批手续，并遵守下列规定：

（一）不得改变其传统格局和历史风貌；

（二）不得损害历史文化遗产的真实性和完整性；

（三）在施工过程中对文化古迹、古树名木、水体地貌采取保护措施，并设置安全标志和防护设施，文明施工；

（四）未经批准不得占道堆放建筑材料、建筑垃圾及其他杂物。

第九条 古镇内禁止随意新建、改建、扩建建筑物、构筑物，经批准新建、改建、扩建建筑物、构筑物，应当使用与古镇风貌相协调的建筑装饰材料。

维护、修缮核心保护区内的历史建筑物、历史构筑物，应当保护历史信息，体现历史建筑的真实性，不得改变与其互相依存的自然与人文环境。

古镇内的电力、消防、通信、防洪、供排水、有线电视等设施建设应当符合古镇保护规划的要求。

第十七条　【禁止建设】禁止在珠玑古巷本体和传统村落核心保护范围内新建、扩建与保护无关的建筑物、构筑物。但是新建、扩建必要的基础设施和公共服务设施除外。

经依法批准在珠玑古巷本体和传统村落建设控制地带内新建、改建、扩建建筑物、构筑物的，其色调、风格、体量、形式等应当符合整体风貌要求。

【注释】：本条是对珠玑古巷本体和传统村落核心保护的规定。

【主要依据】：1.《历史文化名城名镇名村保护条例》第二十八条　在历史文化街区、名镇、名村核心保护范围内，不得进行新建、扩建活动。但是，新建、扩建必要的基础设施和公共服务设施除外。

在历史文化街区、名镇、名村核心保护范围内，新建、扩建必要的基础设施和公共服务设施的，城市、县人民政府城乡规划主管部门核发建设工程规划许可证、乡村建设规划许可证前，应当征求同级文物主管部门的意见。

在历史文化街区、名镇、名村核心保护范围内，拆除历史建筑以外的建筑物、构筑物或者其他设施的，应当经城市、县人民政府城乡规划主管部门会同同级文物主管部门批准。

【立法参考】：1.《贺州市黄姚古镇保护条例》第十条　核心保护区坚持整体保护与原址保护相结合的原则，按照下列标准和措施进行保护：

（一）保持传统格局、历史风貌、空间尺度、自然景观的整体衔接；

（二）文物建筑应当完整保留；

（三）重点保护传统建筑及其街巷整体空间，包括古民居、石板街、宗祠、城墙、寨门、桥梁、古井等；

（四）各种建筑的维护、修缮和装饰应当符合保护规划的要求，保证建筑形式、体量、风格、色彩以及构造装饰与传统街区整体风格协调一致；

（五）除必要的基础设施和公共服务设施外，不得新建、扩建建筑；

（六）鼓励对传统建筑进行保护性维修和功能利用，但不得擅自改建或者拆除；

（七）与传统建筑尺度协调的新建筑可以进行整治和重新装饰；

（八）修复的建筑层数控制在两层以内，檐口高度不得超过六米，屋顶应当采用古镇传统民居青瓦坡屋顶的形式。

第十八条 【古祠堂保护】古祠堂的所有权人或者使用权人应当建立古祠堂保护制度，履行保护职责。

鼓励和支持举办珠玑古巷姓氏文化活动，加强与粤港澳大湾区以及海内外其他珠玑古巷后裔的联系，促进珠玑姓氏文化的传播、交流与合作。

【注释】：本条是对珠玑古巷本体规划保护范围内古祠堂的规定，属立法创制性条款。

【主要依据】：《立法法》第八十二条第一款规定："地方性法规可以就下列事项作出规定：……（二）属于地方性事务需要制定地方性法规的事项。"结合本地实际，不同上位法抵触，属立法创制性条款。

【立法参考】：1.《黄山市徽州古建筑保护条例》第九条 实行古建筑保护责任人制度。县（区）文物主管部门应当与古建筑保护责任人签订责任书。

国有古建筑，其使用人是保护责任人；使用人不明确的，古建筑所在地的乡（镇）人民政府或街道办事处是保护责任人。

非国有古建筑，其所有权人是保护责任人；所有权人不明或者房屋权属不清晰的，使用人是保护责任人。租赁房屋另有约定的除外。

2.《黄山市徽州古建筑保护条例》第三条 本条例所称古建筑是指本市境内建于1949年以前具有历史、艺术、科学价值，能够反映历史风貌和地方特色，并列入保护名录的各类建筑物。

古建筑包括古民居、古祠堂、古牌坊、古书院、古寺庙、古戏台、古楼阁、古城墙、古码头、古水系、古塔、古桥、古坝、古亭、古道、古井等建筑物、构筑物。

古建筑构件包括天花、藻井、隔扇、门窗、隔断、斗拱、雀替、斜撑、梁柱、门罩、匾额、柱础、吻兽、抱鼓石等木构件、石构件、砖构件。

第十九条　【古驿道保护】古驿道保护的内容包括：路肩、路面、路石，沿途的古亭、古庙、古屋、古桥、古码头、古关隘以及与古驿道相关的重要历史名人、事件、文学作品、典故传说等。

乌迳古驿道、梅关古驿道保护应当实行整体保护，保持延续历史风貌，不得破坏与其相互依存的自然景观。

【注释】：本条是对珠玑古巷本体规划保护范围内古道保护的内容的规定，属立法创制性条款。

【主要依据】：《立法法》第八十二条第一款规定："地方性法规可以就下列事项作出规定：……（二）属于地方性事务需要制定地方性法规的事项。"结合本地实际，不同上位法抵触，属立法创制性条款。

【立法参考】：《浙江省古道保护办法》第三条　古道的保护应当遵循整体保护、合理利用、属地管理的原则，保持延续古道历史形态和风貌，不得破坏与其相互依存的自然景观和环境。

古道的保护内容包括：古道路基、路面路石，古道附属的古亭、古桥、古驿站、关隘、人文遗迹等资源和设施，重要历史名人、事件、文学作品、典故传说等历史文化内容，以及沿途森林植被、地质景观等周边环境。

第二十条　【鼓励珠玑文化研究】鼓励单位和个人设立珠玑文化研究机构，开展珠玑文化研究，对具有重要价值的珠玑古巷历史文化资源原始文献、典籍、资料进行整理、翻译、出版。

【注释】：本条是对鼓励和支持珠玑古巷文化研究、传承的规定。

【主要依据】：《中华人民共和国立法法》第八十二条第一款规定："地方性法规可以就下列事项作出规定：……（二）属于地方性事务需要制定地方性法规的事项。"结合本地实际，不同上位法抵触，属立法创制性条款。

【立法参考】：《乳源瑶族自治县文化遗产保护条例》第二十六条　自治县人民政府加强建立与上级人民政府有关部门、高等院校、科研院所等机构的长期合作机制，健全文化遗产保护的人才引进和培育机制。

自治县人民政府应当加强与红色文化遗产有关的理论与应用研究，收集、整理、编纂和出版红色文化遗产相关资料，深入挖掘和展示红色文化遗产的内涵和历史价值。

第二十一条 【保护资金】南雄市人民政府应当设立珠玑古巷历史文化资源保护资金。珠玑古巷历史文化资源保护资金由政府投入、珠玑古巷历史文化资源有偿使用费、社会捐赠以及其他收入构成，专项用于珠玑古巷历史文化资源的保护。

任何单位和个人不得截留、侵占、挪用珠玑古巷历史文化资源保护资金。

【注释】：本条是对立珠玑古巷保护对象经费保障的规定。

目前，国家级、省级对历史遗址、古镇等都有相应的专项资金进行扶持，韶关市和南雄市也对珠玑古巷保护积极筹措资金，但由于韶关市和南雄市财力不足，而且有些经费且使用名目不明确，有时需从其他项目调剂解决，存在多项目共用一笔经费的窘况。缺少经费，成为制约珠玑古巷保护保护和发展工作的一大难题。

珠玑古巷保护范围广，且传统历史风貌、格局破坏严重，修复、重建再现的工程量大，虽然韶关市政府和南雄市政府高度重视珠玑古巷保护和利用，但每年投入维修经费、日常保护办公经费有限，且项目修复手续繁琐、批复时间长，一些亟待修缮的建筑未能及时得到维修。调研过程中发现，目前珠玑古巷有些明、清代民居等建筑破残损毁严重，由于年代久远、年久失修瓦面漏雨，木构架已出现不同程度的腐烂现象。但迄今为止还没有安排专项资金进行修缮，通过立法的形式保障珠玑古巷保护经费。

【立法依据】：《立法法》第八十二条第一款规定："地方性法规可以就下列事项作出规定：……（二）属于地方性事务需要制定地方性法规的事项。"结合本地实际，不同上位法抵触，属立法创制性条款。

【立法参考】：《梅州市客家围龙屋保护条例》第三十五条　市人民政府应当为客家围龙屋保护提供必要的资金保障，县级人民政府应当将客家围龙屋保护经费列入财政预算。客家围龙屋保护资金来源包括：（一）上级专项补助的资金；（二）市级财政提供的资金；（三）县级财政预算安排的资金；（四）社会各界捐赠的资金；（五）其他依法筹集的资金。

第二十二条　【保护标识】南雄市人民政府应当设置珠玑古巷历史文化资源保护对象的保护标识，保护标识的设置应当符合相关技术标准，并与珠玑古巷风貌协调一致。

【注释】：本条是对立珠玑古巷保护设置保护标志的规定。

历代珠玑人南迁形成的古村落、历史建筑、古驿道数量众多，具体数量尚不完全清楚，部分古树权属也不完全明晰，尤其是等级认定不够精准，保护管理责任和修缮责任没有得到全面落实，一些历史建筑濒临损毁、灭世状态。对列入保护名录设置保护标志，明确责任主体，便于管理。

【立法依据】：《立法法》第八十二条第一款规定："地方性法规可以就下列事项作出规定：（二）属于地方性事务需要制定地方性法规的事项。"结合本地实际，不同上位法抵触，属立法创制性条款。

【立法参考】：《梅州市客家围龙屋保护条例》第十六条　市人民政府文物主管部门应当将县级人民政府申报列入保护名录的客家围龙屋提请客家围龙屋保护专家委员会进行历史、艺术、科学、文化和社会价值评估，并由客家围龙屋保护专家委员会提出推荐意见。

市人民政府文物主管部门会同住房城乡建设主管部门根据客家围龙屋保护专家委员会的推荐意见，拟定客家围龙屋保护名录，报市人民政府确定并向社会公布。

保护名录应当明确保护对象的主体，载明名称、类别、所在位置、面积、建设年代和价值等内容，并附有明确的界址地形图。

市人民政府对列入保护名录的客家围龙屋，应当设置统一的保护标识。任何单位和个人不得擅自设置、移动、涂改或者损毁保护标识。

2.《贺州市黄姚古镇保护条例》第九条第二款　任何单位和个人不得擅自设置、移动、涂改或者损毁保护标志标识。

3.《毕节市织金古城保护条例》第十六条　织金县人民政府应当以界碑、标牌等方式对织金古城分区范围和保护对象设置保护标志。保护标志的设置应当符合法律、法规的规定和相关标准的要求，并与织金古城风貌协调一致。

任何单位和个人不得擅自设置、移动、涂改或者损毁保护标志。

第二十三条　【禁止行为】珠玑古巷历史文化资源保护规划确定的保护范围内，禁止下列行为：（一）损毁古驿道、古楼、古塔等建筑物；（二）砍伐、擅自迁移、损坏古树名木；（三）在古巷、古驿道、古楼、古塔等建筑物和古树名木上涂写、刻画，擅自张贴广告、标语等宣传品；（四）擅自设置、移动、涂改、损毁保护标识；（五）使用高音广播喇叭或者采用其他持续反复发出高噪声的方法招揽顾客；（六）擅自占用道路、公共场地等摆摊设点从事经营活动；（七）其他损害珠玑古巷历史文化资源的行为。

【注释】：本条是珠玑古巷规划保护范围内禁止性行为的规定。

【立法依据】：《中华人民共和国立法法》第八十二条第一款规定："地方性法规可以就下列事项作出规定：……（二）属于地方性事务需要制定地方性法规的事项。"结合本地实际，不同上位法抵触，属立法创制性条款。

【立法参考】：1.《襄阳古城保护条例》第三十二条　襄阳古城保护范围内禁止下列行为：（一）损坏、擅自拆除列入保护名录的不可移动文物、建（构）筑物；（二）破坏、擅自占用传统民居、古碑刻、古井及其他具有历史文化价值的遗址遗迹、纪念性设施；（三）在文物、历史建筑等保护对象上乱贴、乱刻、乱画或者擅自移动、拆除其保护标志；（四）改变历史街巷宽度、走向，擅自挖掘地下空间；（五）砍伐、损毁古树名木；（六）擅自改造沿街建筑外立面；（七）生产、储存易燃易爆危险物品；（八）违反相关规划和技术规范铺设、改造、延伸水、电、气、网络通信等管道和设施；（九）使用高音广播喇叭或者其他发出高噪声的方法招揽生意；（十）法律、法规禁止的其他行为。

2.《常州市焦溪古镇保护条例》第十五条　在焦溪古镇保护范围内禁止以下行为：（一）破坏不可移动文物、历史建筑和传统风貌建筑；（二）擅自占用、填堵、围垦河道；（三）擅自新建、改建、扩建建（构）筑物；（四）擅自拆除具有历史文化价值的建（构）筑物门窗、装饰构件等；（五）擅自设置、移动、涂改、损毁保护标志；（六）生产、储存爆炸性、易燃性、放射性、毒害性、腐蚀性物品；（七）私拉乱接电气线路；（八）燃放烟花爆竹；（九）在非指定区域摆摊设点；（十）随意倾倒垃圾、排放污水或者丢弃其他废弃物；（十一）在主要街道两侧和公共场地随意吊挂、晾晒、堆放物品；（十二）法律、法规规定的其他影响古镇保护的行为。

第三章　管理与利用

第二十四条　【合理利用】南雄市人民政府应当支持利用珠玑古巷历史文化街区、传统村落、历史建筑、古祠堂等历史文化资源开展文化旅游活动，发展文化旅游产业。

【注释】：本条是关于珠玑古巷合理利用的规定。

【立法依据】：《中华人民共和国立法法》第八十二条第一款规定："地方性法规可以就下列事项作出规定：……（二）属于地方性事务需要制定地方性法规的事项。"结合本地实际，不同上位法抵触，属立法创制性条款。

【立法参考】：《梅州市客家围龙屋保护条例》第二十一条　客家围龙屋保护利用应当与其历史、艺术、科学、文化和社会价值相适应，同时兼顾经济效益，实现保护、利用与传承相协调。

第二十五条 【规范经营活动】利用珠玑古巷历史文化资源开展影视拍摄和公益性、群众性等大型户外活动，应当制定活动方案，防止损害珠玑古巷历史文化资源，并依照有关法律、法规的规定办理相关手续。

【注释】：本条是对珠玑古巷本体规划保护范围内开展经营活动的规定，属立法创制性条款。

【立法依据】：《文物保护法》第十一条 文物是不可再生的文化资源，各级人民政府应当重视文物保护，正确处理经济建设、社会发展与文物保护的关系，确保文物安全。

基本建设、旅游发展必须把文物保护放在第一位，严格落实文物保护与安全管理规定，防止建设性破坏和过度商业化。

【立法参考】：1.《贺州市黄姚古镇保护条例》第二十六条 在古镇保护区范围内进行下列活动，应当经古镇管理机构审核：

（一）举办大型群众性活动；

（二）拍摄电影电视；

（三）设置商业广告、标牌；

（四）其他可能影响古镇传统格局、历史风貌或者历史建筑的活动。

开展上述活动不得破坏古镇的地理环境、自然风貌和古树名木，不得损坏历史建筑物、历史构筑物和公共设施。举办单位应当设置临时环境卫生设施，保持道路、场地的卫生整洁；制定安全预案，确保人民生命和财产安全；活动结束后，按照规定时间清除临时设施及废弃物，恢复原状。

2.《广州市促进历史建筑合理利用实施办法》第二十四条 保护责任人合理利用历史建筑，依法应当经公安、卫生健康、市场监管、生态环境等有关行政管理部门批准的，取得审批文件后方可开展经营活动，并根据需要配备安装必要的技防、物防、污染治理等设备设施。相关行政管理部门按照各自职责，加强对经营活动的事中、事后监管。

第二十六条 【鼓励利用行为】鼓励和支持社会资本利用珠玑古巷历史文化资源开展下列活动：（一）设立主题博物馆、纪念馆、展览馆等；（二）研发文化产品；（三）开展崇祖敬宗联谊；（四）经营发展餐饮、民宿等旅游服务项目；（五）其他传承、利用珠玑古巷历史文化资源的活动。

【注释】：本条是关于社会参与利用珠玑古巷的规定。

【立法依据】：《中华人民共和国立法法》第八十二条第一款规定："地方性法规可以就下列事项作出规定：……（二）属于地方性事务需要制定地方性法规的事项。"结合本地实际，不同上位法抵触，属立法创制性条款。

【立法参考】：1.《梅州市客家围龙屋保护条例》第三十二条 客家围龙屋的所有权人可以以客家围龙屋或者资金入股，与其他社会资本共同参与客家围龙屋的保护利用，并依法享有收益权。客家围龙屋所有权人还可以通过功能置换、兼容使用、经营权转让等多种形式，利用客家围龙屋开展与保护规划相适应的文化创意、文化研究以及开办展览馆、博物馆等特色经营活动。

2.《常州市焦溪古镇保护条例》第二十八条 鼓励、支持单位和个人在焦溪古镇开展下列活动：

（一）开办博物馆、陈列馆、纪念馆等；

（二）举办民俗、民间曲艺等表演活动；

（三）展示、经营传统手工业；

（四）经营传统特色食品、民宿客栈等；

（五）进行风俗民情、传统技艺等方面的研究发掘；

（六）其他保护性利用活动。

鼓励通过文化创意等产品的设计开发，展示焦溪古镇独特的遗产价值和文化内涵。

第二十七条 【鼓励社会参与】鼓励公民、法人和非法人组织传承、利用珠玑古巷历史文化资源。

【注释】：本条是关于鼓励公民、法人和非法人组织传承、利用珠玑古巷历史文化资源的规定。

【立法依据】：《立法法》第八十二条第一款规定："地方性法规可以就下列事项作出规定：……（二）属于地方性事务需要制定地方性法规的事项。"结合本地实际，不同上位法抵触，属立法创制性条款。

【立法参考】：《梅州市客家围龙屋保护条例》第三十三条　鼓励具备保护发展能力的企业、社会组织和个人与客家围龙屋所有权人签订合作协议，自愿出资对客家围龙屋依法进行保护管理、合理利用。

第四章　法律责任

第二十八条　【管理部门及其工作人员责任】违反本条例规定，南雄市人民政府及其有关部门的工作人员有下列情形之一的，对负有责任的主管人员和其他直接责任人员，依法给予处分；构成犯罪的，依法追究刑事责任：（一）不依法履行监督管理职责的；（二）发现违法行为不依法查处的；（三）擅自调整、修改保护规划的；（四）截留、侵占、挪用珠玑古巷历史文化资源保护资金的；（五）其他玩忽职守、滥用职权、徇私舞弊等行为的。

【注释】：本条是对有关部门和单位不履行珠玑古巷保护和管理职责以及滥用职权、玩忽职守、徇私舞弊的规定。

【立法依据】：根据《公务员法》《监察法》《城乡规划法》《广东省城乡规划条例》等相关的规定。

【立法参考】：1.《梅州市客家围龙屋保护条例》第三十九条　违反本条例规定，市、县级人民政府有关部门或者镇人民政府、街道办事处有下列行为之一的，由市、县级人民政府依法责令改正，情节严重的，对直接负责的主管人员和其他直接责任人员依法给予处分；构成犯罪的，依法追究刑事责任：（一）未按照规定组织编制客家围龙屋保护规划的；

（二）滥用审批权限、不履行法定职责或者发现违法行为不予查处的；（三）未按照规定定期开展客家围龙屋普查并将普查结果报送的；（四）截留、侵占、挪用客家围龙屋保护资金的；（五）其他玩忽职守、滥用职权、徇私舞弊的行为。

2.《常州市焦溪古镇保护条例》第三十四条　违反本条例规定，国家工作人员在焦溪古镇保护工作中滥用职权、徇私舞弊、玩忽职守的，依法给予处分；构成犯罪的，依法追究刑事责任。

3.《贺州市黄姚古镇保护条例》第四十二条　古镇保护与管理有关职能部门的工作人员违反本条例规定，有下列情形之一的，依法给予处分：（一）擅自调整、改变或者拒不执行经批准的保护规划和保护详细规划的；（二）不依法履行相关审批职责的；（三）不依法履行古镇保护和监管职责的；（四）不依法查处破坏古镇行为的；（五）有其他玩忽职守、滥用职权、徇私舞弊行为的。

第二十九条　【违反禁止建设的法律责任】违反本条例第十七条第一款规定的，由南雄市人民政府有关行政主管部门依照《中华人民共和国城乡规划法》等有关法律法规规定处理。

【注释】：本条是关于违反本条例第十七条第一款的规定，在珠玑古巷本体和传统村落核心保护范围内新建、改建、扩建建筑物、构筑物法律责任的规定。

【立法依据】：《广东省城乡规划条例》第六十条规定："对纳入保护名录的保护对象，在其核心保护范围内，不得进行与保护无关的建设活动。但新建、扩建必要的基础设施和公益性公共服务设施除外。在保护对象建设控制地带进行新建、扩建、改建活动，应当符合保护规划或者保护措施的要求，不得破坏传统格局和历史风貌。在保护对象核心保护范围和建设控制地带内进行新建、扩建、改建活动，建设单位或者个人在申请办理规划许可时，应当同时提交历史文化保护的具体方案。城乡规划主管部门在作出规划许可前，应当征求文物主管部门的书面意见，必要时应组织专家论证和征求公众意见。”第六十一条规定：“在保护对象核心保护范围和建设控制地带内禁止进行下列活动：（一）开山、采石、开矿等破坏传统格局和历史风貌的活动；（二）占用保护规划确定保留的园林绿地、河湖水系、道路等；（三）修建生产和储存爆炸性、易燃性、放射性、毒害性、腐蚀性物品的工厂、仓库等；（四）在历史建筑上刻划、涂污；（五）对保护对象可能造成破坏性影响的其他活动。”

【立法参考】：1.《常州市焦溪古镇保护条例》第十九条　在焦溪古镇保护范围内开展维护修缮活动，应当符合古镇保护规划要求，不得改变其传统格局和历史风貌，不得损害历史文化遗产的真实性和完整性。

不可移动文物的维护修缮，按照文物保护的有关法律、法规执行。

修缮历史建筑、传统风貌建筑以及传统驳岸、桥梁、水埠、码头、道路，应当采用原工艺、原材料，延续传统风貌。无法使用原工艺、原材料修缮的，应当标注或者记录修缮信息。

2.《襄阳古城保护条例》第十二条　襄阳古城保护范围内，除实施襄阳古城保护与利用规划确定的项目，以及必要的基础设施和公共服务设施外，不得进行新建、扩建活动。

襄阳古城保护范围内的建设活动应当遵循有关法律、法规规定，符合襄阳古城保护与利用规划要求，不得突破相关规划确定的控制性指标，不得破坏古城传统格局和历史风貌。

襄阳古城保护范围周边一定区域的建设活动，应当符合襄阳古城保护与利用规划，在高度、体量、色彩、风格等方面保持与古城整体风貌相协调。

3. 第十条　古镇保护范围内从事建设活动，应当符合保护规划要求，不得损害古镇历史文化遗产的真实性和完整性，不得破坏古镇的传统格局和历史风貌

第十六条　对古镇保护范围内的历史建筑进行外部修缮装饰、添加设施或者改变其结构及使用性质的，应当经县人民政府规划主管部门会

同文物、建设等主管部门批准，并依照有关法律、法规的规定办理相关手续。

古镇核心保护范围内，拆除历史建筑以外的建筑物、构筑物或者其他设施的，应当经县人民政府规划主管部门会同文物主管部门批准。

4.《贺州市黄姚古镇保护条例》第十五条第一款 古镇保护范围内建筑物、构筑物、基础设施及公共服务设施等工程项目的新建、改建、拆除等，应当符合保护规划和保护详细规划并依法办理审批手续。

第三十条 【违反禁止行为的法律责任】违反本条例第二十三条第一项规定的，由南雄市城乡规划行政主管部门责令停止违法行为，限期恢复原状或者采取其他补救措施；有违法所得的，没收违法所得；造成严重后果的，对单位并处二十万元以上五十万元以下罚款，对个人并处十万元以上二十万元以下罚款；造成损失的，依法承担赔偿责任；构成犯罪的，依法追究刑事责任。

违反本条例第二十三条第二项、第三项规定，砍伐、擅自迁移、损坏古树名木或者在古树名木上涂写、刻画，擅自张贴广告、标语等宣传品的，由南雄市古树名木行政主管部门依照《广东省森林保护管理条例》的有关规定处理。

违反本条例第二十三条第三项规定，在古巷、古驿道、古楼、古塔等建筑物上涂写、刻画，擅自张贴广告、标语等宣传品的，由南雄市人民政府确定的行政主管部门责令恢复原状或者采取其他补救措施，处五十元罚款。

违反本条例第二十三条第四项规定的，由南雄市城乡规划行政主管部门责令限期改正；逾期不改正的，对单位处一万元以上五万元以下罚款，对个人处一千元以上一万元以下罚款。

违反本条例第二十三条第五项规定的，由南雄市人民政府确定的行政主管部门依照《中华人民共和国噪声污染防治法》的有关规定处理。违反本条例第二十三条第六项规定的，由南雄市市容环境卫生行政主管部门责令改正；拒不改正的，处五十元以上二百元以下罚款。

【注释】：本条是珠玑古巷规划保护范围内违反禁止行为的规定。

【立法依据】：《立法法》第八十二条第一款规定："地方性法规可以就下列事项作出规定：……（二）属于地方性事务需要制定地方性法规的事项。"结合本地实际，不同上位法抵触，属立法创制性条款。

【立法参考】：1.《晋中市静升古镇保护条例》第三十条　违反本条例第二十一条第五项规定的，由县人民政府城市管理综合执法部门责令停止违法行为、限期恢复原状或者采取其他补救措施；有违法所得的，没收违法所得；造成严重后果的，对单位并处三十万元以上五十万元以下的罚款，对个人并处十万元以上二十万元以下的罚款；造成损失的，依法承担赔偿责任。

违反本条例第二十一条第六项规定的，由县人民政府城市管理综合执法部门责令停止违法行为、限期恢复原状或者采取其他补救措施；有违法所得的，没收违法所得；造成严重后果的，对单位并处五万元以上十万元以下的罚款，对个人并处二万元以上五万元以下的罚款；造成损失的，依法承担赔偿责任。

第三十一条　违反本条例第二十一条第八项规定的，由县人民政府城市管理综合执法部门责令恢复原状或者采取其他补救措施，并处五十元的罚款。

第三十二条　违反本条例第二十一条第十项、第二十二条第三项、第四项规定的，由县人民政府城市管理综合执法部门予以警告，并责令改正或者限期清理；拒不改正或者清理的，对单位处一千元以上五千元以下的罚款，对个人处五十元以上二百元以下的罚款。

第三十三条　违反本条例第二十二条第二项规定的，由县人民政府城市管理综合执法部门责令停止建设，尚可采取改正措施消除对古镇风貌影响的，限期改正，处建设工程造价百分之五以上百分之十以下的罚款；无法采取改正措施消除影响的，限期拆除，不能拆除的，没收实物或者违法收入，可以并处建设工程造价百分之十以下的罚款。

2.《梅州市客家围龙屋保护条例》第四十条 违反本条例第十六条第四款规定，擅自设置、移动、涂改或者损毁客家围龙屋保护标识的，由县级人民政府文物主管部门责令停止违法行为、限期恢复原状或者采取其他补救措施，并处二百元以下罚款。

第四十二条 违反本条例规定，造成列入保护名录的客家围龙屋损毁、灭失的，依法承担民事责任；构成违反治安管理行为的，由公安机关依法给予处罚；构成犯罪的，依法追究刑事责任。

3.《乳源瑶族自治县文化遗产保护条例》第三十条 违反本条例规定，有下列情形的，由有关主管部门责令停止违法行为、限期恢复原状或者采取其他补救措施；造成损失的，依法承担赔偿责任；构成违反行政管理行为的，依法给予行政处罚；构成犯罪的，依法追究刑事责任。（一）侵占、破坏列入文化遗产保护项目的资料、实物、建筑物、场所的；（二）不当利用非物质文化遗产、破坏属于非物质文化遗产组成部分的实物和场所的；（三）破坏传统村落或违反传统村落保护规划进行建设活动和行为的；（四）侵占、破坏、污损红色革命遗址、遗迹、烈士纪念设施及其周边环境的。

第五章 附 则

第三十一条 【生效实施时间】本条例自2024年10月1日起施行。

【注释】：本条是条例生效实施的时间点的规定，条例不具有溯及力。

【主要依据】：《广东省人民代表大会常务委员会立法技术与工作程序规范（试行）》第111条

附录四

《韶关市珠玑古巷保护条例》立法起草调研报告

广东南雄珠玑古巷是古代中原和江南通往岭南古驿道上的一个广府人的中转站，宋元时期北方移民迁徙岭南的集散之地，也是当今数千万广府人及海外华侨的发祥地和祖居地。在移民历史中，珠玑古巷被誉为广府人的故乡，有一个很重要的因素，是因为它是中华民族移民进入岭南拓展南疆的首站和中转站。从珠玑巷迁播出去的姓氏至今已达 180 多个，其后裔繁衍达 8000 多万人，遍布海内外。珠玑古巷被称为广府人的祖居之地，是中国三大寻根地之一，是广府文化的发祥地。珠玑古巷的住户又再南迁到珠江三角洲地区乃至港澳及海外，形成了以粤语为语言体系的广府民系，同时也开创了灿烂的广府文化。广府人的发祥地、广东仅有的宋代古巷古道，有“广东第一巷”之美誉。

珠玑古巷及其所承载的文化传统从千年前的唐宋时期一直延续至今的珠玑文化（寻根文化、姓氏文化和客家文化），珠玑古巷在历史、民族、文化、建筑美学、社会等各方面均有重要价值。因为，保护珠玑古巷实则是保护珠玑古巷的历史文化资源。珠玑古巷是唐宋时期一直延续至今的历史文化资源的典型载体，本调研报告中所说的保护珠玑古巷不仅包含珠玑巷本体，还包括整个中原移民南迁所形成的不可移动和可移动的历史文化资源整体。也就是说调研报告所说的珠玑古巷是广义理解，狭义理解珠玑古巷仅仅是指珠玑古巷本体。

对珠玑古巷保护和利用，有重要的历史意义和现实意义。近年来，为了保护珠玑古巷，韶关市和南雄市做出许多尝试和努力，结合旅游开发等形式来保护和开发珠玑古巷。由于历史原因和城镇化的快速发展，珠玑古巷基础设施建设、文物权属、管理体制机制等问题日益突出，尤其近年来，到访珠玑古巷的游客激增，游客“井喷”的同时，也带来了景区承载压力，历史文化遗产保护和合理开发利用之间不断产生新的矛盾。同时，珠玑古巷因长期风雨侵蚀，缺乏日常维护修缮，日渐老化消亡，加强对珠玑古巷的保护已刻不容缓。

如何做好珠玑古巷的管理、开发、保护和利用，让盲目建设、无序发展的情况变得有章可循，通过立法的形式来破解存在的问题，促进韶关市珠玑古巷的法治保障和文化旅游产业发展，激发各界人士保护、利用、开发珠玑古巷的积极性，形成良好氛围，以立法形式规范珠玑古巷保护行为，是保障珠玑古巷可持续发展的法治手段。

一、珠玑古巷历史文化资源的缘起、传承与现状

（一）珠玑古巷缘起与传承

南岭是中国最重要的山脉之一，由越城岭、都庞岭、萌渚岭、骑田岭、大庾岭五座山脉组成，所以又叫五岭。南岭自西向东，绵延于广西、湖南、广东和江西四省，东西长约600公里，南北宽约200公里。

古代，高大的南岭就是阻挡中原人民进入岭南的障碍。古代交通受制于高山和河流，南北交流无论在人民来往上还是货物运输上，总受到太多的限制。交通如此艰难，非常不利于岭南和内地交往，阻碍了岭南的发展，岭南与中原交通颇为不便。

南岭虽然山高林密，但其间溪谷纵横，这些谷地流淌着分别属于长江和珠江水系的河流，它们是唐以前沟通岭南和中原腹地的基本交通路线。在群山的合围中，在山与山快要勾肩搭背的地方，总有一些或宽或窄的间隙。这些间隙，就天赐般地成为南北往来的通道。

韶关南雄，古称“雄州”，也称“南雄州”，位于广东省东北部的大庾岭南麓，毗邻江西、湖南，其北部越过大庾岭与江西的大余县接壤，东部与江西的信丰县毗邻，南部与江西的龙南市、全南县及本省的始兴县交界，西部是本省的仁化县。和曲江区南雄地势西北高，东南低，南

北两面群山连绵，中部为狭长的丘陵，自东北向西南沿镇江，两岸伸展，在地理学上称为南雄盆地。南雄的历史，可谓悠久。关于南雄的历史沿革，明嘉靖《南雄府志》记载：南雄，古扬州之南境，春秋为百越，战国肃楚，秦为南海郡曲江县地。

南雄地处南岭大庾岭要口，毗邻江西赣南地区，自古是岭南通往中原的要道，是粤赣边境的商品集散地。古代中原政治势力南扩及移民南迁，南岭是必经之地。由此在岭南地区形成了多条沟通珠江水系和长江水系，连通南北的交通要道。南雄在地域上，其境内左右各枕有一条大致南北走向的两条古代驿道，往左为梅关古道，往右为乌迳古道，梅关古道、乌迳古道是南雄境内沟通南北的最重要的交通要道。

历史上的乌迳古道和梅关古道一样，是连接珠江水系和长江水系的重要通道。乌迳古道是一条仅次于梅关古道，贯通南北、水陆联运的古道。乌迳古道至赣州，信丰至乌迳、南雄、曲江水路两边，地势平坦。古代以水运为主的闽南地区、南雄地域，乌迳路便成为连接中原最快捷、最平坦的通道。

乌迳古道作为沟通越干的南北通道，时间上，乌迳古道的存在要比唐朝时期张九龄奉诏新开凿的大庾岭形成的梅关古道还要早，即乌迳古道在大庾岭未开之前，已经成为南北通衢。因为乌迳路比大庾岭更平坦，更快捷，这也是乌迳古道比张九岭奉诏新开的大庾岭即梅关古道要早的原因。

自秦朝以来，到魏晋、唐朝和明清时期，大量的北方人口南迁。秦始皇灭楚国以后，派大将屠睢和赵佗率军征服岭南南越百族，并派史禄开凿人工河渠，将湘江和漓江连接起来，即灵渠，沟通南北联系，设置正式行政区划，岭南成为中央统一领导下的有机组成部分。同时，将赵佗等将领带领的数万秦军屯守，后来朝廷派来15 000名中原女子解决留守将士的配偶，这是中原人民的第一次大规模移民岭南。

秦统一的局面只维持了短短的十几年。所以，在汉武帝统一岭南以前，岭南其实并没有和中原建立起密切的联系。不但在政治上是这样的，在经济文化上也是这样的。从北而来的移民应该是有的，他们对岭南早期的开发作出了贡献，但是和岭南广大地域相比，这些躲避战乱和军事征服而来的人口还是太少，岭南人渔猎采集的生产方式和半原始的生活方式并没有得到根本的改变，所以在中原人眼里，岭南仍然是蛮夷之地，不适合居住，不适合生养。

汉武帝的统一为岭南的发展提供了政治保障，这是岭南越人开始大规模汉化的重要基础。在和平时期，移民的规模小一些，岭南的发展速度慢一些，在战乱时期，移民的规模大很多，岭南开发的速度也跟着加快。

大约在两汉之际，因为中原战争的原因，很多中原人为躲避战乱南迁到岭南。魏晋时期，中原陷入动乱，中原士族和民众开始出现较大规模的南迁。

岭南人口的大幅增加，得益于岭南可以在中原连绵不断的战火之外保持长久的和平，也得益于岭南农业生产在几百年间取得的长足发展。北方移民的到来，带来了黄河流域先进的农业生产技术，加快了岭南的开发。

历史上中原南迁，在梅关古道未开之前，多取道乌迳古道，乌迳古道是连接中原的最快捷、最平坦的通道，它承接了古代粤盐赣粮及其他货物的商贸往来。由于南北商贸往来的增多，移民的迁入，乌迳也慢慢发展成为具有一定规模的地域。因此，作为古代岭南地区直达中原与江南地区的古通道之一，人口的增加，村落的形成，促进了经济的发展，商业的繁荣。

乌迳古道自开凿以来，就是赣粮粤盐运输的主要线路，也是粤赣的主要通道。乌迳古道不仅承载了南北货物运输，是古代以水运为主的岭南地区连接中原的最快捷、最平坦的通道，也承载了中原南迁移民的脚步。史书记载，具有一定规模和数量的移民南迁，当始于秦汉，历经魏晋南北朝、隋唐及明清几代，其中当以唐、宋、明清时期为盛。在乌迳新田村附近发现的汉墓、居民遗址及西晋墓、南北朝墓遗址，一定程度上可以说明古墓、居民遗址、古村与古道的内在联系。

乌迳古道承载着中原及江南人南迁的脚步，沉淀了厚重的人文气质，逐渐形成了乌迳特定的商业气质。乌迳古道商贸发达，店铺比比皆是，有饭店、酒店、茶店。早在西晋建兴三年（315年）时，李耿及其家族一支是南雄最早的一支客家族，正好反映了中原和江南客家南迁的境况。李耿携家族在新溪建村，即今天的新田村。乌迳古道是汉晋时期因北人南迁而开辟成路的，其南北通渠的重要作用为社会认可和肯定。新田村临近江西信丰，南北商品交换频繁，古代商贸往来在新田和信丰之间逐渐形成一条通道，即乌迳古道。

乌迳古道因乌迳而得名，乌迳又因古道而繁荣。狭义上的乌迳古道是指西起乌迳新田圩码头，东北至江西信丰九渡水域码头，沟通粤赣的陆路通道。古道全程约40千米，路面宽2~3米，路面由鹅卵石、带鹅卵石和花岗岩砌成，四季可通牛车和马车。而广义的乌迳古道，西起南雄，东至江西赣州，除此之外，还包括从南雄的镇江河码头到乌尽新田码头，九都御码头至赣州和赣江码头的两段水路，全程200多千米[1]。

乌迳古道的开通早于梅岭古道，乌迳古道浚通长江与珠江两大水系，是粤北唯一南北贯穿、水陆并运的通道，也是广东最早通往中原的古道。据史料载，乌迳古道是古代以水运为主的岭南地区连接中原最快捷、最平坦的通道，其开辟始于东汉三国孙权定都建业，开拓江南通往岭南的路线，经晋南朝至隋唐时期，承担重要的历史使命。据史料载，乌迳古道始于东汉时期，是一条有1700多年历史的千年古道。乌迳古道陆路段从新田墟码头转陆路起，途经田心、松木塘、鸭子口、鹤子坑、石迳圩、老背塘、梨木丘、蕉坑俚等村，至东北面的江西信丰县九渡圩，全程长30多千米，路宽2~3米不等，路面为鹅卵石和花岗石砌成，一年四季皆

[1] 赖井洋：《乌迳古道与珠玑文化》，暨南大学出版社2015年版，第14页。

可通牛、马车，三四天时间可抵达赣州。乌迳古道水运西起南雄城，东至江西赣州，从南雄城的浈江河码头到乌迳新田码头、九渡墟码头至赣州“大河”码头，全程200多公里。

梅岭古道开通后，大宗货物从梅关入赣，但仍有贩夫走卒穿梭于乌迳古道之上，道旁牙行、商铺林立，繁华依旧。明清时期，乌迳古道是粤盐北运的重要通道，古道两旁牙行、商铺林立，依旧很繁华。直至民国时期，新田水运还相当发达，南北客商云集乌迳新田，新田码头水位又深又阔，而且直通新田墟河边各商行，新田墟成为南雄第一大墟市。

开元四年，即716年，张九龄奉诏新开大庾岭，梅关古道开通以来，虽然乌迳古道起着沟通岭南岭北的作用，但这种作用与梅关古道相比，乌迳古道的作用逐渐衰微。但在明清中叶时，由于赣粮粤盐等货物运输，其运输作用又逐渐凸显。

梅关古道始于秦，最初主要用于军事，岭南和岭北受大庾岭等山脉阻挡，中原和岭南之间交通受阻。公元前219年，秦始皇派屠睢为主将、赵佗为副将率50万大军平定岭南，尽管穿越大庾岭的陆路只有几十里，但险峻的山岭令行军十分艰难。秦始皇平定岭南第二年，即公元前213年开凿五岭通道，从而沟通岭南和岭北的联系，军队自江西南康大余过大庾岭，进入广东南雄。这时的通道为军事需要而开，更多的是军事作用。

唐宋时期，古道更多用于南北货物的运输与交流。随着历史的发展，南北商贸交流等活动逐渐扩大，原来险峻、狭小的道路越来越不适应时代的发展。唐代在经济、政治、文化方面带来了交通的大发展，开辟了新的道路。唐朝时期，开元年间，即716年冬，生于今广东韶关的宰相张九龄奉诏开凿大庾岭，拓宽路面，在南岭山隘间开凿贯通南北的大道，选在五岭中的大庾岭梅关处施工，并成功地把古已有之的那条狭窄难行的山路拓宽、夯实成一条能通车马的大道。张九龄奉诏在梅岭开凿了一条长66.6米，高33.3米的大山坳，使梅关古道变成南北的大通道，即今天的“梅关古道”。梅关古道使中原和岭南的交通便利起来，其作用变得较为复杂，既有军事、政治的作用，也承担了经济、文化以及移民的重任。宋代，随着政治经济中心的南移，梅关古道的作用更加凸显。珠江与长江两大水系由此得以沟通，岭南与湘赣、北方由此变得更为便捷畅通。古道开通后，南北交通大为改观，梅岭古道成了连接南北交通的主要通道，使当时的百里梅岭古道一片繁荣。

岭南货物经北江入浈江到达南雄，然后经梅关古道进入江西，再沿赣江出长江。岭北的货物也经梅关古道进入浈江，到北江、珠江，南北货物交通顺畅。两宋时期，随着全国政治经济中心的南移，南来北往的百分之七八十的商旅要经过梅关古道。唐朝以后，途经梅关古道的南北货物和人员来往频繁。明代，梅关古道设置了七条街，即珠玑街、石塘街、里东街、灵潭街、中站街、火迳街、小岭街，茶楼商店为商贸食宿提供方便〔1〕。清代，商贸日趋发展，由广州进口的货物越来越多，梅关古道交通更为繁忙。梅关古道的重要作用，使历代官府都十分重视，不断对古道进行修建，随着粤汉铁路、雄余公路的开通，梅关古道完成了南北主要交通通道的历史使命。如今有千年历史的梅关古道，古时称大庾岭驿路，在古代是连接中国江西与广东唯一的国道，全长 1875 米，路面以鹅卵石和片石铺就，凹凸不平，条状花岗岩固边幅和梯阶沿，梯阶共 236 级，上山道呈之字行走，是我国南方现存最长，保存最完好的古驿道，路的两旁种满梅树，树干曲折，空气清新，风景绮丽，成为著名旅游景点。

乌迳古道、梅关古道以及浈江古水路的开通，一定程度上将珠江水域的浈江和长江水系的赣水连接起来，形成了当时最为便利的南北通衢，自宋至明清，南雄商贸繁荣。特别是梅关古道自秦至清初，历经 800 余年，为南雄官道。大庾岭自秦代开通古道以来，成为中原地区通往岭南的咽喉要道，主要干线在国内经济文化交流中起到重要的作用。为了加

〔1〕 赖井洋：《乌迳古道与珠玑文化》，暨南大学出版社 2015 年版，第 22 页。

强古道的管理，保障商旅安全，历代官府不断完善古道上的设施。

总之，梅关古道和乌迳古道开辟时间不同，在不同的历史时期所起的作用不同，但是在岭南岭北的政治、经济、文化的沟通和交流上，所起的作用都非常重要，两者都有力地推动了岭南社会经济的发展。

南迁的移民不仅增加了岭南的人口，而且促进了岭南社会经济文化的发展。南迁的移民可分为不同层次，人数最多的应该是流民，也就是因为在原居住地失去了土地而流入本地的农民。他们带来了北方比较先进的耕作技术，在新的地方开辟土地，他们是促进岭南经济和社会发展的基本力量，还有一部分是商人或者士人，他们或作短暂停留，或在此扎根，他们都使岭南在文化思想上进一步儒化起了极为重要的作用，比如韩愈、刘禹锡[1]。

梅关古道、乌迳古道不仅仅是陆上驿道，它们一头连着珠江分支北江的支流浈江，另一头与江西赣州的水系相连，在空间上构成了水陆联运的交通体系。中原文化南迁，为岭南带来了先进的农耕文明，促进了岭南农业和文化的发展。

梅关古道开通对于南北中外各种货物的流转销售、物尽其用、经济繁荣是非常有利的，唐朝以后渐渐成为内地与岭南最主要交通要道。距离梅关大庾道之关键位置的珠玑古巷自然也就日益繁华起来。毕竟南来北往的客户总在其间匆匆奔走，并且多会落脚珠玑古巷住上一宿，翌日再接着上路。通商之外，这条古道也在因战乱等原因而掀起的历次移民大潮中起到中转和输送的重要作用。

乌迳古道、梅关古道在历史上是南北货物通道，不仅承担了南北政治、经济、文化交流的任务，也承接了更多移民南迁的脚步。梅关古道开通后，成为岭南沟通中原最便捷的通道，虽经乌迳古道也可以进入岭南，但路程比梅关古道要远得多。所以唐朝后大规模的中原移民，多取道梅关古道，落户珠玑古巷。为避免战乱，中原人不断南迁，他们有的

[1] 仲红卫：《珠玑南迁》，暨南大学出版社 2011 年版，第 45 页。

往东南进入江南，有的再往南，入岭南进而落户，因此珠玑古巷人口不断增加。

梅关古道与乌迳古道均位于南雄州境内，是沟通粤赣的两条重要通道，在南北经济文化的交流与发展中起到了非常重要的作用，而且也是中原移民南迁的重要通道。历史上战火纷飞，如宋朝时，元兵逼近、明初战火连绵，清初顺治六年更遭清兵屠城，这是珠玑古巷移民南迁的原因。

梅关古道是中原人南迁的通道，世居中原的汉族大量南迁，唐宋时期尤为鼎盛，商贾云集，异常繁荣。由于珠玑巷特殊的地理位置，它不仅是驿道上必经的一站，是最重要的一站，也是难民进入南岭的第一站，还因为它的知名度。因为，有许多人之后实际上就居住在巷内和附近，所以珠玑古巷就成了整个地域的象征，等到南迁之后，就变成了故乡的象征。

秦汉时移民南迁主要与军事活动密切相关，秦朝对岭南用兵引发的移民南迁，是岭南有史以来的第一次大规模移民。秦汉时北方移民大规模南迁，实乃军事政治因素所致。西晋时期的“八王之乱”“五胡乱华”以及“永嘉之乱”，直接导致秦汉以后中原人民南迁的又一高潮。唐朝爆发的“安史之乱”及稍后的“黄巢战乱”，导致唐王朝由盛转衰，也造成北方汉人又一次大规模南迁。也正是因为珠玑古巷的存在这样条件，所以稍有战乱，便会引发居民迁徙，北宋末、南宋初，北方居民为躲避战乱而南迁。宋末元初，珠玑古巷移民再次南下珠江流域一带，这是岭南历史上最大规模的南迁。

而从南宋末年开始，“胡妃事件”、湘闽赣边的动乱以及自然灾害的影响，过去落户珠玑古巷的中原人不得不又背起行李，继续南迁。尤其宋朝，珠玑古巷陆续有居民南迁，从未间断。由于珠玑古巷处在交通要道上，稍有动乱即可引起居民的躲避，以致迁徙，到南宋末年，连年战乱，才出现岭南有史以来的最大迁徙。两宋之际，移民进入广东主要有两条道路，一条是江浙海道，当时宋高宗从明州遁入大海，逃亡之时，江浙一带已有数十万军民，随之南下。他们中有不少人后来在福建沿海一带定居，也有一部分人到了粤东沿海；一路是大庾岭陆路移民，从江浙移转江西，再越大庾岭就进入了粤北地域，相比而言，陆路的交通比水路方便，而且从张九岭开凿大庾岭700余年以来，此路都是南北交通要道，移民商旅络绎不绝，所以理应会有更多的移民选择此通道进入广东，和前代移民一样。这些移民先是居住在珠玑古巷一带，然后陆续沿着北江进入珠江三角洲。

珠玑古巷移民为躲避战乱，他们一批一批地结伴同行，沿着浈江抵韶关，又顺着北江到珠江三角洲一带，到元末明初，迁徙到珠江三角洲一带的就有100多个姓氏，有的迁徙海外，如今珠玑古巷后裔繁衍生息，遍及海内外。宋后的元、明、清三个朝代，由于战乱、自然灾害等原因，北方不断有人南迁至珠玑古巷，而梅关古道域内南迁的人口数量不断增加和社会动乱的频繁发生，是中原移民迁居至此后继续南迁的关键因素。

自从梅关古道开通后，梅关古道两侧开始出现一个接一个的集镇，珠玑古巷就是其中一个，珠玑古巷属梅关古道一段。地处古道上的珠玑古巷，依傍于梅岭南边，地处南北要冲，成为中原人民进入岭南的第一道驿站。珠玑古巷之所以能成为一个重要商业市镇，主要是因为它位于粤赣交通要道上，在没有粤汉铁路和韶赣公路以前，它是沟通大庾岭梅岭南北的必经之路，而且当地土地肥沃，宜耕宜收。特别是北宋末年，宋室南迁，中原人民为避战祸，纷纷向南迁徙，珠玑古巷因其优越的地理条件而吸引了不少南迁的人在此定居，使珠玑古巷进一步发展成为诸姓杂居的繁荣古镇〔1〕。

当时，从南雄至大庾岭，短短几十里路，竟然有七个集市，称为梅关七街，而兴于唐代的珠玑古巷是最重要的一个。对于珠玑古巷的得名有两种说法。一说敬宗宝历年间，巷内有一家叫张昌的家族七代同居，朝

〔1〕 黎厚力：《珠玑古巷话沧桑》，载《商业经济文荟》1987年第3期，第64页。

廷特赐珠玑绦环表彰这种孝义，为避敬宗庙溢，敬宗巷便改称“珠玑巷”一说宋祥符年间都城汴京有珠玑巷，后来，宋南渡时中原氏族从驾入岭，至止南雄，不忘桑梓，因号其地为“珠玑巷”。不论哪一种说法，珠玑巷得名也有近千年历史〔1〕。

过去在珠玑古巷的两旁茶楼酒肆、客栈饭馆以及各种店铺林立，不下二三百家。宋皇祐年间，韶州岑水开采铜矿，年收购铜五六百万斤，北运铸币，每年至少需要挑夫上万人次。又如盐运，北宋时即有大批广盐北运至江西，赣南上百万人口的食盐都由广东供应，从元至明、清，每年北运的食盐约 500 万斤。这些盐从沿海收集后由船载经北江运至南雄，再由陆路运到赣南，每年也需挑夫 10 万人次以上。此外还有其他南来北往的客商、官吏、学子、海外使节等常见不绝于途，无法计数〔2〕。南雄珠玑古巷（珠玑古巷在中原和岭南的必经之道梅关附近）一带，成为中原和江南通往岭南驿道上的一个商业重镇。因为在古代的时候，珠玑古巷一直以来都是作为联系岭南与中原地区的要道，无数要迁往其他地区的人们基本都会经过珠玑古巷，才能到达目的地。南宋年间，珠玑古巷人民虽多次南迁，据有县志和家谱、族谱记载，先后从珠玑古巷南迁珠江三角洲一带的共有 164 族，73 姓，他们南迁有的是为避天灾兵祸，有的是为寻找更好的生活基地，尽管不少人南迁而去，但直到鸦片战争以前，珠玑古巷仍是一个重要集镇。只是到了近代，随着海运的发展，特别是粤汉铁路和韶赣公路开通以后，南北交通状况起了根本变化，南雄至大庾的古道为公路、铁路、海运所代替，珠玑古巷才失去了原有的地理优势，逐步衰落下去，由繁荣的商业圩镇变成为以耕种为主的农村了〔3〕。

梅关古道比乌迳古道更多地承接了中原人南迁的脚步，历史上，在梅关古道未开之前，中原人南迁更多地取道乌迳古道而落脚。在梅关古

〔1〕 景屿：《寻祖珠玑古巷》，载《两岸关系》2008 年 11 期，第 58 页。
〔2〕 黎厚力：《珠玑古巷话沧桑》，载《商业经济文荟》1987 年第 3 期，第 64 页。
〔3〕 黎厚力：《珠玑古巷话沧桑》，载《商业经济文荟》1987 年第 3 期，第 64 页。

道开通以后，中原人南迁，有的借道梅关古道落户珠玑，但更多的却是继续南迁，还有的散布海内外。

有了大庾岭梅关古道，才有珠玑古巷在移民史上的地位。唐朝张九龄开凿大庾岭通道以前，也有陆续南下的移民，但其地位并不突出。新道凿通之后，其他几条南下的通道的作用渐趋式微，而大庾岭—浈水一线地位上升，成为沟通岭南和内地的主干线。大庾岭通道，成全了沿途的一个又一个村庄，旅店、饭店、杂货店等商贸逐渐繁荣起来。安史之乱和黄巢起义后，唐朝灭亡，取而代之的是更为混乱的五代十国。为了躲避战乱，北方官绅和老百姓大举移民南迁，拉开北方士民移民的序幕。两宋时期，大量的中原士民开始向南方迁移。不仅是大量中原官绅和老百姓通过珠玑古巷向岭南移民，而且还包括长江中下游的官绅和老百姓。长江中下游早在唐朝时候已经有了比较好的发展，宋代更是全国的经济重心，人口不断增加。南宋政局被元朝打败，不断向南溃败，大量老百姓向南迁移。这一次大规模迁移，进入福建和两广的人数不在少数。因为中原来的人太多了，而福建和两广的人口相对比较稀少，有大片的土地等待开垦，岭南地区正是中下层移民落脚的理想之地。

从秦代开始至 20 世纪初粤汉铁路开通之前的 1000 多年里，珠玑古巷一直是岭南与中原地区联系的最主要通道，大量中原移民经过这条驿道进入岭南地区，并在相当一段时期内在珠玑古巷聚族而居，然后再向珠江三角洲、港澳、海外等地区继续迁移。由此延伸出来了诸多历史文化资源，如典型的珠玑古巷本体，以及新古田村、七星四镇等古村落文化，三策堂、进士牌坊等祠堂文化以及姓氏节文化等。其中，2009 年，南雄姓氏文化节被列入韶关市第二批非物质文化遗产名录。

珠玑古巷移民是唐代以来中原向岭南拓展经济文化的先驱，他们因为种种原因南迁到珠江三角洲，他们的后裔又跨出中国大陆，越过大洋，走向世界。珠江三角洲及周边地区是珠玑古巷移民南迁后一代聚集地，近代以来我国主要的侨乡。珠玑古巷的后裔遍及海内外，珠玑古巷是众多广东人祖先的发源地，人口数达千万，形成独特的珠玑文化。传统观点视珠玑文化为移民文化，认为珠玑古巷就是移民的中转站，拥有丰富的传统文化。这种传统文化与古道、移民、姓氏、习俗是有机的整体，也体现在古建筑、古墓、古村落等物质文化资源和非物质文化资源诸多方面。

为什么在唐末到南宋末这大约500年的时间内，珠玑古巷可以吸引这么多的移民呢？曾香委、曾汉祥主编的《南雄珠玑移民的历史与文化》一书总结出了四条原因[1]：

一是交通因素带来的经济繁荣。从古到今，交通在经济发展上都发挥着关键的作用。位于交通节点上的地方，经济常常比别的地方发展快，有的还发展为大都市。唐朝大庾岭新道凿通以前，沟通内地和两广的主要路线是湘桂走廊和骑田岭—武水一线，而在大庾岭新道凿通以后，大庾岭—浈水的路线逐渐取代了前两条路线，成为最主要的南下通道。珠玑古巷所在的位置，正好处于南雄和大庾岭的中间一段。

古人的交通工具主要靠两条腿，比较有钱的人家可以乘轿子或骑牲口。这种情况下，如果从江西到广东，从大庾岭出发，走几十里到大庾岭，翻山越岭，再走几十里到珠江珠玑古巷一带，也差不多该休息了。从广东北行也一样，如果从南雄出发，走30公里，到珠玑古巷休息一下，过梅关也好，或者休息一天，养精蓄锐，第二天到南岭也好，总之，在南雄和梅关之间需要一个休息的地点。张九龄凿通大庾岭后，沙水镇一带的驿站就纷纷发展起来。到了宋代，政府还在沙水镇设置过沙水驿，后来专门设置负责治安的沙角巡司。优越的交通位置带来了沙水镇及周边村庄的发展，珠玑古巷就是最为典型的。据历史记载，珠玑古巷最繁华时期店铺超过千家。从盛唐以后到粤汉铁路开通之前，这里繁华了1000多年。粤汉铁路开通之后，这里逐渐没落衰微。

二是相对安定的环境。从北迁移到岭南的移民，除了秦汉时期以军

[1] 仲红卫：《珠玑南迁》，暨南大学出版社2011年版，第61~62页。

事移民为主外，以下各代都是以躲避北方战乱为主。他们背井离乡，千里奔波，就是为了找个和平的生存环境。在南宋末之前，岭南地区一直保持着相对安定的环境。北面险峻的南岭，在阻碍南北联系的同时，也将战火阻隔在北边，所以当年中原血流遍地的时候，岭南受到的影响不大。

三是适中的距离。与其他农业民族一样，汉族历来有安土重迁的传统，不管境遇如何，总眷恋故土。即使因为战乱不得不逃亡，战火一熄，多数人就重返桑梓。因此，汉人南迁选择暂时栖息地的同时通常考虑回迁的方便程度。对南宋动乱频繁发生的赣南、闽西一带的难民来说，珠玑古巷最符合条件，这里路途不远，交通方便，环境安定，自然成为避难的首选之地。

四是广阔的拓展空间和较好的生存条件。从大庾岭沿山谷间的驿道到珠玑，一望无际的南雄盆地，地广人稀。到了唐代以后，大庾岭的开凿，南雄地处交通要冲，人口密度相对高一些，但也没有超过每平方公里 25 人，因此有广阔的拓展空间，可提供生存、发展，可以吸引住移民居住。

珠玑古巷移民的入迁集中在两个时期，一个是唐末五代，一个是南北宋之交。这两个时期都是典型的乱世，也是人口大迁移的时期。珠玑古巷的移民包括两个部分，一是北方及其他各地来的移民进入珠玑古巷一带留居，这是珠玑古巷人口的入迁，二是人口从珠玑古巷一带，再向南方珠江三角洲一带迁徙，这是珠玑巷人口的出迁，两者都属于珠玑古巷移民史〔1〕。近年来，随着寻根问祖热的升温，海内外珠玑古巷后裔心系珠玑古巷，迫切需要了解珠玑古巷。他们通过珠玑古巷后裔联谊会等渠道，返乡寻根问祖。因此，珠玑古巷也成为姓氏寻根、学术研究、海内外联谊、客家文化交流的基地。

珠玑古巷得名于唐代，地处粤北今韶关辖域内的南雄市北部偏东，

---

〔1〕 仲红卫：《珠玑南迁》，暨南大学出版社 2011 年版，第 47 页。

居岭南与中南地区、中原地区交通往来古要道的最重要节点。“珠玑”二字是珠宝、珠玉的意思，但“珠玑巷”却并非堆满了珠宝、财富的街巷的意思 。据多种史料记载，这一地名源自唐敬宗的赏赐。唐朝时，“珠玑巷”本叫敬宗巷。当年，巷内族人张兴家七世同堂的事情被在位仅3年的皇帝李湛得知后，就下旨赏赐了这个家族一些珠玑绦环，不久，李湛驾崩，朝廷赐之以庙号“唐敬宗 ”。很自然的，“敬宗巷”为避帝讳，就此改名为珠玑巷并沿用至今。珠玑古巷是古代中原人和中原文化向岭南迁播的中转站，珠江三角洲人祖先的发祥地，广府文化与客家文化的交汇点，在岭南人文发展史上有着重大影响。

珠玑古巷在历史上是中原移民通往岭南的必经之地，自唐宋以后，中原移民大量南迁，在大大小小的移民潮中，珠玑古巷也逐渐沉淀下许多从北方迁移而来的汉族移民。中原移民在珠玑古巷留居了多年乃至几代人后又陆续南迁至今广东、广西、海南各地定居，再之后，其中的部分后裔又继续向海外移民寻求发展，形成当今海外华侨达4000多万的规模。南雄珠玑古巷在海外华侨中几乎人尽皆知，毕竟众多华侨都把珠玑古巷视为自已的祖籍地。

珠玑古巷各姓氏族人群，南徙珠江三角洲后，又以顽强的创业精神，采用先进的文化、技术，结合那里的优越自然条件，开辟耕地、水域，发展种养业。他们以几代甚至是十几代人的辛勤劳动，创造了新的耕垦技术，促进了生产力的发展，经济生活日益繁荣昌盛，为开发珠江二角洲，使之成为岭南富饶之区，作出了重大的历史贡献。他们中的许多姓氏家族，还远涉重洋，带着华夏的文化、技术，为开发海外诸地作出了历史贡献。现今生活在珠江三角洲各地的民众，很多姓氏家族都说他们的先辈是从南雄珠玑古巷而来。

作为历代中原汉族南迁岭南的落脚点和中转站，珠玑古巷是南粤先民艰苦创业、拓展南强的历史见证。在唐、宋、元三个朝代，从中原地区经珠玑古巷南下的大规模迁移就有三次，较小规模的则有上百次。在南下移民纷至沓来的同时，中原文化也通过珠玑古巷传到了岭南地区。今约占60%的广府人均称其祖先来自珠玑古巷，珠玑后裔数达4000万之众，广布于珠江三角洲和海外，珠玑古巷后裔与珠玑古巷结成了融历史性、文化性、血缘性于一体的亲切而神秘的联系。每年都有成千上万岭南人民来到珠玑古巷“寻根问祖”，体现出他们对“中华衣冠”强烈的归属意识。珠玑古巷在“寻根”基础上，上升到先祖艰苦拓疆、自强进取精神激励的文化精神追求。南雄至今仍保留了许多民间传说、传统习俗和文化风采，塑造了岭南人锐意进取的精神和家国情怀。珠玑古巷也因此成了“天下广府”的根源地。

（二）珠玑古巷现状

位于广东省南雄市城北9公里处的珠玑古巷，古驿道穿越而过。珠玑古巷北起凤凰桥，南至驷马桥，只是一条1500多米长的古老街巷，路宽4米多，路面用鹅卵石铺砌而成，古巷两旁民宅祠堂、店铺商号鳞次栉比，巷道曲直有致，巷内两旁民宅祠堂夹道延伸。但珠玑古巷却在岭南的人文发展史上有着重要的影响，因为这里是广府民系的祖居地之一、同时也是广府文化的源头，它孕育了南迁的后裔，散布在珠江三角洲、港澳及海外的就多达数千万人。

珠玑古巷目前保留着的不同时代的古楼、古塔、古榕和古建筑遗址等一些文物古迹、观光景点，沿街新建的祠堂赫然屹立。珠玑古巷基本保持着古驿道的原貌，巷内分为北门、中街和南门，有3座城门式门楼，总长1公里多，均为明末建筑物。在“珠玑古巷”牌楼西北，有一七层八角形的元代实心石塔，是广东省现存元代石塔中唯一有确切年代可考的石塔，现已经被列为广东省重点保护文物。珠玑古巷最大的看点就是众多姓氏的祖居和宗祠，包括何、谢、曾、黄、钟、赖、刘氏宗祠等，古巷两旁，屹然矗立着众多古老的门面，每一间都是特殊的存在。珠玑古巷内现存老宗祠20座，新建宗祠有19座，各姓宗祠独具特色，风格各异。

由于历史上躲避战争、动乱或自然灾害等原因，居住在珠玑古巷 143 个姓氏的居民，曾在唐、宋、元代，多次大规模南迁至珠江三角洲。他们纷纷由南雄下浈江，乘船或竹、木筏南下，经始兴、曲江入北江，一路漂流而下，到英德连江口一带，就开始登岸或向连接北江的水道疏散，而最远者则一路南下，经三水、芦苞，入南海、广州，然后到达新会、中山，再向其他地方迁徙，在珠江三角洲一带开拓和繁衍。到了元、明、清时期，在珠江三角洲的珠玑古巷南迁后裔，因避战乱或因被贩卖为苦力，而大量移居海外和港澳，珠玑古巷南迁后裔对开拓岭南，发展当地经济，传播中华文化，繁荣岭南文明，起了非常重要的作用。珠玑古巷现仍住有 20 多姓的居民，包括 320 户，1400 人，民俗民风古朴淳厚。

珠玑古巷是古代中原人拓展南疆的中转站，是唐宋时期中原士族南迁驻足发祥之地，也是古代中原和江南通往岭南古驿道上的一个商业重镇。珠玑古巷是广府民系“根”之所在，是岭南文化源头之一，对于研究我国民族迁徙、客家文化、宗祠文化及寻根文化等具有重要的意义。

二、珠玑古巷历史文化资源保护取得的成效及存在的问题

我国历史悠久，疆域辽阔，大量的文化遗产除了集中在历史文化名城以外，也星罗棋布地分布在众多的历史文化村镇之中。当前我国正处在快速城市化的进程中，开发建设如火如荼，由于保护制度的不健全、保护观念意识的淡薄以及保护措施 的盲目落后，许多地方在经济利益的驱动下借着“改造旧城，消灭危房”的动人口号和“旧貌焕新颜”的雄心壮志，使许多历史文化村镇、历史古建筑、历史街区毁于一旦。保护和利用历史文化遗产，如何完善历史文化村镇的保护制度，建立强有力的保护机制，促进社会、经济、文化的可持续发展，成为人们关注的焦点。

2002 年《文物保护法》第一次明确提出了历史文化村镇的概念，即“保存文物特别丰富并且有重大历史价值或者革命纪念意义的城镇、街

道、村庄”，明确了“历史文化街区、村镇”作为文物保护的对象，并提出“历史文化名城和历史文化街区、村镇所在地的县级以上地方人民政府应当组织编制专门的历史文化名城和历史文化街区、村镇保护规划，并纳入城市总体规划”。

2003年5月国务院第8次常务会议通过的《文物保护法实施条例》第7条第2项、第3项指出“历史文化街区、村镇，由省、自治区、直辖市人民政府城乡规划行政主管部门会同文物行政主管部门报本级人民政府核定公布。县级以上地方人民政府组织编制的历史文化名城和历史文化街区、村镇的保护规划，应当符合文物保护的要求”。

2005年12月，国务院印发了《关于加强文化遗产保护的通知》，第一次把物质文化遗产和非物质文化遗产作为文化遗产整体进行保护，充分体现了科学发展观和保护环境、建设资源节约型社会的战略思想。该通知提出历史文化村镇属于物质文化遗产，指出在保护历史文化名城、历史文化街区和村镇工作中，既要保护好不可移动文物等物质文化遗产，又要注意保护与延 续存在于历史文化名城、历史文化街区和村镇内的传统表演艺术、民俗活动、礼仪活动和节庆等非物质文化遗产。

2007年10月公布的《城乡规划法》第31条第2项强调“历史文化名镇、名村的保护应当遵守有关法律、行政法规和国务院的规定”。2008年4月2日我国第一部历史文化村镇保护的行政法规《历史文化名城名镇名村保护条例》通过，在制度上明确了历史文化名城、街区、村镇的申报、批准、保护规划、保护措施，在法律上明确了违反此条例的法律责任，第3条规定“历史文化名城、名镇、名村的保护应当遵循科学规划、严格保护的原则，保持和延续其传统格局和历史风貌，维护历史文化遗产的真实性和完整性，继承和弘扬中华民族优秀传统文化，正确处理经济社会发展和历史文化遗产保护的关系”。

中共广东省委、广东省人民政府印发《广东省建设文化强省规划纲要（2011-2020年）》要求加强文化法规建设，加快地方性文化立法进程。但目前广东并没有专门的历史文化名城名镇名村保护条例，只是在2012年出台的《广东省城乡规划条例》里，专门设立了历史文化保护区和历史建筑保护篇章，仍缺乏系统的立法保障，缺乏明确的政府职责规定。

南雄有丰富多样的历史文化资源，包含文物古迹、历史建筑、名镇古村落、古驿道和非物质文化遗产等多个方面。在空间分布上，集中分布在珠玑古巷主轴街巷两侧和梅关古道沿线，以珠玑古巷最为代表性。珠玑古巷现存年代最久远的古建筑为珠玑石塔，重立于元代至正十年（1350年），又名贵妃塔，是为纪念南宋流落珠玑古巷的妃子胡妃而建，是广东省唯一有绝对年代可考的元代石塔，具有极为重要的研究价值。珠玑古巷还拥有丰富的非物质文化资源，如国家级非遗珠玑古巷人南迁的传说。

近年来，由于我国对外开放和旅游事业的发展，一些海外华侨、港澳同胞以及省内外游客常到珠玑古巷寻根问祖，怀念先人和鉴赏古迹，南雄市人民政府拨款修复了古巷的三个门楼和古石塔，并把梅关古道、钟鼓岩和珠玑古巷作为连片的旅游点加以开发，鼎力实行“旅游旺市、生态城乡、姓氏名都”策略，重点打造“姓氏名都”的文化品牌，发展文化旅游产业。南雄珠玑古巷具有旅游吸引力，前景广阔，千年珠玑古巷也将焕发青春逐渐热闹起来。

发展经济与如何保护和利用南雄历史文化资源，提出切实可行的保护对策，建立强有力的保护机制成为社会建设委员会关注的焦点。而且保护和利用南雄历史文化资源也存在一些问题，亟须通过立法解决。

与南雄历史文化资源保护相关的上位法有多部，如《文物保护法》（2002年版）、《历史文化名城名镇名村保护条例》（2008年版）等，但《文物保护法》《历史文化名城名镇名村保护条例》都是全国性法律，其内容对个体指导性不强的问题普遍存在，广东省层面上尚未出台《历史文化名城名镇名村保护条例》。

上位法是规范适用于全国的法律法规，对南雄历史文化资源保护来说，可操作性和可执行性比较原则。而且鉴于南雄有着独特的传统文化、民俗风情、建筑特色，有必要在地方立法权限范围内制定一部具有地方特色的地方性法规。韶关市人大常委会在经过充分论证的基础上，将《韶关市珠玑古巷保护条例》纳入立法规划，进行前期的准备工作，即立法调研。

为了做好珠玑古巷保护调研工作，韶关市人大常委会多次组织相关人员以及地方立法咨询专家深入南雄多个镇、街以及古道、古村落实地调研。通过调研对珠玑古巷保护工作有了更深刻的了解和认识。

（一）珠玑古巷历史文化资源保护政府做了大量工作，成效卓然

20世纪90年代以前，珠玑古巷只是一条残旧的乡村里巷，沉睡在粤北乡野之中。广东省珠江文化研究会会长、中山大学中文系教授黄伟宗，较早地对这条古巷的文化进行了重新评估，把珠玑古巷带进人们的视线，在国内和海外华人华侨间，掀起了一股“寻根热”。珠玑古巷拥有遗址遗迹、宗族文化及寻根文化等丰富的旅游资源。珠玑古巷有三街四巷，现有姓氏为何、谢、曾、黄、钟等19姓，其中雷姓是畲族，其他姓氏都是汉族[1]。

南雄市委、市政府高度重视梅关—珠玑古巷保护工作，珠玑古巷修复工作早在20世纪80年代初就开始了，本着“修旧如故”的原则，“保留原物风貌”真实反映当时社会生产力发展水平。其中绿波荡漾、翠柳环岸的沙水湖已整治好，霍、马、何、黎等18个姓氏宗祠已修复，2座充满宋元古风的牌坊已竣工，巷内的古道已修复，公共设施的修建也先后完成。1995年以来，当地政府着手修复珠玑古巷，恢复原有的人文景观，先后修复南、北门楼、中山楼、胡妃纪念馆、沙水寺、古道等，并将其建设成为旅游、观光、怀旧、思乡、敬祖的胜地。珠玑古巷在原有

---

〔1〕 罗洁惠等：《岭南客家文化的旅游空间组织研究——以南雄珠玑古巷为例》，载《特区经济》2019年第9期，第117页。

的发展基础上，各项基础设施正不断完善。2008 年，为 130 多个姓氏祖屋装上了统一的牌匾，完成了祖居纪念区第一期至第二期建设，后又完成了邓、卢、朱、刘、江、麦、苏、李、吴、何、周、沈、陈、林、罗、胡、钟、徐、黄、梁、雷、简、黎 23 个姓氏纪念馆的建设工作，筹建华、温、谭、蓝、唐、蔡、王、冯、汤、许、杨、郭、龚、曾、谢、戴等姓氏纪念馆，珠玑古巷后裔纪念馆的工作也在积极进行中。

南雄市人民政府做了大量的保护工作，引入资金大刀阔斧地整修珠玑古巷，珠玑古巷的保护、整体的规划布局、环境的修整不断完善。政府相继投入资金，积极开展珠玑古巷的维护和修缮，保护珠玑古巷的历史文化遗产，搜集有关珠玑古巷的姓氏族谱资料、民间传说资料、诗歌资料、戏剧曲艺资料、编辑出版了《珠玑古巷丛书》，成立了珠玑古巷后裔联谊会，举办珠玑古巷历史文化展览等。1982 年，珠玑古巷被列为南雄市文物保护单位。2012 年，南雄市珠玑古巷·梅关古道被评定为国家 4A 级旅游景区。珠玑古巷景区大致可分为三条带状，一是以南门楼为起点，以珠玑古巷博物馆为终点，以鹅卵石古巷为连接纽带，包含贵妃塔、胡妃纪念馆和各个古老的姓氏祖居在内。二是以千年古榕为起点，以北门楼为终点，以鹅卵石古巷为连接纽带，包括中门楼、张昌故居和姓氏祖居。双龙桥和沙水湖作为一二分区的天然分界线。三是以珠玑古巷博物馆为起点，以北门楼为终点，包括祖居纪念牌坊、仿宋一条街、众多修葺一新的姓氏宗祠。珠玑古巷的旅游资源以人文资源为主，自然资源为辅，但是沙水湖面积广阔，横穿在三条段带分布区之间，沙水湖的景观作用也是不容小觑的[1]。

为方便珠玑古巷后裔寻宗问祖、联结情谊，1990 年，南雄珠玑古巷人南迁后裔联谊会筹委会成立后又成立了广东南雄修复珠玑古巷领导小组，负责珠玑古巷的修复工作。此后，珠玑古巷又被评为首批“广东省

〔1〕 罗洁惠等：《岭南客家文化的旅游空间组织研究——以南雄珠玑古巷为例》，载《特区经济》2019 年第 9 期，第 119 页。

侨界文化交流基地”“中华文化传承基地”“首批广东统一战线基地”“广东最美丽街区”“广东最美丽的地方”。

珠玑镇历史文化底蕴深厚，旅游资源、民间艺术种类丰富，传承群体众多，全镇现有55处不可移动文物（全国文物保护单位1处，广东省文物保护单位3处），近年来，珠玑镇先后获得全国重点镇、全国文明村镇、省历史文化名镇、省著名文化之乡、省民族民间艺术之乡等称号。近年来，珠玑镇坚持“旅游旺镇”发展思路，全面推进全域旅游，不断优化旅游资源布局，增强城镇旅游综合服务功能，加快珠玑文化特色小镇建设，依托革命老区、生态康养、珠玑古巷、梅关古道等旅游资源，做大做活古驿道沿线休闲农业与乡村旅游发展。2020年，珠玑镇的灵潭村成功创建全国乡村旅游重点村、洋湖村成功创建广东省文化和旅游特色村、梅关村成功创建广东省粤菜师傅名村、聪辈村成功申报广东省古村落。

乌迳古道，又称乌迳路，陆路在南雄市区的东北部，因其穿过南雄最大的乡镇——乌迳而得名。随着公路交通运输事业的发展，机动车辆的日益增多，来往的货物半数改为车载车运。20世纪70年代初，由于浈江航道日益淤浅，加上浈江航道三洲段裁弯取直造田，新开航道长650米，河面宽仅80多米，又因开建工程不达标，航道虽缩短1.4千米，但航道窄而浅，河底崖石凹凸不平，增加了坡度比降，致使河水湍急，乌迳古道水路南雄以上航道无法通船，货物运输全赖于机动车辆。至此，乌迳路（古道）才真正失去了运输作用。

乌迳古道上的乌迳镇在历史上被称为“中原南迁第一镇”，乌迳古道域内有较为丰富的古村落资源，镇上的新田村被誉为“迁徙南雄第一村”，其历史文化比珠玑古巷更古老。在交通带动下兴起的村落、城镇不计其数，享有“西晋第一村”美誉的新田村先祖便是循着乌迳古道，一路南行落户于此的。村内现存丰富的历史遗迹，具有很高的实证价值和旅游开发价值，被评为广东省古村落历史文化名村，目前已完成初步的维修工程。南雄市政府对新田古村进行抢救性的修复，通过古村落保护、村规民约和长效管理机制共同来保护。同时，要将古村与新村、老村相融合，规划建设与古村风貌接近的公共服务中心和新农村，完善村生产、生活、娱乐等服务设施，并通过特色产业推动新田村的发展。

梅关古道跨越粤赣两省，是古代连接长江、珠江两水系的最短的陆上交通要道，是全国保存最完好的古驿道。这条道路的宽度达到了 6 米至 10 米，路基平坦，石头铺设，有些地方还修建了石拱桥和石牌楼，以展现出它的宏伟和壮丽。同时，沿途的驿站、马厩和堡垒也得到了完善和加固，以确保旅客和商人的安全。粤汉铁路南雄大余公路先后开通，梅关古道已经被现代交通线所替代，失去了古时南北交通要道的作用，梅关古道已完成了它的历史使命。

随着时间的推移，梅关古道逐渐成了一条具有历史和文化价值的道路，梅关古驿道广东段沿线主要文物遗存包括南粤雄关楼、古道、“梅岭”碑刻、古树及其他古遗址、革命遗址等。现在的梅关古道已华丽转身为集文化、历史、风景、人文等多种元素于一体的旅游胜地。梅关古道沿途的古代关隘和驿站、军事要塞、文化景点等，记录了古代商贸、宗教信仰和民俗文化等方面的内容，沿途的庙宇、祠堂和崇拜山峰的传统反映了我们古代的宗教信仰和文化习俗，如拜神、祭祀、燃香、祈福等；在节庆和传统节日，沿途的村庄和城镇也会举办各种各样的庆典活动，如祭祀、花会、灯会等。

梅关古道—乌迳古道，重点线路总长 55 公里，包括梅关古道段和乌迳古道段，遗存年代为唐朝。韶关南雄梅关—乌迳古道有历史遗址 20 处，历史建筑 25 个，自然资源节点 12 处，特色村 8 个，沿途景点有珠玑古巷、贵妃塔、大雄禅寺等。南雄市政府历来高度重视梅关古道—乌迳古道及沿线的文化遗产的保护和利用，加大对古驿道的保护和修复力度，与沿线的城镇、村落美丽乡村建设、文化旅游发展有机结合，通过“古驿道+文化”“古驿道+特色产业”“古驿道+旅游”等创新方式，打造梅关古驿道和乌迳古道文旅品牌。1985 年以来南雄市政府就将梅关古驿道开辟为 4A 级旅游景区加以保护利用，2013 年梅关古道被列为全国重点文物保护单位。2016 年，南雄梅关古道被评为“中国十大古道”中的“最佳保护古道”。南雄市政府建立了古驿道沿线“户收集、村集中、镇转运、市处理”的垃圾收运处理运营体系，古驿道沿线地区的生活和旅游服务设施水平得到提升。

2017 年，南雄市提出构建“乌迳古道+梅关古道+珠玑古巷”大旅游文化发展圈；2018 年，省政府工作报告指出要搞出几条古驿道；按照省住房和城乡建设厅《关于 2018 年南粤古驿道重点线路选取及保护利用工作计划》的部署，梅关古道和乌迳古道都入选 2018 年南粤古驿道重点打造线路。梅关—乌迳古驿道线路规划坚持“因地制宜”的原则，补借结合，利用珠玑古巷、梅关关楼与古道、珠玑古巷门楼、珠玑石塔、珠玑刘氏宗祠、珠玑雷氏宗祠、里东古戏台、里东上街围楼、里东墟老店铺、灵潭鸳鸯围、灵潭街围等历史遗存进行节点设计，充分挖掘梅关—乌迳古驿道文化内涵；

南雄市结合南粤古驿道保护修复和活化利用，把乌迳古道、新田古村落与珠玑古巷、梅关古道串联起来打造大珠玑旅游圈。总体思路是以梅关古道、珠玑古巷、乌迳古道为建设重点，带动古驿道沿线村庄新农村建设，塑造梅关古驿道文化之旅品牌，打造成为全省南粤古驿道保护利用工作的示范。加快对梅关古道的修复，梳理古驿道沿线历史文化资源点。目前已完成投资 6411 万元、总长 25.9 千米的珠玑—梅关绿道修建工程，完成了南粤古驿道南雄城区至梅关古道的文化之旅的标识系统建设，并开展梅关古驿道城区段建设，包括广州会馆栈道、景观平台、码头改造、雄州廊桥、滨江公园等建设项目。同时，南雄市政府加大非遗文化保护和宣传推介力度。2009 年，姓氏文化节被列入韶关市第二批非物质文化遗产名录。在珠玑古巷成立了省级非物质文化遗产龙船歌传习所，由老一辈民间艺人教唱，让龙船歌在村中得以代代传唱。每逢重大节日和节庆活动，邀请民间艺人在珠玑古巷表演采茶戏、舞龙、舞狮、飘色、唱龙船歌等，邀请民间表演团队在梅关古道景区表演唱红歌等节目。

（二）珠玑古巷历史文化资源保护尚存在的问题

1. 思想认识还不够到位

梅关古道，就是扼守梅关的那条延伸于梅岭山间，沟通了大余和南雄的崎岖山路。梅关古道建成后，岭南与中原的商业、文化往来逐渐频繁，南雄的珠玑古巷成为中原人南迁的第一个驿站，也是广东珠江三角洲居民迁移的历史见证地。梅关古道紧接相连的珠玑古巷，自古以来是中原人南迁的主要中转站，是中原文化南移岭南、并与本土百越文化及海外文化结合的桥头堡。

传说南宋末年，许多官员为躲避元军的铁蹄，举家南逃，在南雄安顿了下来。为怀念故里，把这里的巷子改为了和先都开封城“珠玑巷”同样的名字。珠玑古巷的住户后来又沿江南下，最终迁到珠江三角洲，成了广东许多族人的祖先。他们在珠江三角洲一带开枝散叶，繁衍后代，后人就把南雄珠玑古巷当作“祖宗故居”。从此，珠玑古巷先后建立了许多家祠和祖居牌坊，每年都有来自不同国家和地区的珠玑古巷后裔循着先人南迁的路线归来，回到他们魂牵梦萦的故里——南雄恳亲。

珠玑古巷是广东省仅存的唐宋古道古巷，是中原人南迁的重要驿站，广府人祖先的发祥地。然而，对珠玑古巷的理解，更多的人仅局限于珠玑古巷本体。

在珠玑古巷之前已经有了乌迳古道。乌迳古道地处广东韶关南雄市东北部，江西省信丰县与南雄东部交界处，与珠玑古巷相邻。南雄乌迳古道由于地处交通要道，水路有浈江可达南雄而与北江、珠江连接，陆路经乌迳古道，通往赣南，历来是粤赣边贸重镇，早在秦汉用兵五岭以前，这里已经有频繁的商贸活动。乌迳古道是古代以水运为主的岭南地区连接中原最快捷、最平坦的通道，其开辟始于东汉三国孙权定都建业，是开拓江南通往岭南的路线，经晋南朝至隋唐时期，承担重要的历史使命。乌迳古道一样是南北交流通道，至梅关古道修通之后，交通重心才完全移至梅关古道，乌迳古道渐趋衰落，但明清时期，乌迳古道依然是粤盐北运的重要通道。直至民国时期，这里水运还相当发达，南北客商云集，乌迳是南雄市第一大墟市。

乌迳古道和梅关古道一样留存着丰富的历史文化资源，里东古墟和古戏台就是典型的佐证。梅关古驿道上的珠玑古巷已成为珠江三角洲人寻根问祖的旅游景点，梅岭古墟也湮没在现代气息中，据此中点的里东古墟却延续了1000多年的繁荣，古墟街道两旁的建筑物也风貌依然[1]。据史料记载，里东古戏台始建于明代，为里东街官道寺内的戏台，全部为木质结构，青瓦红柱，深7.52米，高1.95米，戏台占地总面积370多平方米；戏台中央顶部还有一穹形藻井，圆似大钟，可使演唱时声腔产生共鸣，产生“绕梁三日”的音响效果。精雕细绘的整个建筑分为“三进”，内有双天井巧妙连接，有斗拱装饰并与卷棚用“虾公梁”细密缝合。三进地面均由青砖或鹅卵石铺设，戏堂可容纳500余名观众。经过清代和近年的重修，戏台依然保持着明清年代的风貌，是拍摄纪录片中不可多得的一个真实画面[2]。

所以，我们研究珠玑古巷保护不应仅仅局限于珠玑古巷本体，珠玑古巷历史上因古驿道而产生，古道也在因战乱等原因而掀起的历次移民大潮中起到中转和输送的重要作用，珠玑古巷本体作为中原文化南迁路的前站，在大大小小的移民潮中，珠玑古巷也逐渐沉淀下许多从北方迁移而来的汉族先民，珠玑古巷本体只是古驿道上的一个最有代表的载体。

珠玑古巷本体是目前广东省仅存的宋代古巷，主要以丰富且保存完好的古建筑以及古老的姓氏文化和民俗著称，被称为“广东第一巷”。珠玑古巷拥有众多始建于不同朝代的各类古建筑，包括民宅祠堂、店铺商

---

〔1〕 曾诚：《千年古墟风采依然》，载《韶关日报》2008年11月18日。
〔2〕 曾诚：《千年古墟风采依然》，载《韶关日报》2008年11月18日。

号和古塔等文物古迹，其中，石井上的组合石塔是广东唯一有年代可考的元代石塔。

除珠玑古巷本体外，梅关古道、乌迳古道、古驿道本体及驿站古亭、镇墟、村寨古堡、残碑断垣、凉亭古树等留存了古代中原与岭南地区交往、客家人南迁的重要陆上通道的丰厚文化财富，都应该依法受到保护。

在快速推进的城镇化进程中，人们往往容易忽略保护珠玑古巷文化相关载体的重要性，不能正确处理经济社会发展与保护珠玑古巷文化相关载体的关系，存在着“重建设、轻保护”的思想，难以严格落实珠玑古巷保护的法律法规，珠玑古巷遗址、遗迹破旧、存在对珠玑古巷保护工作不到位，甚至损毁、拆迁破坏等情况。

2. 管理体制不顺畅，社会力量参与不够

缺少专门保护机构，保护机制不顺。珠玑古巷保护管理与开发利用工作是一项系统性和整体性很强的工作，需要多部门通力合作。在现有体制下，文旅局、自然资源局、住建局等相关部门均可从不同角度对珠玑古巷进行保护管理和开发利用，但在调研时发现各相关部门之间存在职责不清、相互推诿等问题，缺乏统一协调性，给文物保护管理与开发利用带来不利影响。

由于机构不健全、职责模糊等种种原因，非遗保护大都停留在各级名录上，项目的后续研究和新项目的挖掘工作难以推进。

珠玑古巷历史文化资源除了人们经常参观的珠玑古巷本体以外，还存在大量分散的历史文化资源点，还有非物质文化遗产，分布在民间。仅靠南雄市文旅局、自然资源局、住建局等相关部门以及专门的管理机构还不够，需要培育社会力量广泛参与珠玑古巷历史文化资源保护。

3. 保护和维修经费匮乏，宣传单一

各类保护、管理规划的编制、历史建筑维护等，均会产生相应费用，由于缺乏专项经费，珠玑古巷历史文化资源保护工作难以启动。基础设施建设、古建筑维护与修缮、非物质文化遗产保护与传承等都需要大量的资金支持。长期以来由于种种原因，珠玑古巷历史文化资源中大量的资源毁损相当严重，有不少已经处于濒危或者消失状态。但是政府财政的补助资金有限，因为根据我国的国情，专项补助经费的使用范围只能用于全国重点文物保护单位和少部分具有重要文物价值的省级文物保护单位的抢救性维修。但珠玑古巷历史文化资源很多未达到文物的标准，不可能争取到专项经费。由于缺乏专项经费，保护工作举步维艰。南雄市内的很多古桥、老房子很有特色，但长期以来无人维修，濒于倒塌。

目前，国家级、省级对历史遗址、古镇等都有相应的专项资金进行扶持，韶关市和南雄市也对珠玑古巷保护积极筹措资金，但由于韶关市级和南雄市财力不足，而且有些经费且使用名目不明确，有时需从其他项目调剂解决，存在多项目共用一笔经费的窘况。缺少经费，成为制约珠玑古巷保护和发展工作的一大难题。

而且珠玑古巷保护范围广，且传统历史风貌、格局破坏严重，修复、重建再现的工程量大，虽然韶关市政府和南雄市政府高度重视珠玑古巷保护和利用，但每年投入的维修经费、日常保护办公经费有限，且项目修复手续繁琐、批复时间长，一些亟待修缮的建筑未能及时得到维修。调研过程中发现，目前珠玑古巷有些明、清代民居等建筑破残损毁严重，由于年代久远、年久失修，瓦面漏雨，木构架已出现不同程度的腐烂现象，但迄今为止还没有安排专项资金进行修缮。

珠玑古巷历史文化资源丰富，历史悠久，但在普通民众中的印象就是梅关古道、珠玑古巷本体，而且梅关古道残旧，珠玑古巷破落。调研发现珠玑古巷给人的感觉是，祠堂内部设施简单陈旧，祠堂基本上都是10~15平方米的小平房，有些祠堂获得捐赠则装修较为豪华，而有些祠堂因没有捐赠，则残旧不堪。许多祠堂由于年代久远，门廊屋顶的砖雕、木雕磨损破败，壁画的油彩大半已剥落。大多数祠堂内没有讲解的导游，游客往往都是“到此一游”，提不起深入了解文化背景的兴趣。珠玑古巷宣传有183家姓氏，但游遍整个珠玑古巷，发现只有40多个姓氏祠堂，虽对外宣传其他姓氏祠堂仍在建设、修缮中，但对远道而来的游客来说，旅游体验大打折扣。

4. 缺少统一规划，保护措施还不够完善

历代珠玑人南迁形成的古村落、历史建筑、古驿道数量众多，具体数量尚不完全清楚，部分古树权属也不完全明晰，尤其是等级认定不够精准，标牌悬挂不够规范，保护管理责任和修缮责任没有得到全面落实，一些历史建筑濒临损毁、灭世状态。

对于珠玑古巷的保护缺少一部全面、系统的规划，至今为止，没有真正形成决策统一、资源整合统一、规划设计统一、建设标准统一、保护利用统一、管理机制统一，直接导致珠玑古巷利用缺乏整体的传承、修复、改造、利用、复兴，珠玑古巷保护修复碎片化，无法构成“点、线、面、片”的格局，无法产生巨大凝聚力。

修缮历史建筑及完善基础设施建设方面，导致历史建筑的保护及周边环境的管控及原住民的建房之间矛盾越来越突出。珠玑古巷民居古建筑保护及修缮的过程不可避免地会涉及老百姓民居产权问题，这一问题处理不当，不仅影响珠玑古巷民居古建筑保护及修缮工程的进度，而且会激化群众与政府之间的矛盾。特别是拆迁安置困难，保护修缮难以顺利开展。

三、珠玑古巷历史文化资源保护的省外立法调研

为做好珠玑古巷历史文化资源的依法保护工作，立法调研组经过精心筛选，选择省外的郑州市、山西省的晋中市和吕梁市作为立法调研目的地，和珠玑古巷历史文化资源保护有相似之处。具体考察《郑州市嵩山历史建筑群保护管理条例》《晋中市静升古镇保护条例》《山西省平遥古城保护条例》和《吕梁市碛口古镇保护条例》的立法实践和经验，学习郑州市嵩山古建筑群、晋中市静升古镇、吕梁市碛口古镇保护的成功经验。

其中，《郑州市嵩山历史建筑群保护管理条例》立法调研提纲及具体问题包括：（1）关于嵩山历史建筑群保护的范围、保护对象如何确定？嵩山历史建筑群保护对象主要包括哪些具体对象？（2）关于嵩山历史建筑群保护规划的依法编制的主体是当地县人民政府还是市文旅局最合适？或者其他单位？（3）设置嵩山历史建筑群保护专门管理机构的正当性，以及职责如何配置？（4）嵩山历史建筑群保护资金或经费的如何来源、使用以及监督相关问题？（5）嵩山历史建筑群保护责任人如何确立？具体职责如何分配？（6）嵩山历史建筑群保护是实行分区保护（核心保护区、建设控制区、风貌协调区）吗？

《晋中市静升古镇保护条例》《山西省平遥古城保护条例》和《吕梁市碛口古镇保护条例》的立法调研提纲及具体问题包括：（1）关于古镇保护的范围、保护对象如何确定？古镇保护对象主要包括哪些具体对象？（2）关于古镇保护规划的依法编制的主体是当地县人民政府还是市文旅局最合适？或者其他单位？（3）设置古镇保护专门管理机构的正当性，以及职责如何配置？（4）古镇保护资金或经费的如何来源、使用以及监督相关问题？（5）古镇保护责任人如何确立？具体职责？（6）古镇保护是实行分区保护（核心保护区、建设控制区、风貌协调区）还是明确具体的保护对象？（7）古镇保护有什么突出亮点，值得借鉴的制度？

立法调研组调研《郑州市嵩山历史建筑群保护管理条例》、《晋中市静升古镇保护条例》《山西省平遥古城保护条例》和《吕梁市碛口古镇保护条例》立法起草、具体内容及立法实践与立法效果等。

《郑州市嵩山历史建筑群保护管理条例》明确嵩山历史建筑群包括11处全国重点文物保护单位和1处省级文物保护单位的古建筑，具有很高的历史、艺术和科学价值。但在保护和管理工作中也存在一些问题，主要包括：一是在文物保护范围内，一些单位和个人未经批准擅自修建建筑物、构筑物和其他设施，开山炸石、破坏植被等现象时有发生，这些都严重影响了文物保护规划的实施，破坏了文物周围的自然环境风貌，影响了文物保护单位与周围环境的和谐、完整和统一。二是破坏文物周围环境的违法行为发现后得不到及时、有效的处理。由于《文物保护法》和其他相关法律、法规对在文物保护范围内的违法建设、开山炸石、破坏植被等违法行为的处罚规定还不够明确、具体，不好操作，违法行为被发现后，不能得到及时、有效的处理，最终加大了处理难度，造成了更大的经济损失。三是法律保障不力。《文物保护法》《河南省实施〈中华人民共和国文物保护法〉办法》（后者已失效）等法律、法规的颁布实施，对提高全民文物保护意识，加强文物保护工作，起了重要作用，但由于这些法律、法规对古建筑的保护措施、管理体制和对破坏古建筑违法行为的处罚幅度等规定较为原则，执行起来不好操作，不利于古建筑的保护。2003 年郑州市出台了《郑州市登封观星台嵩岳寺塔少林寺塔林保护管理条例》，但由于适用范围不能涵盖整个嵩山古建筑群，已不适应目前嵩山古建筑群的保护管理需要，因此依法加强保护和管理非常必要。

2006 年 9 月，郑州市文化局召集省、市有关文物、古建筑方面的专家以及登封市文物管理局有关人员等对嵩山古建筑群进行了实地调查，并参考国内其他地方文物保护管理的立法成果，起草了《郑州市嵩山古建筑群保护管理规定（讨论稿）》。2007 年 3 月，郑州市政府法制局会同市文化局、登封市人民政府在《郑州市嵩山古建筑群保护管理规定（讨论稿）》（市人民政府令第 156 号）的基础上，起草了《条例（征求意见稿）》，书面征求了有关部门和专家的意见，并将《条例（草案）》全文在网站上公布，广泛征求社会各界意见。4 月初，根据各方面反馈意见，又多次进行了修改、论证，提交郑州市人大常委会审议。2007 年 1 月 1 日，《郑州市嵩山古建筑群保护管理条例》正式实施。

《郑州市嵩山历史建筑群保护管理条例》内容中关于郑州市嵩山历史建筑群保管理体制、关于保护范围、关于历史风貌和自然环境的保护、关于在保护范围内的建设问题、关于修缮、保养问题以及于经费保障，做了详细的规定，对韶关市珠玑古巷这方面的保护有启发和借鉴意义。

静升古镇位于山西省晋中市，在灵石县东北12公里、平遥古城的西南方向，是国家第一批历史文化名镇，拥有国家级、省级、市级和县级保护文物以及文物登记点约150处，是汾河流域古村落文化的代表。静升古镇是原国家建设部、原国家文物局联合命名的“中国首批历史文化名镇”，也是原建设部确定的首批“全国重点小城镇”之一，2017年被评为“全国特色小镇”。镇内的文物资源丰富，传统文化底蕴深厚，历史格局和传统风貌突出。

近年，静升古镇在旅游资源开发和经济社会发展的过程中，违规建设、拆旧建新、私搭乱建等行为时有发生，对古镇文物保护、传统风貌维持和社会经济发展造成不利影响。加之古镇保护资金来源单一、数量有限，部分村民自有但较具价值的历史建筑维护修缮工作推进艰难，迫切需要通过立法解决这些问题，规范和促进静升古镇发展。晋中市人大常委会组织起草了《晋中市静升古镇保护条例》，2020年11月27日经山西省第十三届人民代表大会常务委员会第二十一次会议批准，于2021年1月1日起施行。

《晋中市静升古镇保护条例》主要依据《城乡规划法》《历史文化名城名镇名村保护条例》和《山西省历史文化名城名镇名村保护条例》等法律法规而制定。《晋中市静升古镇保护条例》共有36条，分总则、规划与建设、保护与利用、法律责任和附则五章。该条例确定了古镇保护范围，提出了保护原则；理顺了古镇保护工作机制，明确了保护资金来源；规范了古镇保护范围内建设活动，细化了保护治理规定；明确了古镇的保护重点，提出了具体要求和措施；明确了相关法律责任。

如何做好静升古镇历史文化保护，《晋中市静升古镇保护条例》作为现行法律法规的补充，对静升古镇历史文化保护进行了明确的规定和要求。做好静升古镇的文化保护和展示工作，首先要加大巡查力度，通过巡查、专项检查等及时发现问题，对存在安全隐患的地方及时整改、修缮；其次要加强对古镇历史文化的宣传教育及交流，立足古镇文化，挖掘古镇故事，在做好古镇内宣传展示的同时举办中小型交流展览，讲好古镇故事，传递古镇声音；最后要不定期开展多部门联合执法行动，各司其职，群策群力，加强静升古镇的保护和管理，传承优秀历史文化遗产，共同为古镇历史文化的保护和发展作出更大贡献。

吕梁市碛口古镇，依吕梁山，襟黄河水，是中国历史文化名镇，镇内有数量丰富且保存完好的明清时期建筑，几乎包括了封建制度下民间典型的漕运商贸集镇的全部类型，由于古镇至今还是原始质朴的居民生活形态，所以又有“活着的古镇”之称。为了保护碛口古镇的历史文化，吕梁市人大常委会颁布了《吕梁市碛口古镇保护条例》，于 2020 年 1 月 1 日起实施。制定《吕梁市碛口古镇保护条例》过程中，创新多元化立法渠道，不断拓宽民众参与立法的广度和深度，吸纳了省、市、县、乡四级人民政府及有关职能部门、社会组织、专家学者、人大代表、古镇居民群众的意见和建议，2 次召开专家论证会，15 次召开座谈会，对现存多头管理、体制不顺、责权不明、古镇保护专项经费不足等问题进行了深入细致的研讨。

《吕梁市碛口古镇保护条例》明确，碛口古镇实行分区保护，保护区划分为核心保护区、重点保护区、建设控制区、风貌协调区。《吕梁市碛口古镇保护条例》第 9 条规定，古镇内禁止随意新建、改建、扩建建筑物、构筑物，经批准新建、改建、扩建建筑物、构筑物，应当使用与古镇风貌相协调的建筑装饰材料。维护、修缮核心保护区内的历史建筑物、历史构筑物，应当保护历史信息，体现历史建筑的真实性，不得改变与其互相依存的自然与人文环境。古镇内的电力、消防、通信、防洪、供排水、有线电视等设施建设应当符合古镇保护规划的要求。

《吕梁市碛口古镇保护条例》找准目前存在的问题，进一步理顺管理体制，有效解决了长期困扰古镇保护的范围不清、体制不顺、责权不明、经费不足等问题，做到有法可依，有法必依，为更好地保护古镇、保护文化遗产提供法律保障，为同类立法提供了经验和样本。

平遥古城位于山西省晋中市，始建于西周宣王时期，距今已有2800多年的历史。1986年平遥古城被公布为国家历史文化名城，1997年被列入《世界遗产名录》，整个平遥古城保护区包括“一城两寺”，即平遥古城以及位于城郊的镇国寺和双林寺。平遥古城作为中国汉民族城市在明清时期的杰出范例，是我国保存最为完整的古城之一。

平遥古城由城墙、店铺、街道、寺庙、民居共同组成一个庞大的建筑群，整座城池对称布局，特色鲜明，以市楼为轴心，以南大街为轴线，形成左城隍、右衙署，左文庙、右武庙，东道观、西寺庙的格局。城内道路框架纵横，四大街、八小巷、七十二条蚰蜒巷构成八卦图案，南大街、东大街、西大街、衙门街和城隍庙街形成“干”字形商业街。古城内主要街道两侧完好地保存了220多家古店铺，拥有3700余处具有保护价值的古民居，其中保存完整的有400余处。作为保护区、景区、社区“三区合一”的平遥古城，保护好古城的真实性、完整性难度大。

古城保护，立法先行。1998年，山西省人大常委会通过《山西省平遥古城保护条例》。《山西省平遥古城保护条例》对保护范围、传承利用、管理监督等作出明确规定。但近些年来，随着经济社会的发展，平遥古城保护面临新的挑战。山西省人大常委会多次对《山西省平遥古城保护条例》进行修订。修订后的《山西省平遥古城保护条例》对完善基础设施，建设宜居、宜业、生态古城，修缮原则等规定得更加明确具体，并强调城乡规划、城乡建设主管部门和古城保护管理机构制定古城区的防火安全保障工作，落实工作责任制。修订后的《山西省平遥古城保护条例》从古城的规划与保护的预算经费，组织保障，业务发展，传承与利用，监督与管理机制、法律责任等方面对古城历史文化遗产保护做出清晰的界定，为平遥古城历史文化遗产传承与活化利用，提供法律保障。平遥古城文化遗产保护有了与时俱进的法律依据，也开创了古城保护和利用的新局面。

四、珠玑古巷历史文化资源保护的立法建议

（一）立法的必要性、合法性和可行性

1. 必要性

珠玑古巷及其所承载的文化传统从千年前的唐宋时期一直延续至今。作为广府文化的重要载体，珠玑古巷在历史、民族、文化、建筑美学、社会等各方面均有重要价值。对珠玑古巷保护和利用，有重要的历史意义和现实意义。

珠玑古巷是中原与岭南地区交往、客家人南迁的重要陆上通道，以丰富且保存完好的古建筑以及古老的姓氏文化和民俗著称，被称为“广东第一巷”。千百年来，珠玑古巷在岭南地区人口迁徙过程中扮演了极为重要的角色。珠玑先民南迁的后裔，散布在珠江三角洲、港澳及海外的就多达数千万人。珠玑古巷是广府民系的祖居地之一，同时也是广府文化的源头。

珠玑古巷是广府文化的重要体现和传承载体，具有重要的历史文化价值。珠玑古巷承载着岭南移民的历史文化传统，是岭南人寻根问祖的源头，它不应该在现代化的进程中逐渐退出历史舞台，而是应该加强传统文化和精神的弘扬与保护。

至今在国家法律法规层面以及地方性法规、政府规章的层面上，对珠玑古巷的保护立法仍是空白。地方立法更能彰显的地方特色和独特内涵，韶关市在透彻了解自身情况的基础上，利用地方立法发扬地方特色，对珠玑古巷历史文化资源可作出更加具体翔实的规定，更有利于对珠玑古巷历史文化资源的具体保护。

制定《韶关市珠玑古巷保护条例》符合相应的立法要求，具有地方特色，且立法需求较为迫切，符合韶关市实情。随着城镇化进程加快，珠玑古巷因长期风雨侵蚀，缺乏日常维护修缮，日渐老化消亡，通过立法来加强对珠玑古巷的保护已刻不容缓。同时，通过立法将激发各界人

士保护、利用、开发珠玑古巷积极性，积极有效运用法治思维和法治方式促进珠玑古巷的保护管理，更好地引领、推动和实现珠玑古巷历史文化的保护、传承、利用与发展，具有十分重要的意义。

（1）为保护、传承优秀历史文化遗产提供法治保障的需要。

珠玑古巷历史文化遗产丰富，有体现古街、古巷、古村落、历史建筑、古驿道等和珠玑人南迁有关的诸多历史建（构）筑物和历史文化遗址，传承了许多民间习俗文化，通过地方立法，珠玑古巷保护有法可依，为保护、传承、利用历史文化遗产、保护珠玑古巷传统风貌提供法治保障。

《珠玑古巷保护管理条例（草案）》从珠玑古巷的定义、政府职责、珠玑古巷保护规划和利用与传承以及有关行为的法律责任等方面进行明确，意味着珠玑古巷的保护正式纳入法治轨道，这是韶关运用地方立法权保护珠玑古巷迈出的重要一步，对珠玑古巷的保护范围更广、力度更大。

（2）积极有效解决珠玑古巷保护管理存在问题的迫切需要。

长期以来，珠玑古巷保护管理主要存在以下方面的问题：一是对珠玑古巷的理解仅限于狭义上的珠玑古巷，没有站在历史和全局的视野理解，将南雄市境内和珠玑文化相关的都纳入保护范围。二是珠玑古巷保护管理缺少专门的机构统一管理、职责不明确。三是保护规划实施效果不理想，保护范围内与珠玑古巷风貌不协调的违法建设和拆除活动时有发生，珠玑古巷开发利用不合理因素仍然存在，相应措施不完善。四是珠玑古巷保护对象底数不清，缺乏完整性、系统性，编制保护对象清单、建立档案的制度不完善。五是因珠玑古巷历史建筑、传统风貌建筑的权属存在多样性，维护修缮责任不明确，不利于保护管理。六是珠玑古巷承载力与其开发利用的矛盾突出，尤其是珠玑古巷被评为国家 4A 级景区后，旅游人数迅猛增长，在带来经济效益的同时，珠玑古巷景区承载压力也不断加大，需要进一步规范和强化保护管理的措施和力度。七是现有执法力量不能满足珠玑古巷保护管理的实际执法需求，需要依法赋予珠玑古巷管理机构相应行政处罚权。为有效解决这些问题，有必要通过地方立法进行规范。

（3）细化、补充上位法规定，增强珠玑古巷保护规范针对性和可操作性。

珠玑古巷保护管理涉及的上位法主要有城乡规划、文物保护、历史文化名城名镇名村保护、消防、环境保护等方面的法律法规，但珠玑古巷保护没有直接的上位法，相关联的《文物保护法》《历史文化名城名镇名村保护条例》《城乡规划法》《广东省城乡规划条例》。其中有的规定较为原则，操作性不够强，结合珠玑古巷存在问题和保护管理的实际，在保护范围划分、珠玑古巷历史格局和传统风貌保护、历史建筑和传统风貌建筑维护修缮、火灾预防、环境容貌秩序、交通秩序、珠玑古巷开发利用等方面的保护管理措施、行为规范、责任主体等，都需要通过地方立法进行补充、细化，进一步增强有关规范的针对性、可操作性，确保上位法的各项规定真正落到实处。

2. 合法性

对于设区的市而言，不论是为了执行法律、行政法规的规定，需要根据本行政区域的实际情况作具体规定，还是就地方性事务或者在全国人大及其常委会专属立法权之外，中央尚未立法的事项进行立法，都需要受到《立法法》第 81 条第 1 款规定“城乡建设与管理、生态文明建设、历史文化保护等方面的事项”的限制。显然，珠玑古巷保护属于地方性事务，不需要由全国制定法律、行政法规以及省级法规来作出统一规定，而是受《立法法》第 81 条第 1 款规定“城乡建设与管理、生态文明建设、历史文化保护等方面的事项”的限制，制定《韶关市珠玑古巷保护条例》历史文化保护等方面的事项。国家、省层面没有关于珠玑古巷的法律法规制度的规定，制定《韶关市珠玑古巷保护条例》属于韶关市在“历史文化保护管理”领域的立法权限，在不与上位法抵触的情况下属于地方性事务立法，符合《宪法》和《立法法》的规定，具有合法性。

同时，主要上位法参考依据有《文物保护法》《历史文化名城名镇名村保护条例》《广东省实施〈中华人民共和国文物保护法〉办法》等，以及兄弟地市如梅州制定了《梅州市客家围龙屋保护条例》等。

3. 可行性

由于历史原因和城镇化的快速发展，珠玑古巷基础设施建设、文物权属、管理体制机制等问题日益突出，为加快珠玑古巷立法保护，共同保护珠玑古巷的良好氛围，通过制定《韶关市珠玑古巷保护条例》立法的形式保护和活化利用，促进韶关市珠玑古巷的法治保障、乡村振兴和文化旅游产业发展。

2022 年，韶关市人大常委会已将《韶关市珠玑古巷保护条例》列为本年度立法工作计划和立法工作任务，这说明韶关市制定《韶关市珠玑古巷保护条例》具有充分的合法性和可行性。制定《韶关市珠玑古巷保护条例》是韶关市取得立法权以来首个历史文化保护方面的地方性法规，标志着韶关市历史文化保护工作迈入新的法治轨道。

《韶关市珠玑古巷保护条例》的公布实施，必将为珠玑古巷的保护、管理和利用提供“量身”的法律遵循，将极大激发珠玑古巷文化活力，进一步促进南雄市市域经济和全域旅游发展。《韶关市珠玑古巷保护条例》以法律形式规范保护行为，是可行之策，通过立法，将激发各界人士保护、利用、开发珠玑古巷的积极性，形成良好氛围。

（二）完善珠玑古巷保护的立法建议

制定《韶关市珠玑古巷保护条例》，通过地方立法形式将珠玑古巷保护纳入法治轨道具有必要性、合法性和可行性，通过调研，对珠玑古巷保护立法重点从五个方面进行规范：一是确定珠玑古巷具体立法适用范围；二是明确责任主体，理顺管理体制；三是突出规划引领，规范建设行为；四是坚持整体保护，突出重点对象；五是传承历史文化，鼓励活化利用。具体立法建议包括以下几点：

1. 统一认识，立法明确珠玑古巷历史文化资源保护的范围及保护内容

为了更好坚持问题导向，突出法规的针对性、特色性和可操作性，《韶关市珠玑古巷保护条例》明确珠玑古巷包括哪些，具体范围。《韶关市珠玑古巷保护条例》调整对象是珠玑古巷的保护、管理及其相关活动。

珠玑古巷是中华民族拓展南疆的中转站，其独特的人文历史，对岭南经济文化产生过深远影响。自明代以来在民间社会形成的珠玑古巷移民传说，至今仍在海内外广府人中延续着，珠玑古巷传说已成为广府人追念祖先历史的集体记忆。在历史上移民运动中逐渐形成的珠玑文化，则是一种具有包容性和开拓性文化特征的移民文化。我们谈珠玑古巷保护，应从历史的文化视角去正确理解珠玑古巷所包括移民文化、宗祠文化、姓氏文化、客家文化等，古道、古村为研究岭南文化留下了丰富的历史遗存。所以，珠玑古巷保护是指由珠玑古巷本体，以及南雄市行政区域内，历代珠玑人南迁形成的古村落、历史建筑、古驿道等和珠玑人南迁有关的其他有历史文化研究价值的可移动和不可移动资源集合体。

2. 立法明确政府部门和专门管理机构职责，培育社会力量广泛参与

珠玑古巷历史文化资源丰富，分布广、类型多，而且与民间生活息息相关，仅仅依靠政府力量是不够的，在政府力量主导下，需要自上而下和自下而上相结合的多元主体共同参与，具体包括韶关市和南雄市相关政府主管部门、镇街、社区、投资者、当地居民、专家、志愿者、设计师、高校及学生、社会媒体和乡贤共同参与珠玑古巷历史文化资源保护和活化利用，及时发现并解决相关问题。珠玑古巷历史文化资源保护在政府主导下建立科学完善的保护修缮管理机制，政府统筹基础设施建设和文物保护单位修缮工作，同时加强宣传，激发居民自发保护和修缮传统建筑的热情，同时，搭建由专业人士、社会组织和志愿社团等群体组建的具有相当公信力的第三方专业平台，保障珠玑古巷历史文化资源

利用的科学性和保护活化规划的顺利实施。

珠玑古巷历史文化资源保护是一项重要且复杂的任务，不仅需要多元主体参与，而且需要专业知识和技能。特别是在珠玑古巷历史文化资源开发过程中，处理好保护与开发，技术理性和人文关怀都不可或缺，需要多学科共同介入。在珠玑古巷历史文化资源保护管理队伍方面，珠玑古巷历史文化资源管理人员中同时具备较高文化素养和管理能力的高素质人才较为匮乏，亟须一批对珠玑古巷历史文化资源保护管理工作具有领导开拓能力、专业才能的高素质人才。

目前，珠玑古巷管理主要是在南雄市文旅局主导下，具体由珠玑古巷管理委员会下设的管理机构负责管理，仅仅两个工作人员，主要职责是负责与珠玑古巷本体相关的各项经济、文化和社会活动，显然机构设置不合理，不仅缺少编制，而且缺少执法权。

通过地方立法，理顺管理体制，立法设立专门珠玑古巷保护管理机构，强化保护力度。一是通过立法明确南雄市人民政府及相关职能部门在珠玑古巷保护管理中的各自法定职责，强化部门主体责任，避免部门之间推诿扯皮，共同做好珠玑古巷保护管理工作。建立市区两级政府、相关职能部门的联动工作机制，强化部门协作责任，同时进一步细化工作流程，形成文物保护管理工作的整体合力。二是通过地方立法，明确设置珠玑古巷历史文化资源的专门管理机构，明确责任主体，强力推进珠玑古巷保护管理和开发利用工作。规定管理机构具体职责，具体负责下列工作：组织实施珠玑古巷本体的保护规划；组织实施珠玑古巷本体的维护与修缮；珠玑古巷本体基础设施、公共设施、环境卫生等日常监督管理；收集有关珠玑古巷历史文化资源保护的意见建议；开展珠玑古巷历史文化资源发掘、研究、交流、宣传等工作，具有现实和实践意义。三是建立珠玑古巷保护专家咨询委员会，负责对珠玑古巷保护规划、保护名录编制、调整，珠玑古巷修缮以及建设管理等重大事项进行评估论证，提出决策咨询意见，为珠玑古巷保护管理和开发利用工作构建科学决策和咨询的平台。

培育社会力量广泛参与珠玑古巷历史文化资源保护。重视南雄本地居民作为珠玑古巷历史文化资源保护中的核心力量，充分调动起这股力量，积极引导，让当地居民自发参与保护工作，才是珠玑古巷历史文化资源传统风貌“永葆青春”的关键。可以先由政府主持做出示范段落，邀请南雄本地居民参与保护示范段的全过程，了解保护工作的运行机制，并鼓励南雄本地居民出谋献策，共同完成示范段建设，在感受到成功经验后再逐步引导，让南雄本地居民更好地成为传统风貌永续发展的真正的主人的同时，吸引更多的外迁居民返乡建设。

南雄市珠玑镇里东古墟保护就是一个很好的范例。

里东古墟是一直保持着唐宋风貌的千年古墟，夹在周围的民居之间，长约500米、宽约3米，曲直有致，古朴清幽。古墟街道两旁店铺商号鳞次栉比，招牌斑驳陆离，漆面剥落，布满着岁月的风霜与历史的沧桑。据古墟年老的村民说，墟上一些木板房子至少都有上百年历史，最早的建于明末清初时期，迄今有300多年的历史。在里东古墟道上行走，随处皆可感受到古墟民俗古朴，民情淳厚，民风淳朴。公历二、五、八为里东墟日。每逢墟日，里东古墟被来自珠玑镇里东、塘东、里仁、下汾、衹元、灵潭等村的村民带着各种出售的农副产品挤满，那些来自四面八方的小商贩也早早来到这里，或零售各种商品，或收购各种农产品。整个墟日，人山人海，人声鼎沸，从早上八九点开墟到下午三四点散墟，墟市繁华景象一如往昔，历经千年而不变。

为避免里东古墟遭受现代商贸交流繁华之喧嚣，南雄市早已在古墟旁边建设新墟。目前，古墟的集市贸易早就搬迁到钢筋水泥建成的农贸市场里，里东周边乡村的农民在新墟里更好地进行集市贸易，而古墟将被保护下来，或被开发成与珠玑古巷、梅关古道遥相呼应的旅游景点。

3. 立法保障保护经费投入

《文物保护法》第13条规定：“县级以上人民政府应当将文物保护事

业纳入本级国民经济和社会发展规划，所需经费列入本级财政的预算，确保文物保护事业发展与国民经济和社会发展水平相适应。国有博物馆、纪念馆、文物保护单位等的事业性收入、纳入预算管理，用于文物保护事业，任何单位或者个人不得侵占、挪用。国家用于文物保护的财政拨款应当随着财政收入增加而增加；国家鼓励通过捐赠方式设立文物保护基金，专门用于文物保护，任何单位或者个人不得侵占、挪用。”《历史文化名城名镇名村保护条例》第 4 条规定：“国家对历史文化名城、名镇、名村的保护给予必要的资金支持。历史文化名城、名镇、名村所在地的县级以上地方人民政府，根据本地实际情况安排保护资金，列入本级财政预算。国家鼓励企业、事业单位、社会团体和个人参与历史文化名城、名镇、名村的保护。”《文物保护法》《历史文化名城名镇名村保护条例》的规定为历史文化资源保护安排专项资金提供了上位法的依据。

通过立法加大资金投入，强化经费保障。韶关市人民政府应当为珠玑古巷保护提供必要的资金保障，南雄市人民政府应当将珠玑古巷保护经费列入财政预算。保护资金来源包括：上级专项补助的资金；市级财政提供的资金；南雄市财政预算安排的资金；社会各界捐赠的资金；其他依法筹集的资金。一是通过立法进一步明确南雄市人民政府将珠玑古巷保护管理所需经费列入本级财政预算的义务，并根据南雄市社会经济发展和珠玑古巷实际保护管理的需要，逐步增加珠玑古巷保护管理经费。二是通过立法规定南雄市人民政府加大珠玑古巷保护管理队伍建设经费的投入，增强队伍力量，尤其是提升珠玑古巷保护管理的科技能力和业务水平。三是通过立法促进开辟文物保护利用社会融资渠道，扩大保护利用资金的来源，鼓励更多企业和个人参与到珠玑古巷保护管理和开发利用工作中来。

4. 广泛宣传，收集、整理和活化珠玑古巷历史文化资源

党的十九大报告指出“推动中华优秀传统文化创造性转化、创新性发展”，并要求“加强文物保护利用和文化遗产保护传承”。珠玑古巷是

古代五岭南北梅关古道的必经之路，诗句“编户村中人集处，摩肩道上马交驰”也印证了其作为交通要道的繁荣程度，也形成了以古道为载体、地域特色明显的独特的多元文化。可以说，珠玑古巷历史文化资源丰富，既有古代中原移民和岭南当地居民长期生产、生活实践中形成的地域文化，也有珠玑古巷移民继续南迁寻根问祖的寻根文化，是客家文化、移民文化、宗祠文化、古道文化及名人文化等多元文化共存交织综合体。

珠玑古巷、梅关古道、乌迳古道等历史文化资源丰富，主要集中在四个方面：

（1）客家文化。

客家文化源自中原汉人南迁时所保留的华夏文化和中原文化，是客家人创造的文化总和，包括语言、戏剧、工艺、民俗、建筑等内容。珠玑古巷作为古时中原通往岭南的一个重要汇集地，自然而然地形成了结合中原文化与岭南文化的客家文化，具有多重文化吸引力，游客在此可以体验客家文化的魅力。

韶关作为岭南客家文化的重要发源地之一，南雄珠玑古巷是中原与岭南地区交往、客家人南迁的重要陆上通道，它既是“一带一 路”的重要节点，也是岭南客家文化的重要节点。虽然 700 年前的人已经远去，但是如今居住在珠玑古巷的仍然是勤勉的客家人，他们保留的仍然是完整的客家生活方式，他们传承的仍然是古朴的客家文化。

珠玑古巷先人大多数是从中原迁徙而来，虽然多数珠玑古巷人南迁至珠江三角洲和海外，但现在居住在该巷的仍是勤劳的客家人，他们所孕育出的正是典型的客家文化，这种客家文化又保留了部分中原文明，对于研究民族文化的融合具有重要意义。珠玑古巷客家文化所包含的习俗文化、美食文化及宗族文化更是珠玑古巷的重要组成部分。

（2）寻根文化。

寻根指某个宗族或某个民族依据口头传承文学和文献资料来探究文化发展的历程，是异国他乡的人们对家族文化的探究和对祖先的追寻，带有浓重的民间色彩。寻根文化是民族、姓氏、文字、元典等具有其他延续性特征的文化，通过民间习俗、节日庆典、宗族聚会、寻根游等多种形式表现〔1〕。近年来由于我国对外开放和旅游事业的发展，一些海外华侨、港澳同胞以及省内外游客常到珠玑古巷寻根问祖，珠玑古巷是岭南后人寻根的重要集聚点，拥有黄氏、雷氏、刘氏等宗祠和故居，吸引了无数海外华人来此寻根问祖。

因多次移民，珠玑古巷后裔跨出中国大陆，走向世界各地。这些人及其子孙后代将珠玑古巷视为“祖宗故居”，每年有超过 10 万华人前来寻根问祖，珠玑古巷由此成为旅游、怀旧、思乡、敬祖的胜地。广大珠玑古巷后裔的寻根意识、寻根行为，逐渐形成一种超越于珠玑地域，蕴含殊异特质的珠玑文化现象。寻根文化是促成寻根旅游行为的直接驱动力，它的实质是祖居地后裔为追求祖先文化，学习祖先历史而产生的一种行为。珠玑古巷被珠江三角洲地区的人和广大海外华裔称为“吾家故乡”，其后裔近 4000 万，这将是珠玑古巷强大的客源市场。珠玑古巷自 20 世纪 90 年代提出寻根旅游以来，每年都有成千上万的珠玑后裔来到珠玑古巷寻根问祖，其寻根文化在国内外影响广泛。

（3）姓氏文化。

姓氏是标识家族来源和血缘关系的文字符号，是代表中国传统的宗族观念的主要的外在表现形式。中国姓氏文化源于母系氏族社会，在不断发展中拥有了丰富的文化内涵。首先，姓氏起源多样折射出了家国一体的文化观念，与个人荣辱、家族兴衰，甚至是国家发展联系起来；其次，姓氏谱系修缮凸显出了族姓兴隆的文化愿景；最后，姓氏文化内涵反映出社会变迁的文化样态〔2〕。华夏民族素有“敬天法祖”“慎终追远”的文化传统，中国人对祖先的崇拜和对历史的追寻远胜于其他民族，

---

〔1〕孙兆刚：《华夏历史文明传承创新研究——基于寻根文化的视角》，载《郑州航空工业管理学院学报》2013 第 5 期，第 119~124 页。

〔2〕冯丽娟、刘建荣：《中华姓氏文化的内涵与当代价值研究》，载《桂林师范高等专科学校学报》2019 年第 4 期，第 61~65 页。

追慕人文始祖、文化先贤和民族英雄的文化节日、文化活动代代相传[1]。

作为中华传统文化中独特的存在形式，姓氏文化是一个群体共同的文化积淀，能够使人们产生文化认同感，形成地缘关系，从而推动海外华人同胞在寻根地加大投资力度，促进当地经济发展。

唐宋年间，中原地区战乱频繁，不少氏族为躲避战祸和自然灾害，纷纷经江西大余越梅岭南下，在珠玑古巷聚族而居数十年，休养生息，重新创业，宗族数量随南迁人口增多，张氏、雷氏、刘氏等百余姓氏宗祠的迅速兴起，形成了珠玑古巷独特的姓氏文化。从南宋末年起，珠玑古巷人为避战乱，曾三次大规模集体南迁。第一次是宋室南渡取道大庾岭，位于战区中心的珠玑古巷居民结筏顺水漂流南迁，集体逃亡；第二次是南宋末年以贡生罗贵为首，规模达 33 姓 97 族的大举南迁；第三次是元兵侵扰，逼迫南雄珠玑巷人再一次举家出逃。宋末从珠玑古巷南迁走向珠江三角洲的居民，作为广府人的祖先，在广州、佛山等地繁衍生息、经商贸易，为珠江三角洲商业发展和文化繁荣作出了重大的贡献。随着移民的兴起，越来越多的珠玑巷人不仅为珠江三角洲带来了中原先进的农耕技术和勇于开拓的精神，也形成了强盛的宗族姓氏势力，使其成为鱼米之乡和富庶之地。他们的后裔传承先祖南迁开拓创新的精神，勇敢地跨出中国大陆，越过大洋，走向世界，遍布海内外，对全国甚至世界经济文化发展起到了积极的作用。据民国时期中山黄慈博先生遗稿《珠玑巷民族南迁记》中记载的南迁南海、番禺等地氏族有 77 姓，加上《流徙铭》中所记载的 33 姓，珠玑古巷移民姓氏相加起来便有近一百家姓。这一百家姓氏，不断地南迁和向海外发展，散落在世界各地，由这百家姓氏组成的姓氏文化正是珠玑古巷成为几千万珠玑后裔祖居地的重要依据，姓氏文化是珠玑古巷宗族文化和寻根文化的催生剂，使得他们具有较强的宗族意识，形成了强大的凝聚力，是珠玑古巷发展寻根旅游的重

[1] 傅才武：《寻根旅游成为民众精神需求》，载《中国社会科学报》2018 年 11 月 9 日。

要文化来源。

姓氏作为个人和其家族的文化符号，以珠玑古巷为标志的中原姓氏文化向南传播，通过群体移民线性推进，呈扇形辐射发展。如今珠玑古巷后裔有5000余万人，遍及珠江三角洲和东南亚、欧美等地，已有来自不同国家和地区的150余姓、数百万珠玑古巷后裔前来珠玑古巷寻根访祖，他们难以忘怀自己的故乡、祖先、姓氏和方言，亲切地称呼其为祖宗故居。珠玑古巷作为广府根源、粤人故里，不仅是寻根访祖的地域象征和血脉纽带，更是星罗棋布在广府地区和世界范围的珠玑后裔的情感支撑和精神家园。在千年的历史进程中，多元文化在此交流融合，凝聚成"异姓一家、同舟共济、勤劳勇敢、开拓创新"的珠玑古巷人精神，孕育了独特的姓氏文化。姓氏文化不但包含了中国人传统的本根文化意识和用姓氏团结家族的理念，而且融合了丰富的民俗、民情、民风和民智。"姓氏节"便是当地民间传承姓氏文化的独特节日，是宝贵的文化遗产，群众广泛参与，几百年来盛行不衰。

（4）古村文化。

古村落亦称传统村落，是指历史久远、文物和历史建筑丰富、具有地域文化特色、独特的民风民俗、能较完整地体现区域文化和民族传统风貌的传统自然村落。它拥有丰厚的物质和非物质文化遗产，具有丰富多彩的自然生态景观遗产，是我国不可再生的文化资源，是我国优秀传统文化的根基和精髓[1]。古村落是物质文化遗产和非物质文化遗产的结合。

珠玑古巷是广东省唯一的唐宋古道，自唐代张九龄开通大庾岭以来，由中原地区南迁的人纷纷选择在这里落户，然后再向珠江三角洲和海外发展。作为中原人南迁的中转驿站，它更是一个古村落，古巷保留下来的大量古建筑和历史文物，如古房子、胡妃塔以及门楼等更是有力的见

〔1〕高明：《从〈拉萨市古村落保护条例〉看民族地区古村落保护的法治化》，载《中国民族博览》2016年第11期，第86页。

证，珠玑古巷是中原文化和岭南文化融合的重要见证地，珠玑古巷孕育了文化底蕴深厚的古村落文化。

客家文化、移民文化、姓氏文化、古村落文化、宗祠文化、古道文化及名人文化等多元文化共同构成了珠玑古巷大文化圈。但历史文化资源的保护不能仅因为保护而保护，如何做好历史文化资源的活化，是摆在我们面前值得研究的课题。

调研组省外调研时深深感受到历史文化资源的广泛宣传效果，讲好历史文化资源的故事。《晋中市静升古镇保护条例》《吕梁市碛口古镇保护条例》《郑州市嵩山历史建筑群保护管理条例》立法保护历史文化资源，但立法实施过程中，善于讲好相关的历史故事，历史故事给整个调研过程增辉添彩。

珠玑古巷、梅关古道、乌迳古道等不乏历史故事和遗址。比如珠玑古巷中贵妃塔是最显眼的建筑。该塔系元代修建，贵妃塔为何会出现在这里？据说，南宋度宗皇帝在位时，胡妃的父兄主张抗金，遭到了奸相贾似道的陷害，父兄被害，胡妃被迫出走。逃至钱塘江时见草木凋零，万念俱灰。胡妃跳江自杀，遇广东南雄珠玑古巷商人黄贮万，救起胡妃后黄贮万带回老家藏匿，后因事发官兵追捕至此。于是珠玑古巷附近村的大多个姓氏，在这场胡妃事件中，南迁至珠江三角洲。胡妃因看到百姓因她而流离失所痛不欲生，投水自尽，死后化为巨石。后宋恭宗即位，给胡妃一家平反昭雪。这位美丽的女子却永远成为塑像，守望着这片土地。讲好历史文化资源的故事，保护好珠玑古巷历史文化资源更好的是为了活化珠玑古巷历史文化资源，服务于社会经济文化发展。

5. 突出规划引领，规范保护、修缮等行为

珠玑古巷如何分类分级分区管理，实行名录保护和分类保护制度，科学管理，规划先行。规定有关部门组织编制珠玑古巷保护规划，明确规划内容，并根据保护需要依法划定保护范围和建设控制地带。

《韶关市珠玑古巷保护条例》注重更加科学合理地规范和引导珠玑古

巷的布局发展，立法规定珠玑古巷保护范围内设置经营场所、开展经营活动应当符合保护规划要求的同时，鼓励、支持在珠玑古巷保护范围内依法举办博物馆、图书馆、文化馆、美术馆，兴办文化教育创意产业，经营传统特色食品等活动，明确与珠玑古巷定位相协调的产业导向，更好地促进文化、旅游、传统、特色等产业的发展。规定珠玑古巷多种保护利用方式，既鼓励所有权人或使用人依法利用珠玑古巷发展文化旅游产业和传统手工业、开办民宿经营，促进乡村振兴和南雄市全域旅游，通过活化利用最终达到保护的目的。

加强珠玑古巷内的建设监管，规范商业活动、环境卫生管理，有效规制因旅游开发、居民建房等破坏珠玑古巷的传统格局、历史风貌和历史建筑的行为，对珠玑古巷历史文化的保护传承意义重大。

立法建议：珠玑古巷历史文化资源保护规划应当包括下列内容：保护原则、保护内容和保护范围；保护措施、开发强度和建设控制要求；传统格局和历史风貌保护要求；核心保护范围和建设控制地带；保护规划分期实施方案。保护规划除了这些具体内容外，还重点规定了具体的保护措施。一是针对保护对象底数不清、制度不完善等问题，对保护对象实行名录、标志牌管理制度，并对普查历史文化遗产、编制保护名录、制作标志牌、监督管理的责任主体、程序、内容、方式、时限及相关要求进行了详细规定。二是为确保历史建筑和传统风貌建筑的真实性，编制珠玑古巷风貌保护和民居外部修缮装饰、添加设施导则的责任主体、程序、重点内容，为历史建筑、传统风貌建筑的维护、修缮提供具体的技术规范指导。三是针对珠玑古巷房屋产权的多元性，以及保护、修缮责任不明晰等问题，立法对保护、修缮责任主体划分，保护、修缮的原则、方式、程序、指导、监督、服务等相关要求，修缮经费补助机制的建立实施等进行详细规定。

规范保护对象的保护、修缮等行为，参照《历史文化名城保护规划规范（GB 50357-2005）》，给出相关术语定义。

“保护” conservation：对保护项目及其环境所进行的科学的调查、勘测、鉴定、登录、修缮、维修、改善等活动。

“修缮” preservation：对文物古迹的保护方式，包括日常保养、防护加固、现状修整，重点修复等。

“维修” refurbishment：对历史建筑和历史环境要素所进行的不改变外观特征的加固和保护性复原活动。

“改善” improvement：对历史建筑所进行的不改变外观特征，调整、完善内部布局及设施的建设活动。

“整修” repair：对与历史风貌有冲突的建（构）筑物和环境因素进行的改建活动。

“整治” rehabilitation：为体现历史文化名城和历史文化街区风貌完整性所进行的各项治理活动。

保护传统风貌中的“风貌”，这里的“风貌”是指为“风格和面貌、风采相貌或景象”。2005 年 7 月建设部颁布的《历史文化名城保护规划规范》（GB 50357-2005）中将“风貌”定义为“反映历史文化特征的城镇景观和自然、人文环境的整体面貌”。

（三）珠玑古巷保护立法的重点和难点

一是对珠玑古巷的法律概念需进一步界定。因法律法规调整的范围不同，法律法规没有规定珠玑古巷的概念，韶关市的地方立法需要根据实际情况对珠玑古巷历史文化资源进一步明确作出界定。

二是珠玑古巷保护实行分区管理。不可移动的珠玑古巷资源集合体实行分区保护，保护范围划分为核心保护区、建设控制区、风貌协调区。

三是珠玑古巷保护的管理机构需进一步明确。韶关市在地方立法中需要结合行政机构改革以及综合执法改革的实际情况对珠玑古巷管理机构进一步明确作出界定。

四是珠玑古巷保护的范围和对象。珠玑古巷保护的范围需要明确，明确地方立法适用范围和保护对象，地方立法才有可操作性、可执行性，彰显地方特色。

五是建立珠玑古巷保护责任人制度。珠玑古巷保护范围内的古驿道、古建筑、传统风貌建筑等保护和修缮，具体由保护责任人负责。保护责任人按照要求履行日常维护、安全管理、及时修缮等责任。

六是珠玑古巷保护法律责任体系需进一步完善。珠玑古巷保护范围内的禁止行为以及行政主管部门和专门管理机构涉及处罚以及处罚的种类和幅度需要进一步完善。

珠玑古巷本体资源内设置具体哪些禁止行为同时，针对每条禁止项都设立了明确的处罚条款；同时，针对每条禁止项都设立了明确的处罚条款，确保了立法在实施过程中真正做到实用、好用、管用。

以上六个方面的问题，作为法规起草的重点和难点，作为这次立法拟解决的主要问题、专业性较强的技术问题、存在较大意见分歧或者利益关系重大调整的有关问题，深入加以研究，合理作出规定，并审慎解决好“规定到什么程度”的问题。

主要参考文献

一、著作类

1. 武钦殿：《地方立法专题研究——以我国设区的市地方立法为视角》，中国法制出版社 2018 年版。
2. 胡戎恩：《中国地方立法研究》，法律出版社 2018 年版。
4. 邓世豹主编：《立法学：原理与技术》，中山大学出版社 2016 年版。
5. 石佑启、朱最新主编：《软法治理、地方立法与行政法治研究》，广东教育出版社 2016 年版。
6. 石佑启、朱最新主编：《地方立法学》，广东教育出版社 2015 年版。
7. 周旺生：《立法学》（第 2 版），法律出版社 2009 年版。
8. 张显伟等：《地方立法科学化实践的思考》，法律出版社 2017 年版。
9. 杨临宏：《立法法：原理与制度》，云南大学出版社 2011 年版。
10. 汤唯等：《地方立法的民主化与科学化构想》，北京大学出版社 2006 年版。
11. 阎锐：《地方立法参与主体研究》，上海人民出版社 2014 年版。
12. 王义明主编：《地方立法实践与探索》，云南人民出版社 2008 年版。
13. 吴高盛主编：《〈中华人民共和国行政处罚法〉释义及实用指南》，中国民主法制出版社 2015 年版。
14. 张文显：《法哲学范畴研究》（修订版），中国政法大学出版社 2001 年版。
15. 杜国胜：《〈韶关市烟花爆竹燃放安全管理条例〉导读与释义》，中国政法大学出版社 2018 年版。
16. 王云奇主编：《地方立法技术手册》，中国民主法制出版社 2004 年版。
17. 王腊生主编：《地方立法技术的理论与实践》，中国民主法制出版社 2007 年版。
18. 朱力宇、叶传星主编：《立法学》（第 4 版），中国人民大学出版社 2015 年版。
19. 谢晖、陈金钊：《法理学》，高等教育出版社 2005 年版。

20. 南雄县地方志编纂委员会:《南雄县志》，广东人民出版社 1991 年版。

二、论文类

1. 刘风景:《立法目的条款之法理基础及表述技术》，载《法商研究》2013 年第 3 期。
2. 夏雨:《责令改正之行为性质研究》，载《行政法学研究》2013 年第 3 期。
3. 于立深:《法定公共职能组织的资格、权能及其改革》，载《华东政法大学学报》2016 年第 6 期。
4. 汪全胜、张鹏:《法律文本中“法的原则”条款的设置论析》，载《山东大学学报（哲学社会科学版）》2012 年第 6 期。
5. 杨铜铜:《论立法目的的类型划分与适用》，载《东岳论丛》2023 年第 2 期。
6. 杨铜铜:《立法目的司法运用的功能及其效果提升——以指导性案例为分析对象》，载《社会科学》2022 年第 8 期。
7. 孔祥俊:《法律适用需要妥善处理的八大关系（一）——关于提高司法审判能力的若干思考》，载《法律适用》2005 年第 6 期。
8. 蔡礼彬、张兆一、易丰羽:《广东省珠玑巷游客寻根旅游体验对文化认同建构的影响》，载《华南理工大学学报（社会科学版）》2023 年第 5 期。
9. 吴良生:《刍议寻根旅游的深度开发——以珠玑古巷为例》，载《韶关学院学报》2003 年第 5 期。
10. 赖井洋:《千年乌迳古道——韶关古道概述之二》，载《韶关学院学报》2012 年第 11 期。
11. 陆琦、蔡宜君:《南粤古驿道与传统村落人文特色》，载《中国名城》2018 年第 4 期。
12. 陈隆文、陈怀宇:《梅关与梅关古道》，载《平顶山学院学报》2011 年第 1 期。
13. 赖井洋:《梅关古道“植松种梅”现象的历史考察》，载《神州民俗》2015 年第 2 期。
14. 杨喜人、黄履香:《乡村振兴战略下古村落古建筑保护与开发研究——以南雄市乌迳镇新田村为例》，载《古建园林技术》2021 年第 6 期。
15. 尹少丰:《非物质文化遗产视角下民俗体育的传承——以粤北南雄舞香火龙为例》，载《当代体育科技》2015 年第 16 期。
16. 李暑红:《“非遗”视域下南雄龙船歌的挖掘与开发》，载《艺海》2017 年第 5 期。

17. 林来梵、张卓明:《论法律原则的司法适用:从规范性法学方法论角度的一个分析》,载《中国法学》2006 年第 2 期。
18. 庞正、杨建:《法律原则核心问题论辩》,载《南京师大学报(社会科学版)》2010 年第 1 期。
19. 高中、廖卓:《立法原则体系的反思与重构》,载《北京行政学院学报》2017 年第 5 期。
20. 方涧、邢昕:《论权力清单与职权法定的内在逻辑》,载《广西政法管理干部学院学报》2016 年第 5 期。
21. 林孝文:《地方政府权力清单法律效力研究》,载《政治与法律》2015 年第 7 期。
22. 涂青林:《论地方立法的地方特色原则、实现难点及其对策》,载《人大研究》2013 年第 6 期。
23. 杨逸、王蒙、李子艺:《非遗专家畅论姓氏文化当代传承》,载《南方日报》2017 年 4 月 26 日。
24. 朱春芳:《法之适用范围的立法技术研究》,华东政法学院 2004 年硕士学位论文。
25. 曾艳:《广东传统聚落及其民居类型文化地理研究》,华南理工大学 2015 年博士学位论文。
26. 于彩霞:《中国村规民约问题研究》,辽宁师范大学 2020 年硕士学位论文。
27. 韩佑:《法律文本中立法目的条款设置论析》,山东大学 2014 年硕士学位论文。

后　记

《韶关市地方性法规导读与释义》丛书，是韶关市人大常委会会同市人大常委会立法工作者、法律实务工作者以及韶关学院政法学院的专家学者共同编撰的系列丛书。

自2015年5月韶关市获得设区的市地方立法权以来，韶关市人大常委会根据韶关市地方经济与社会发展的需要，制定出一系列地方性法规，在地方立法方面取得了可喜的成就。随着经济与社会的发展，韶关市人大常委会根据韶关市发展的实际情况，将陆续出台新的地方性法规。大量地方性法规的出台，虽然解决了地方立法层面的问题，但是在这些地方性法规实施过程中，会遇到对法规内容的理解和把握的问题。为了更好地促进执法者、司法者和守法者准确理解法规的具体内容，达到公正执法、正确用法和严格守法的目的，在韶关市人大常委会的领导和组织下，会同法律方面专家学者陆续撰写《韶关市地方性法规导读与释义》系列丛书，并将一一出版。

《〈韶关市珠玑古巷保护条例〉导读与释义》一书，即为该系列丛书中一本。由于时间紧迫、水平有限，书中难免有不足之处，敬请读者批评指正。

编　者

2024年1月